本书获江西理工大学优秀学术著作出版基金、江西理工大学经济管理学院学科培育项目资助

中国市域经济高质量发展研究报告（2020）

区域经济高质量发展研究的创新探索

黄顺春 刘怡君 黄文彦 许毅 等 著

REPORT ON THE RESEARCH OF CHINA'S REGIONAL ECONOMY HIGH-QUALITY DEVELOPMENT (2020)

An Innovational Exploratory Study of Regional Economy High-quality Development

中国财经出版传媒集团
经济科学出版社
Economic Science Press

图书在版编目（CIP）数据

中国市域经济高质量发展研究报告. 2020：区域经济高质量发展研究的创新探索/黄顺春等著. —北京：经济科学出版社，2021. 11

ISBN 978 - 7 - 5218 - 3095 - 8

Ⅰ. ①中… Ⅱ. ①黄… Ⅲ. ①区域经济发展 - 研究报告 - 中国 - 2020 Ⅳ. ①F127

中国版本图书馆 CIP 数据核字（2021）第 236863 号

责任编辑：周国强
责任校对：隗立娜
责任印制：张佳裕

中国市域经济高质量发展研究报告（2020）
——区域经济高质量发展研究的创新探索
黄顺春　刘怡君　黄文彦　许　毅　等著
经济科学出版社出版、发行　新华书店经销
社址：北京市海淀区阜成路甲 28 号　邮编：100142
总编部电话：010 - 88191217　发行部电话：010 - 88191522
网址：www. esp. com. cn
电子邮箱：esp@ esp. com. cn
天猫网店：经济科学出版社旗舰店
网址：http：//jjkxcbs. tmall. com
固安华明印业有限公司印装
710 × 1000　16 开　15. 75 印张　270000 字
2021 年 11 月第 1 版　2021 年 11 月第 1 次印刷
ISBN 978 - 7 - 5218 - 3095 - 8　定价：78. 00 元
（图书出现印装问题，本社负责调换。电话：010 - 88191510）

中国市域经济高质量发展研究报告（2020）

课　题　组

组　　长：黄顺春　刘怡君

组　　员：黄文彦　许　毅　艾　云　刘继云　张书齐
方子杨　陈洪飞　吴梦琪　刘　惠　高芳圆
凌金云　吴小英　洪　钟　曲景森　熊　琤
邓文德　何永保　梁欣仪　张惠雅　靳婉莹
薛婷婷　俞敏怡　杨桂兰　王亚楠　宁敏静

研究机构：江西理工大学经济管理学院
赣州市高质量发展研究院

支持单位：江西理工大学质量学院
江西理工大学 MBA 教育中心
东莞理工学院质量与品牌发展研究中心
江西省质量协会

目　录

导 论

习近平总书记在中共十九大报告中指出："我国经济已由高速增长阶段转向高质量发展阶段"。从此，中国特色社会主义经济建设开启了新时代面对新发展格局的新战略——高质量发展战略，体现了党中央和习近平总书记对现实发展复杂性的深刻洞见及对长远发展战略性的深邃远见。

2017 年中央经济工作会议指出，必须加快形成推动高质量发展的指标体系、政策体系、标准体系、统计体系、绩效评价、政绩考核，创建和完善制度环境，推动我国经济在实现高质量发展上不断取得新进展。

经济高质量发展战略提出将近四年了，全国各个地方、经济发展的各领域行业、企业机构等，都在按照经济高质量发展的要求推动转变，转变思维认识、转变发展模式、转变评价考核机制。相应地，学术界也积极投身经济高质量发展的相关研究，为彰显中国话语体系的"高质量发展"理论添砖加瓦。

经济高质量发展的研究林林总总，开展了涉及面广、视角各异的研究：阐发内涵外延、构建指标评价、关联相关方面、论证联系影响、推导未来前景等，成果丰硕，不乏创新。区域经济高质量发展评价，实为经济高质量发展研究的重要领域，这既体现了学术界对国家战略、中央会议精神的积极践行，也为经济高质量发展研究的其他领域提供了基础。查诸文献，自2017年至今，关于区域经济高质量评价的文献多达1000篇，这些研究，虽然所研究的区域对象各异，有仅限1个省份的，有对若干省（市）的、有全国各省份的、有全国各（地级）市的，但所取的研究套路大致是相同或类似的：第一，构建指标体系；第二，收集数据；第三，选择一个模型；第四，把所收集的数据导入模型测算，得出一个所研究区域全部对象的顺序；第五，将排了顺序的区域进行经济高质量发展的分析。

暂且不论指标体系构建的科学性、合理性，现在的研究套路是否经得起这样的拷问：简单地将运用一个数理模型运行测算出的顺序来判断相关区域经济高质量发展的状况能否扣到经济高质量发展的初心和出发点？如果不能，应当如何改进？要回答这个问题，必须认真讨论经济高质量发展战略提出的初心和出发点。

我们主要可从四个方面理解我国经济高质量发展战略提出的初心和出发点。

（1）我国经济发展顺应新时代社会基本矛盾变化的需要。中共十九大指出，我国社会的基本矛盾已由“人民日益增长的物质文化需要同落后的社会生产之间的矛盾”转变为“人民日益增长的美好生活需要和不平衡不充分的发展之间的矛盾”。经过改革开放以来四十多年的发展，我国经济已经取得了令世界瞩目的成就，在不少领域成为发展中国家发展经济的榜样和标杆，甚至在有的领域已经站到了世界的前列。例如，2021年9月13日在国务院新闻办公室的新闻发布会上，工业和信息化部负责人介绍，自2010年以来，我国制造业增加值已连续11年位居世界第一，我国是世界上工业体系最为健全的国家，在500种主要工业品中，超过四成产品的产量位居世界第一。中国的制造业大国地位进一步巩固。① 但就我国经济发展的整体而言，确实还

① 我国制造业增加值连续11年位居世界第一 制造业大国地位进一步巩固［EB/OL］. 央视网，http：//news. cctv. com/2021/09/14/ARTIiK7lcxHbj0oJAaHfjVhd210914. shtml，2021－09－14.

存在着不平衡不充分的问题和现象。例如，在经济社会体系结构方面，有比例关系不合理、包容性不足、可持续性不够，制约生产率的全面提升。其主要表现包括：实体经济和虚拟经济不平衡、区域发展不平衡、城乡发展不平衡、收入分配不平衡、经济与社会发展不平衡、经济与生态发展不平衡等。“不充分”具体也有许多方面表现，例如，市场竞争不充分、潜力释放不充分、有效供给不充分、动力转换不充分、制度创新不充分等。高质量发展就是要努力消除不平衡、努力激发不充分，使经济社会资源得到更高效配置、使广大人民群众更能感受到获得感、收获感。

应对不平衡不充分发展的挑战，必须抛弃原有的只追求经济高速增长的发展模式（因为存在的不平衡不充分问题就是较长时间以来过于追求高速增长的结果），而走高质量发展道路。在高质量发展思维下，既要有合理的经济增长速度，更要讲究经济增长中经济结构的优化、经济发展各维度的平衡、参与经济发展的各方的共享共富，保持经济发展的稳健性，熨平经济发展的不平衡不充分。

（2）突出强调在经济发展中对生态环境的保护，促进人与自然的和谐发展，保障经济发展的可持续性的需要。较长时期以来，各地追求经济快速发展，放松环境保护之弦，甚至有的认为只要经济发展了，其他都要为经济发展让路。导致对环境保护不够甚至严重破坏环境，生态环境问题突出，影响经济社会的可持续发展。

经济高质量发展以“创新、协调、绿色、开放、共享”五大发展理念为指南，强调绿色发展，注重生态文明和经济社会发展的和谐，着力破解经济社会发展中的环境难题，达成既有绿水青山又有金山银山的发展境界。

（3）突破我国制造业较长时间以来在若干关键技术、关键零部件等所受的制约的需要。制造业是居民物质生活的保障，是国民经济的支柱，是就业的主要载体。制造业在许多国家都具有“立国之本、兴国之器、强国之基”的产业地位。自世界工业文明开启以来，不同时代的世界强国的出现都离不开其具有当时世界最强竞争力的制造业支撑，综观近代世界强国兴衰史和我们国家的奋斗史、崛起史，都充分证明国家和民族的强盛离不开国家强大的制造业。

新中国成立伊始，我们国家就非常重视制造业（工业）的发展，先后提出过“国家工业化”“社会主义工业化”“使中国具有强大的现代化的工业”“第一步，在1980年以前，建成一个独立的比较完整的工业体系；第二步，在21世纪内，全面实现农业、工业、国防和科学技术的现代化”等目标。也正是在这些目标的推动下，新中国成立之初“一穷二白”的面貌得以较快地改变。中共十八大以来，党和国家高度重视制造业的发展。习近平总书记高度重视制造业高质量发展，就推进我国制造业高质量发展作过多次重要论述。

我们在看到、肯定改革开放以来我国制造业快速、迅猛发展的同时，仍然必须注意到我国制造业发展存在的挑战和薄弱，工业和信息化部副部长、国家制造强国建设领导小组办公室主任辛国斌在“2018年国家制造强国建设专家论坛”① 上曾经指出：工业和信息化部对30多家大型企业130多种关键基础材料调研结果显示，32%的关键材料在我国仍为空白，52%依赖进口，绝大多数计算机和服务器通用处理器95%的高端专用芯片、70%以上智能终端处理器以及绝大多数存储芯片依赖进口。在装备制造领域，高档数控机床、高档装备仪器、运载火箭、大飞机、航空发动机、汽车等关键件精加工生产线上95%以上制造及检测设备都依赖进口。在中国目前进口的工业品，只有两大类超过3500亿美元，一个是洗车和零部件，每年进口额达746亿美元，另一个是集成电路。

经济高质量发展强调创新发展，就是要在追求经济发展速度的同时，突出“创新”，挖掘发展的“充分”，正如中共十九届五中全会提出的“坚持创新在我国现代化建设全局中的核心地位，把科技自立自强作为国家发展的战略支撑”，推动我国由制造大国向制造强国转变，推动中国制造向中国创造转变。

（4）持续提升我国经济社会发展竞争力的需要。竞争无处不在，竞争无时不在。就国家发展战略而言，中国要崛起、中国要走到国际舞台中心、中国人民要实现伟大复兴的中国梦，只有且必须通过竞争，在竞争中胜出，才是唯一选择。而要取得竞争的胜出，并不是一件容易的事。在和平竞争背景下，高质量发展是我国谋取竞争胜出之道的利器。习近平总书记强调“关键

---

① 工信部副部长：我国制造业要大力度“引进来”高水平“走出去”［EB/OL］. 人民网，http：//finance. people. com. cn/n1/2018/0714/c1004 -30147394. html，2018 -07 -14.

是把我们自己的事情做好”，这个事情就是高质量发展。

对照我国经济高质量发展战略提出初心和出发点的上述四点，我们认为在研究区域经济高质量发展评价时，简单地运用一个数理模型运行测算出的顺序来判断相关区域经济高质量发展的状况，将面对三个挑战：一是评价简单化。经济高质量发展评价是一个复杂系统的工作，要体现区域经济发展中解决不平衡不充分发展、要体现五大发展理论、要体现区域经济竞争力提升的支撑等，必须有组合的步骤或方法。二是模型神话化。唯模型至上，而不顾区域经济发展现实的多维、繁杂联系，重定量模型而轻主观定性分析，未能融合主观定性界定与客观定量测度来促使研究更贴近现实。三是榜样影响虚化。按照数理模型测算顺序论英雄研究得出的名列前茅的区域应该成为其他区域推进经济高质量发展学习的榜样，但往往这时的榜样多有明显的“短腿”，即总体排数一或者数二，但单个维度或许在相对极后的位置，如果以这类区域为榜样，则我们的经济发展将永远维持在不平衡不充分的状态。

基于上述讨论，我们认为在区域经济高质量发展评价中，要运用数理模型，但更要定性探讨与定量测度相结合，促使评价更科学合理。总的思维是在运用数理模型测度的基础上糅合若干指标（维度）门槛制，例如，A 区域虽然在模型测度得出的综合指数顺序中排在前面，但如果其某一个或几个关键指标（维度）相对靠后，则该 A 区域不能成为所评价区域中经济高质量发展的前列或榜样。这个门槛可以只设一级门槛，也可以设若干门槛。这样的结果将督促那些在许多方面有优势的区域想方设法去弥补其经济高质量发展的短腿，落实习近平总书记关于经济高质量发展补短板的指示精神。

我们的课题团队在 2019 年就出版了《中国区域经济高质量发展研究报告（2018）》，这应该是国内第一本区域经济高质量发展研究报告。随后出版了《中国市域经济高质量发展研究报告（2019）》，现在呈现给大家的是《中国市域经济高质量发展研究报告（2020）》，表明我们团队对经济高质量发展研究的坚守和执着。三年多来，我们梳理了大量关于经济高质量发展的研究文献，收集了巨量的地级[①]市域经济高质量发展的数据，我们的初心是通过我们的努力，给关注、关心经济高质量发展的政府人士、企业家和学术界同仁提供了解、把握我国市域经济高质量发展现状的数据及数据后面的现实变化和趋势。

基于我们所采集的数据，我们可以看到，在经济高质量发展征程上，我国经济高质量发展的相当多的指标近几年有了出色的表现，证实了高质量发展战略推进中我国经济领域中的可喜变化，同时，我们也要注意到，也有少量经济高质量发展指标，呈现波动或者不进反退，需要引起我们的重视和着力解决。

可喜的指标较多，例如反映经济高质量发展的生态指标中，PM2.5 年平均浓度指标，全国所有市域的均值由 2017 年的 45.84 微克/立方米减少到了 2018 年的 41 微克/立方米更减少[②]到了 2019 年的 38.99 微克/立方米；单位工业产值污染物排放量指标，全国所有市域的均值由 2017 年的 1.7663 吨/万元减少到了 2018 年的 1.6869 吨/万元更减少到了 2019 年的 1.6607 吨/万元。

反映经济效率高质量的 GDP 密度指标，全国所有市域均值由 2017 年的 3376.39 万元/平方公里增多到了 2018 年的 3594.58 万元/平方公里更增多到了 2019 年的 3829.57 万元/平方公里；反映经济高质量发展共享的城乡居民收入比指标，全国所有市域均值由 2017 年的 2.323 降低到了 2018 年的 2.2566 更降低到了 2019 年的 2.228；在岗职工平均工资指标，全国所有市域均值由 2017 年的 64484 元增多到了 2018 年的 70817 元更增多到了 2019 年的 76611 元；反映经济高质量发展创新的地方一般公共预算支出中科学技术支出占比指标，全国所有市域均值由 2017 年的 1.746% 提高到了 2018 年的

---

① 我们团队研究的对象是全国的非省级直辖市域，最初名为区域，但区域过于宽泛，若干国可以称区域，若干省也可以称区域，一个省也可以称区域，等等。非省级直辖市域主要包括地级市和副省级市的市域，市域是区别于城市的表达，因为在很多时候城市表达的是一个市域的中心城区，而我们用“市域”强调的是所采集的数据所指既包括前述市域的中心城区即一般意义的城市也包括其所辖的县（市、区）等。这里的市域，没有包括北京、上海、天津和重庆四大直辖市。全国的副省级市域和地级市（州、盟）域共有 300 多个，出于数据的可获得性、全面性和可比较性，我们 2018 年、2019 年的报告研究对象为 286 个市域。2019 年底山东省的莱芜市并入济南市，因此，2020 年报告的研究对象调为 285 个市域。

② 因不同指标的性质不同，正向指标是越多越高越好，逆向指标则相反，具体的表述因具体指标而异。

1.782%更降低到了2019年的1.9%；还有经济高质量发展创新的万人拥有授权专利数指标，全国所有市域均值由2017年的11.1315件增多到了2018年的15.2379件更增多到了2019年的15.3095件。

值得关注的指标也不少：反映绿色生态高质量发展的万元工业产值电耗，全国所有市域均值由2017年的615.4858千瓦时/万元增多到了2018年的670.7269千瓦时/万元更增多到了2019年的700.19千瓦时/万元；反映企业发展高质量的规模以上工业企业企均主营业务税金及附加和增值税指标，全国所有市域均值由2017年的1765.81万元减少到了2018年的1680万元更减少到了2019年的1544万元；规模以上工业企业企均利润额指标，全国所有市域均值由2017年的1982万元增多到了2018年的2101万元又减少到了2019年的1776万元；规模以上工业企业投入产出率指标，全国所有市域均值由2017年的14.0865%减少到了2018年的12.5702%更减少到了2019年的12.21%；反映开放创新高质量发展的货物进出口总额占GDP比重指标，全国所有市域均值由2017年的17.5935%减少到了2018年的16.0367%更减少到了2019年的15.73%；当年实际利用外资金额占GDP比重指标，全国所有市域均值由2017年的1.5941%增多到了2018年的1.6553%又减少到了2019年的1.36%；反映民生共享高质量的地方一般公共预算支出中教育支出占比指标，全国所有市域均值由2017年的17.293%减少到了2018年的16.7811%更减少到了2019年的16.49%。

上述数据表明，自从我国实施经济高质量发展战略以来，在衡量评价经济高质量发展的相当多的方面领域，我们国家都有了喜人的进步和成就，但不平衡不充分仍然存在，仍然有不少指标所体现的领域方面有待加强、精准施策。

2020年度研究报告，将秉持我们的初心，为评估全国各市域经济高质量发展的相对状况提供依据。通过对全国市域经济高质量发展水平程度的统一测度和比较，希望每个市域能够全面深入地看到自身在经济高质量发展各维度及各微观指标上的“长强”与“短弱”，也能够看到自身同其他市域特别是彼此有共同点的市域，例如，同处区域、同等人口规模、同等地域面积等，在经济高质量发展方面的优势和不足。从而，有针对性地根据自身的实际，廓清自身的经济高质量发展对策与措施。

相较前两年的研究报告，2020 年度研究报告有以下进步。一是对市域经济高质量发展评价指标体系给予了优化和增加，基于对经济高质量发展研究文献的深耕研读及对国家政策文件的细思考量，在保持六个维度基础上，具体评价指标增多到了 51 个，每个指标都予以了认真的斟酌。例如，反映企业发展高质量的上市公司企业数，反映开放创新高质量的新增企业数，等等，力争整体指标体系及每个指标的科学合理又可获取，实践中也有可操作性。二是许多的论述建立在将不同年度的数据联系的基础上，单个数据很难有意义，只有将单个数据放到整体中，将不同的数据联系起来，数据的意义才能够彰显，所幸的是，得益于我们团队的坚持，我们手中已经有了全国 285 个市域近 50 个指标 3 ~4 年的数据，这些数据之间的相互联系、印证，将触发我们对经济高质量发展的丰富理解，开拓宽广视野。三是呈现了大量经过我们梳理、关联的数据，好比广告所说：我们不生产水，我们只是大自然的搬运工。我们不生产数据，我们只是科学地梳理、呈现数据，读者通过数据，自己去判断不同市域经济高质量发展的不同程度、所处相对地位及变化趋势，即让数据说话。

2020 年度研究报告最值得关注的是我们对市域经济高质量发展评价的创新探索，即在评价哪些市域能够作为经济高质量发展第一方阵从而成为其他市域效仿学习榜样的讨论，报告还探讨了经济高质量发展失衡问题，这些均是对现有关于区域经济高质量发展评价模式的新突破，恳请各路方家不吝赐教！

中国经济高质量发展道阻且长，行则将至，行而不辍，未来可期。

| 第一章 |

基于 CiteSpace 的中国经济高质量研究与趋势分析

第一节　研究方法与数据来源

本书基于中国知网（CNKI）数据库的相关文献数据信息，通过构建科学知识图谱进行可视化分析，深入把握中国区域经济高质量发展研究的热点和前沿趋势。在此基础上对未来研究提出展望，以期给对经济高质量发展研究感兴趣人士提供参考。

科学知识图谱亦称知识图谱，是显示某一学科领域知识演化发展过程与内嵌结构关系的一种图像，兼具时间性、空间性和结构性。知识图谱绘制工具可经由计算机技术对大量的引文数据进行信息的深度挖掘和加工，并生成可视化图形来揭示知识间的内在联系规律和相关研究主题的演进脉络及发展潮流（刘进、符正平和方轮，2020），便于对某一研究领域现有知识的理解和深化。

目前能够绘制知识图谱的可视化工具较多，CiteSpace 是其中较为流行的一款，由陈超美博士主导设计和研发。基于 CiteSpace 绘制的知识图谱能够将一个知识领域的发展历程直观地显现在引文网络图谱上，并会标注其中的引文节点文献和共引聚类映射的研究前沿（陈悦等，2015）。本书选择 CiteSpace 图谱量化软件，对从中国知网数据库收集的经济高质量发展的文献数据进行深度挖掘、分析和加工，构建中国区域经济高质量发展研究领域的相关知识图谱，力求以可视化的形式将一段时间内该研究领域的热点、发展脉络及前沿趋势形象地展现出来。

在构建中国区域经济高质量发展知识图谱前，收集并整理相关期刊文献数据。本书以中国知网（CNKI）数据库为来源收集并整理相关期刊文献数据。为确保研究数据的完整性及研究结果的可靠性，检索条件设置为：主题 =“经济高质量发展” or “区域经济高质量发展”，鉴于经济高质量发展战略是在 2017 年中共十九大报告提出的，所以检索时间 = 2017 ~ 2021 年，期刊来源 = 核心期刊 + CSSCI + CSCD + EI + SCI。截至 2021 年 9 月 6 日，精确检索到文献 1717 篇。结合具体检索情况，针对收集到的文献，手动剔除会议论文、新闻稿和卷首语等研究意义不大以及内容与“经济高质量发展”关联性较弱的文献，最终得到有效文献 1025 篇。将目标文献从 CNKI 以 Refworks 格式导出，并通过 CiteSpace 转码，得到本书的研究样本数据库。

第二节 中国经济高质量发展研究主题的时空分析

一、文献时间序列分布

基于前述检索过程，得到时间序列分布如图 1 – 1 所示。从总体来看，从 2017 年 1 月 1 日开始截至 2021 年 9 月 6 日，发文数量呈上升态势。

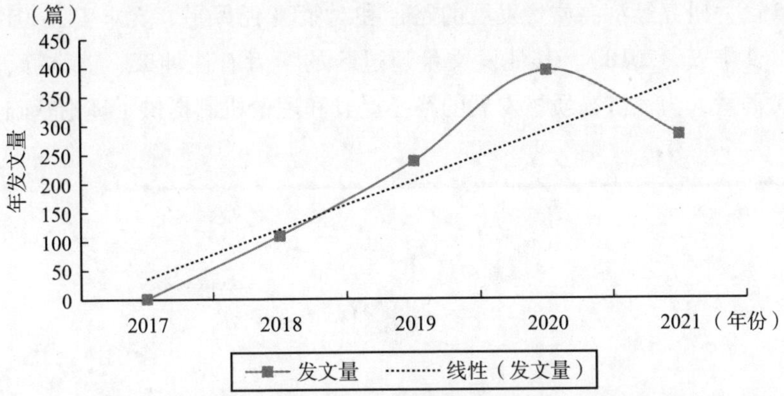

图 1－1　中国区域经济高质量发展研究文献时间序列分布

高质量发展战略伊始，学术界对经济高质量发展问题的关注稍显不足，2017～2018 年，有关经济高质量发展问题的研究年发文量不足 5 篇，且部分研究仅以经济高质量发展作为定性表述。随着高质量发展战略的不断深入，经济高质量发展被学术界广泛涉及，2018 年至今有关经济高质量发展问题的研究年发文量增长迅速，且研究范式繁复多样，包括经济高质量发展内涵、指标测度、驱动因素、路径与对策和区域研究等等。

二、作者合作网络分析

利用 CiteSpace 进行作者合作网络分析，如图 1－2 所示，图中节点越大，代表相应作者发文数量越多，连线越多，代表作者之间合作紧密，连线越粗，代表合作最紧密。整体来看，发表 3 篇及以上高质量论文的学者相对较多，并且经济高质量发展研究领域主要形成了以西北大学任保平为核心的研究团队，但研究团队大多来自师门合作。其中，任保平、师博和文丰安以自身为核心形成了较为广泛的子网络，任保平在该领域发表核心文献 34 篇，师博发表核心文献 16 篇，重点研究经济高质量发展的实现路径和测度，涉及新动能、新经济（人工智能经济和数字经济）和新发展理念等（任保平、宋雪纯，2020；刘戈非、任保平，2020；任保平，2020；任保平、宋文月，2019；师博、韩雪莹，2020；师博，2020；师博、张冰瑶，2019）。文丰安发表核心文献5篇，研究经济高质量发展的路径和对策（任保平、文丰安，2018；刘现伟、文丰安，2018）。其他发文量超过5的学者有沈坤荣、钞小静、文丰安、黄群慧，为经济高质量发展的路径提升和理论机制提供了理论基础。

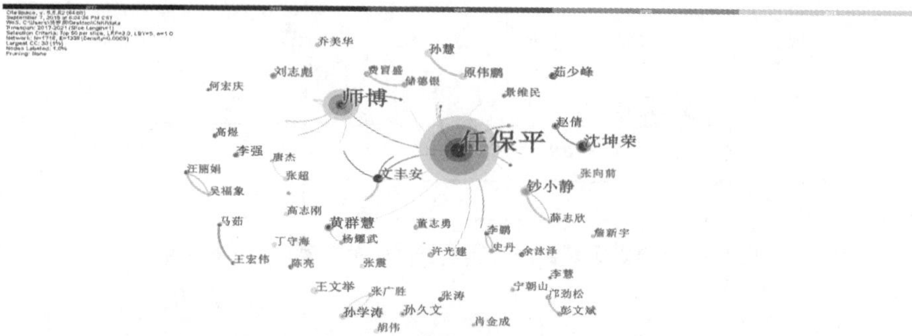

图1-2　中国区域经济高质量发展研究作者合作网络图谱

三、机构合作网络分析

对发文机构进行分析，如图1-3所示，图谱中节点越大，表示该机构发文数量越多。

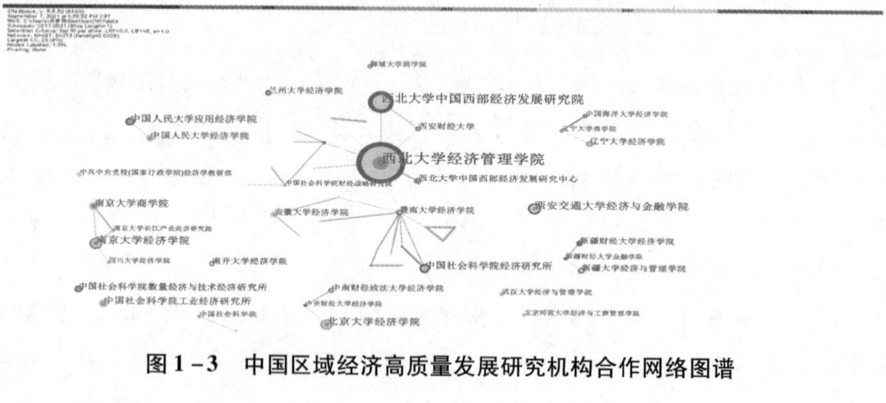

图1-3　中国区域经济高质量发展研究机构合作网络图谱

（1）从发文数量来看，西北大学经济管理学院、西北大学中国西部经济发展研究院、西安交通大学经济与金融学院、南京大学经济学院、北京大学经济学院、中国人民大学应用经济学院和中国社会科学院经济研究所发文数量较多，为该领域的重点研究机构。

（2）从合作关系来看，整体合作较为分散，但这些机构大部分进行区域内的合作，形成了一些合作子网络。其中，以西北大学经济管理学院、西北大学中国西部研究经济发展研究院和暨南大学为核心的研究网络较为发散，已形成一定的规模。南京大学经济学院、北京大学经济学院、中国人民大学应用经济学院等其分散机构形成小范围合作或者独立研究。

（3）从地域分布来看，研究机构覆盖东部、西部、中部，表明经济高质量发展的研究受到了全国各地研究者的普遍关注。

（4）从机构类别来看，多为国内重点高校，也有少数研究所，各高校下属二级学科多为经济学院、管理学院和商学院，与学科特征相符。

第三节　中国经济高质量发展研究热点分析

对关键词进行共现分析，了解经济高质量发展研究的热点角度，如果中介中心度大于0.1，表明关键词在网络中具有重要的影响力。本书选取频数大于 10 次，中介中心度大于 0.01 的关键词作为高频关键词，得到 2017 ~ 2021 年经济高质量发展的关键词频数。

综合考虑关键词频数（>10 次）和中介中心度（>0.07），经济高质量发展的研究热点（具体关键词在加粗部分），共有 19 个关键词。结合领域研究背景和文献研读，将研究热点列表如下（见表 1 – 1）。

表 1 – 1　　　　中国区域经济高质量发展研究文献关键词频数

关键词	频数（次）	中介中心度	关键词	频数（次）	中介中心度
高质量发展	**479**	**0.21**	经济增长	49	0.05
经济高质量发展	**273**	**0.18**	**实体经济**	**30**	**0.14**
数字经济	69	0.02	新发展理念	27	0.04
全要素生产率	**51**	**0.22**	**科技创新**	**24**	**0.08**

续表

关键词	频数（次）	中介中心度	关键词	频数（次）	中介中心度
区域经济	24	0.02	民营经济	14	0.02
现代化经济体系	**23**	**0.28**	**经济增长质量**	**13**	**0.20**
技术创新	**23**	**0.08**	**长江经济带**	**13**	**0.16**
新时代	**22**	**0.26**	**供给侧结构性改革**	**13**	**0.13**
产业结构	22	0.07	营商环境	12	0.07
绿色发展	**21**	**0.30**	**中国经济**	**12**	**0.25**
环境规制	**20**	**0.20**	经济发展质量	12	0.05
创新驱动	20	0.04	人工智能	12	0.03
黄河流域	**15**	**0.32**	**县域经济**	**11**	**0.16**
经济发展	**15**	**0.19**	**区域差异**	**11**	**0.17**
双循环	15	0.06	**指标体系**	**11**	**0.40**

一、经济高质量发展的内涵和外延的探讨

研究主题包含“经济高质量发展”“高质量发展”“区域经济高质量发展”“经济发展”“经济增长质量”等高频关键词。学者们围绕如何界定经济高质量发展的概念和内涵进行了深入的探讨。

（1）微观、中观、宏观视角。微观层面上主要是指产品与服务的质量，如张军扩等（2019）认为高质量发展要求企业提供的产品、工程和服务质量明显提升。孙祁祥和周新发（2020）认为高质量发展要建立在经济效率显著提高之上，企业以创新为动力，依靠科技创新不断提升企业的经济活力与市场竞争力，提升供给质量与水平，促进需求结构升级。中观层面上主要是指产业的价值链和结构的发展，例如，王一鸣（2018）认为过去主要是以加工组装为主，现在要提高研发、设计、标准、供应链管理、品牌这些高价值链区段的比重。袁晓玲、李彩娟和李朝鹏（2019）认为高质量发展主要是指产业和区域发展的质量，产业发展质量主要体现在产业结构的合理性和层次性、生产力空间布局、生产过程中的资源（包括环境资源）消耗以及发展过程中

的利益共享等方面。宏观上，经济高质量发展不仅是高效的供给体系，更是一种供需的平衡，供需既要量上的相等，又要结构上的匹配，例如，丁任重和李标（2016）认为需求决定供给、引导供给，供给既满足需求、又创造需求。

（2）五大发展理念视角。高质量发展是以五大发展理念为基础，实现经济发展质量的一种经济形态。例如，袁晓玲、李彩娟和李朝鹏（2019）认为创新是动力源泉，协调是本质特征，绿色是发展形态，开放是必经之路，共享是发展目标。王锋和王瑞琦（2021）认为除了效率和质量，经济高质量发展更是经济建设、政治建设、文化建设、社会建设、生态文明建设“五位一体”，也是“创新、协调、绿色、开放、共享”的发展。金培（2018）认为新发展观，即创新、协调、绿色、开放、共享的发展理念，就成为对新时代高质量发展的新要求，也是对是否实现了高质量发展的评价准则。

（3）支撑体系视角。张涛（2020）将高质量发展界定为能够满足人民日益增长的美好生活需要的发展，认为其内涵会随着生产力水平和经济社会发展水平的提升而不断丰富。梁丹和陈晨（2019）认为高质量发展的核心是提质增效，高质量发展的目标是满足人民对美好生活的向往，高质量发展的动力是创新驱动，高质量发展的底线和必要条件是绿色低碳，高质量发展的内在要求是平衡和谐，高质量发展的抓手是改革开放和补齐短板。

二、经济高质量发展的测度与评价研究

研究主题包括“全要素生产率”“指标体系”等高频关键词。目前研究经济高质量发展的测评方法有三种。

（1）用全要素生产率为核心指标来衡量经济高质量发展。① 全要素生产率的测算方法目前较为普遍的方法是索洛余值法、DEA-Malmquist 指数和随机前沿方法（SFA）等方法。例如，罗植（2019）、王文举和姚益家（2021）使用索洛余值法来测算全要素生产率；范合君和吴婷（2021）、杨卫丽等（2021）利用 Malmquist 指数法测算全要素生产率；涂正革和陈立（2019）、

① 刘志彪，凌永辉．结构转换、全要素生产率与高质量发展［J］．管理世界，2020，36（7）：15－29.

李新安（2020）采用随机前沿方法测算全要素生产率。此外，学者们对全要素生产率进行了扩展，提出了绿色全要素生产率，绿色全要素生产率在保留全要素生产率内涵的基础上，纳入了能源投入和环境污染指标，对生产率的估算更加全面。学者们对绿色全要素生产率与产业集聚、科技创新、环境规制、产业结构和海洋经济等相结合，进行了大量研究。黄庆华、时培豪和胡江峰（2020）基于长江经济带107个地级市的数据，通过实证检验得出产业集聚对长江经济带的绿色全要素生产率的积极影响。上官绪明和葛斌华（2020）基于2007～2016年我国278个地级及以上的城市数据探究了科技创新、环境规制对经济发展质量的影响，研究显示科技创新和环境规制均促进了经济发展质量，科技创新存在正向的空间溢出效应，环境规制存在负向空间溢出效应。秦琳贵和沈体雁（2020）采用2001～2016年沿海省市面板数据，通过实证得出科技创新对海洋经济绿色全要素生产率的影响显著且存在单一门槛效应，超过门槛之后，促进作用更显著。

（2）基于“创新、协调、绿色、开放、共享”发展的新发展理念来衡量经济高质量发展水平。目前最多的综合评价指标的测算方法有熵权法、主成分分析法和因子分析法等（孙豪、桂河清、杨冬，2020；程晶晶、夏永祥，2021；吴志军、梁晴，2020）。大多数学者直接从新发展理念五大维度出发构建指标，例如，鲁亚运、原峰和李杏筠（2019）基于新发展理念采用信息熵确权综合评价海洋经济发展质量水平，结果显示：上海、广东、江苏海洋经济高质量发展水平位居全国前三，广西、河北高质量发展水平较为落后。胡雪萍和许佩（2020）以新发展理念为基础构建经济高质量发展水平来研究外商直接投资（FDI）对我国经济高质量发展的影响。也有学者对五大维度进行扩展或基于研究对象的特点进行扩展，例如，黄敦平、范鸿儒和李宗泽（2020）在新发展理念的基础上加入了经济的平稳运行指标评价我国31个省份的经济发展质量水平。于洋、朱建平和郭华生（2021）以城市经济发展新内涵构建数量、质量和效率三个方面，加入了城市群支撑作用维度。

（3）根据经济高质量发展的内涵来全面衡量经济高质量发展水平，但选取的指标往往不尽相同。例如，苏永伟和陈池波（2019）基于高质量发展的内涵从质量效益提升、结构优化、动能转换、绿色低碳、风险防控、民生改善六个维度评价我国经济高质量发展，研究发现北京、上海、浙江经济高质量发展水平较高，新疆、青海、西藏水平较低。张侠和高文武（2020）采用极值熵权法从经济动力、效率创新、绿色发展、美好生活、和谐社会等五个维度选取 34 个指标构建经济高质量发展的指标体系。彭定贇和朱孟庭（2020）基于对中国经济高质量发展内涵的理解，从经济优化、创新驱动、经济协调、绿色生态以及民生共享 5 个维度出发，构建了中国经济高质量发展指标评价体系。

三、经济高质量发展的驱动因素研究

研究主题包含“科技创新”“技术创新”“环境规制”等高频关键词。经济高质量发展的驱动因素研究主要从转变发展方式、优化经济结构、转换增长动力等三个方面进行理论分析和实证检验。

从发展方式的转变来看，学者们近年来侧重环境规制、产业结构对经济高质量发展驱动因素的研究。环境规制研究主要围绕环境规制对经济高质量发展的影响。学者们有三种观点。第一种观点是环境规制促进经济高质量发展。王群勇和陆凤芝（2018）基于 2001 ~ 2016 年中国 30 个省份探讨环境规制对经济增长质量的影响，结果显示：环境规制可以显著促进经济增长质量，但存在门槛效应，当超过门槛值时正向影响效果不再显著，且存在区域异质性，即对中西部地区影响比东部地区更显著。乔美华（2021）也指出环境规制显著促进经济发展质量，且存在空间溢出效应，会间接促进邻区经济发展质量。第二种观点是环境规制与经济高质量发展存在“U”型曲线关系，原伟鹏、孙慧和闫敏（2021）基于 2009 ~ 2018 年 30 个省份的面板数据，探究垂直型环境规制对我国经济高质量发展的影响作用，结果表明：短期内垂直型环境规制强度的增加会导致发展水平的降低，但跨过拐点后，会促进发展水平的提高，且存在区域异质性。张亚峰等（2021）研究 2011 ~ 2017 年山东省环境规制对经济高质量发展的时空影响，指出环境规制与山东省经济高质量水平的影响呈现“U”型关系。第三种观点是环境规制与经济高质量发展呈现倒“U”型曲线关系。陶静和胡雪萍（2019）指出环境规制对中国经济增长质量会产生非线性的影响，二者之间存在着倒“U”型动态关系，即在环境规制强度较弱时，环境规制政策会促进经济增长质量的提高；但当环境规制强度提高到一定水平时，反而会在一定程度上抑制经济增长质量的提高。弓媛媛和周俊杰（2021）以2003~2017年黄河流域的面板数据为样本，进一步检验了环境规制和产业结构优化对经济高质量发展的非线性影响及其门槛效应，结果表明：首先，当产业结构优化为门槛时，随着第三产业增加值占比的逐渐增加，环境规制对经济高质量发展的正向影响在跨过门槛之后会变成负向影响，呈现倒“U”型趋势；其次，以环境规制为门槛时，产业结构优化对经济高质量发展的负向影响在跨过门槛后会逐渐减弱。也有少数学者提出与上述不一样的观点，叶娟惠（2021）指出，环境规制与经济高质量发展存在“M”型非线性关系，原因可能是环境规制的影响作用会随着经济发展阶段的变化而变化，倒“U”型或“U”型曲线很可能是“M”型曲线的一部分。

从优化经济结构来看，学者们主要从产业结构升级、数字经济、外商直接投资等层面展开。朱风慧和刘立峰（2020）以中国2003~2016年的地级及以上城市面板数据验证指出产业结构高级化显著促进绿色全要素生产率的提升。方昊炜、徐晔和袁琦璟（2021）进一步实证验证产业结构升级能直接促进经济高质量发展，且在数字贸易对经济高质量发展的正向影响中起部分中介效应。张鸿、刘中和王舒萱（2019）指出数字经济与传统产业的深度融合，会提高资源配置效率，促使经济结构优化，推动传统产业转型升级，并给消费者带来良好的消费体验，进一步带领产业转型升级。郑嘉琳和徐文华（2020）通过2010~2018年省级面板数据实证检验进一步发现，数字经济是通过与产业结构和创新能力相互融合共同促进经济高质量发展，且存在环境规制和城市化门槛效应。桑百川和张彩云（2018）指出外商直接投资在增加资本供给、劳动力需要的同时，推动着中国工业化进程、技术进步和经济结构升级，倒逼着改革和制度变迁，有效拉动了经济增长，促进着经济发展。

从增长动力的转变来看，创新驱动是提高经济发展质量的第一动力，学者们对科技创新和技术创新进行了广泛讨论，科技创新和技术创新侧重科技创新对经济高质量发展的影响研究、驱动机制和路径对策研究。其中，影响研究较多，大多学者实证证明了科技创新促进了我国经济高质量发展水平，但绩效水平不高且存在区域异质性。贾洪文、张伍涛和盘业哲（2021）基于

2010~2018 年的 30 个省份的面板数据，建立空间面板模型，得出科技创新对本地区和邻近地区产生正向影响，但东部和中部促进作用更明显，在西部地区不明显。上官绪明和葛斌华（2020）基于 2007~2016 年中国 278 个地级及以上城市数据，研究发现科技创新和环境规制对经济发展质量具有显著的直接提升效应，同时，环境规制和科技创新在促进经济高质量发展时还存在协同效应。王慧艳、李新运和徐银良（2019）、姜玉梅、孟庆春和李新运（2021）实证分析得出科技创新驱动经济高质量发展的整体绩效水平偏低，且东部地区高于西部、中部和东北部地区。李光龙和范贤贤（2019）对长江经济带 108 个城市进行实证检验，证明财政支出、科技创新以及两者交互项对经济高质量发展具有显著的促进作用，且科技创新对中下游区域作用明显，对上游区域不明显。学者们对技术创新的影响研究较多，大多学者认为技术创新对经济高质量发展中有促进作用，但技术创新起直接促进作用或中介作用。涉及环境规制、人口老龄化、数字经济、产业协同集聚等。胡德顺、潘紫燕和张玉玲（2021）研究结果表明：费用型环境规制与命令控制型环境规制均能通过提升技术创新来缓解对高质量发展的阻碍作用，并且通过技术创新中介变量发挥的正向部分中介效应。符建华和曹晓晨（2021）基于 2009~2018 年中国省级面板数据，采用空间效应模型等指出人口老龄化通过增加人力资本积累和加快技术创新来促进经济高质量发展。宋洋（2020）、吕平和袁易明（2020）分别研究数字经济、产业协同集聚对我国经济高质量发展的影响，得出技术创新均起部分中介效应。任晓燕和杨水利（2020）根据 2012~2017 年 30 个省份的面板数据得出：技术创新能够促进全国及东中西部地区经济高质量发展，且技术创新与产业结构升级的协同效应能够显著促进我国经济高质量发展。

四、经济高质量发展的路径与对策探讨

研究主题包含“实体经济”“现代化经济体系”“新时代”“供给侧结构性改革”“中国经济”“绿色发展”等高频关键词。

在宏观角度，涉及新时代、中国经济、现代化经济体系和供给侧结构性改革，新时代、中国经济、现代化经济体系和供给侧结构性改革多作为关键

词体现在高质量发展、经济高质量发展与新发展理念和新发展格局之中，独立研究很少，侧重围绕经济高质量发展对策研究。目前大多研究是从创新、协调、绿色、开放、共享五方面提出对策。在创新层面，廖军华（2021）、任保平和宋雪纯（2020）提出从加强产权保护力度、培养本土和引进高层次人才、完善创新激励机制和加强基础研究力度等方面积极推进创新驱动发展。秦放鸣和唐娟（2020）也提出政府部门应加大创新投入，采取创新激励措施和有效的创新评价机制等增强创新驱动进而促进经济高质量发展。在协调层面，侧重研究产业协调、城乡协调和区域协调。钞小静和薛志欣（2018）提出深化供给侧结构性改革以淘汰落后产业和培养新兴产业，破除要素流动壁垒，缩小地区、城乡的经济差距。周小亮和吴洋宏（2019）进一步指出加大对教育、医疗、基础设施的投入，逐步缩小城乡、区域、个人的收入分配，坚定深化供给侧结构性改革，优化产业结构，以保证落后产能退出的同时新经济的形成。程必定（2018）、徐孝新和刘戒骄（2019）针对区域协调提出推进区域一体化，形成城市群、城镇群和城市经济圈建设。在绿色层面，师博（2018）提出要牢固树立“绿水青山就是金山银山”的理念，大力发展绿色金融和清洁能源等绿色产业和构建清洁安全高效的能源体系。王志强和王一凡（2020）指出绿色金融可以通过增强绿色发展意识、促进产业结构转型升级、推进区域经济深度合作等主要路径助推经济高质量发展，并提出完善绿色金融体系、法律法规、市场机制建设，搭建绿色金融平台以及区域绿色金融信息共享机制的建议。在开放层面，安淑新（2018）提出加强与国际通行经贸规制对接，放宽市场准入，全面开放一般制造业，放宽服务业外资准入限制，改善外商企业营商环境以扩大开放。任保平和宋雪纯（2020）提出形成高水平对外开放格局，健全对外开放新机制，改善投资环境，进一步建立与开放格局相匹配的人才管理体制、金融监管机制、法律制度和加快自贸区建设来促进经济高质量发展。在共享层面，刘湖、于跃和蒋万胜（2020）提出政府可以加快区块链基础条件建设，搭建区块链行业与教育行业的讨论平台，出台相关政策和完善监管体系建设促进区块链与教育的融合，实现教育共建共享。

在中观角度，对实体经济进行了广泛的讨论，侧重实体经济高质量发展的路径选择和实体经济高质量发展的测度与行业对比，其中，路径探索较多，涉及区块链、数字经济、互联网、人工智能、科技创新、人力资源和现代金融等。邓志敏（2019）探究了科技金融驱动实体经济高质量发展的路径选择，提出加快科技金融法律法规的出台，加快科技金融共享服务平台的搭建，建立多元化科技金融体系，增强金融风险意识和扩宽金融服务机构等相关建议。渠慎宇（2020）指出区块链通过开放式创新、协调产业融合、推动绿色发展三个方面推动实体经济高质量发展，并提出加强顶层设计和统筹、严格监管非法应用、加快标准体系建设、推动区块链与实体经济协调发展的政策建议。惠宁和陈锦强（2020）实证分析互联网与实体经济的融合明显促进了经济发展质量，并提出通过制定相应战略规划和法规体系，加强互联网基础设施和人才队伍建设，加强互联网在研发过程中的应用和深化市场化改革来实现互联网与实体经济的融合。陈抗和战炤磊（2021）提出通过强化产业结构与人力资源的协调互动，强化人力资源与就业岗位的有机对接和人力资源数量与质量的联动提升实现实体经济与人力资源的协调发展。

在微观角度，优化和完善营商环境，是推动民营经济高质量发展的基本前提，营商环境研究偏重营商环境的优化建设、营商环境与经济高质量发展的关系，其中营商环境的优化研究最多，涉及政务服务、法治、市场、融资和税收等内容。童有好（2019）提出优化民营经济营商环境的对策，即纵深推进“放管服”改革，降低民营经济商务成本，强化政府服务意识和打造政府公共信息平台，规范行政审批中介服务费。杨丽花和董志勇（2019）、刘戒骄（2019）提出以推行竞争中性为重点完善市场化环境、以加强知识产权保护完善法治化环境，以深化“放管服”改革完善便利化环境，坚持公正监管和提高要素服务效率等进一步推进营商环境健康发展。王帅（2021）也提出要打造透明高效的政务环境、营造公平公正的市场环境和构建健全的法律环境的营商环境。

五、经济高质量发展的区域研究

研究主题包含“黄河流域”“长江经济带”“县域经济”“区域差异”等高频关键词。国内学者关于黄河流域经济高质量发展的研究主要集中在水资源保护、生态保护、创新驱动、产业结构优化、制度质量影响等方面。而关于长江经济带经济高质量发展的研究主要集中在实现路径、经济高质量与资源环境协调发展等方面。

在黄河流域生态保护与经济高质量发展的研究中，又多数以水资源的保护、生态保护协调发展研究为主。

在黄河流域水资源保护与经济高质量发展研究方面，金凤君（2019）通过建立黄河流域生态保护和高质量发展的长效机制和体系，提出“人与自然协调发展、积极推动产业优化升级、加强重点生态功能区保护、强化以水为核心的基础设施体系建设”的生态保护与高质量发展的具体推进政策。张红武（2020）通过研究黄河流域生态与经济高质量发展的关系，提出三点治理黄河建议：两条防线与生态治河方案相结合；尽快构建黄河水沙调控体系的核心构架；实施“川水济黄”“藏水补川”乃至“藏水济黄”工程。张金良（2020）提出要重点补齐防洪与水沙调控薄弱环节、加强干支流水环境与水生态系统保护等举措，并制定流域协同管理的体制机制框架，以保证黄河生态健康与流域高质量发展。宋冬凌和马悦（2021）以河南省为例，研究发现2013~2018年河南省经济高质量发展与绿色水资源利用率都在不断提高，但不是同步发展，两者的耦合协调程度也在逐步提高。基于此，提出“提高绿色水资源利用率，提高经济高质量发展水平”的建议。

在黄河流域经济高质量发展与生态保护协调发展研究方面，宁朝山和李绍东（2020）表示，稳定黄河流域经济增长和优化经济结构要同步进行，同时也要兼顾经济发展质量的提升和生态环境的保护，要建立跨区域互动合作和协同治理机制，实现上中下游地区均衡与协调发展。石涛（2020）发现黄河流域经济生态耦合协调的空间网络关联存在异质性、脆弱性及密度的趋同性，联动效应显著。基于此，提出要加快顶层设计，制定更加灵活、科学的差异化经济生态协调政策，构建层次分明的政策协调机制，提升黄河流域经济高质量与生态环境保护的协调发展水平。刘海霞和任栋栋（2021）针对目前黄河流域生态环境承载力弱、法律制度不完善、产业结构待优化等问题，表示经济发展的顶层设计应加快做好，要构建现代生态产业体系，加强黄河流域生态治理和跨区域生态管控互助合作，推进黄河流域生态保护与经济协调发展。

黄河流域经济高质量发展与创新驱动、产业结构优化、制度质量影响等方面的研究也是学者们的研究热点。吴慧和上官绪明（2021）通过研究环境规制、产业升级对黄河流域经济高质量发展的影响，发现中共十八大以来环境规制和产业升级对提升黄河流域经济高质量发展的效果越来越显著，产业升级呈现出显著的空间互动效应。汪晓文、陈明月和陈南旭（2021）通过研究环境规制对环保和非环保技术创新、引致创新对经济增长的影响，认为实施黄河流域生态保护和高质量发展是发展的必然趋势，科技创新应在合理设计的环境规制下进行。张瑞、王格宜和孙夏令（2020）在财政分权、产业结构对黄河流域各城市高质量发展的影响及作用机制的研究中发现，产业结构合理化对高质量发展的影响因城市类型不同存在着明显差异，产业结构高级化对黄河流域高质量发展有显著驱动作用。弓媛媛和周俊杰（2021）以黄河流域沿线地级市为例研究环境规制、产业结构优化与经济高质量发展之间的关系，并提出“要促进区域经济提质增效、合理制定环境规制强度、协同做好产业结构优化升级”三点建议。王国慧和韩克勇（2021）通过分析黄土高原地区的政府治理、生态环境与经济高质量发展的关系，发现政府治理措施和生态环境污染对黄土高原地区各省的经济发展都有较大影响，因此提出建议“要充分考虑黄土高原地区不同省份情况，充分发挥政府治理手段的作用”。高志刚和李明蕊（2021）基于供给侧改革的视角，建议优化制度质量，提升资源型城市政府的创新支持力度，增强创新对经济高质量发展的驱动作用，以推动黄河流域资源型城市高质量发展。

在长江经济带经济高质量发展的实现路径的相关研究中，罗来军和文丰安（2018）通过对长江经济带高质量发展的战略选择的研究，表示要推动长江经济带高质量发展，需在生态环境的改善、转型发展的促进等方面发力，要建立健全生态补偿与保护长效机制，强化共抓大保护的协同性。方敏等（2019）在探索高质量发展背景下长江经济带产业集聚创新发展路径的研究中，提出未来一段时期内长江经济带中小城市仍需以专业化产业聚集为主，鼓励企业竞争创新，而大城市则需着力构建多元化产业体系，促进产业融合创新。黄文和张羽瑶（2019）通过验证区域一体化战略对中国城市经济高质量发展的影响，发现区域一体化战略促进了经济高质量发展水平的提升，对城市经济高质量发展的影响因地区生产性服务业集聚程度的不同而不同，主要呈现出一种非线性的倒“U”型特征。在长江经济带经济高质量与资源环境协调发展的相关研究中：王然和成金华（2019）通过对长三角城市群26个城市经济社会与资源环境（ES-RE）的耦合协调情况进行评估，发现长三角城市群耦合协调发展度不高，各城市的短板存在明显的区域差异。基于此，该研究提出长三角城市群要充分利用资源环境优势，加强城市间合作，加快优化产业结构，促进长三角城市群协同与高质量发展。薛莲和黄永明（2021）发现长江经济带各省市经济高质量发展状况存在明显的地域差异性，经济高质量发展与经济数量增长均具有显著的空间溢出效应，因此建议要制定适宜的环境规制政策，加强对外资企业的环境监管。何文海和张永姣（2021）基于长江经济带11省市PVAR模型的分析，表示要促进长江经济带经济高质量发展，就必须实施区域协同发展战略，落实精准化的环境规制政策，正确处理好产业结构合理化和高级化的关系，提升产业生产效率和经济运行效率。李强和王亚仓（2021）通过研究高铁开通与长江经济带高质量发展，研究发现高铁开通可以促进经济增长质量，因此建议应完善长江经济带高铁交通网络体系，引导人口、资本等要素的聚集，推动经济高质量发展。

第四节　中国经济高质量发展研究脉络与趋势

一、时区分析

对关键词进一步分析，以年份分段汇总相应时间内出现的高频涌现词并以图谱形式展示，得到2017～2021年“经济高质量发展”的研究脉络，如图1－4所示。

根据图1－4，本书将经济高质量发展的时区图分为两个阶段：第一阶段（2017～2018年）是研究主题提出的时间段，这个阶段学者们最初以新时代中国经济进入高质量时代进行理论阐述为探索起点。第二阶段（2018年至今）是深入研究主题的时间段，这个阶段经济高质量发展的概念受到了国内学者们的广泛关注，总体向着多维度和微观化的方向发展。对经济高质量发展

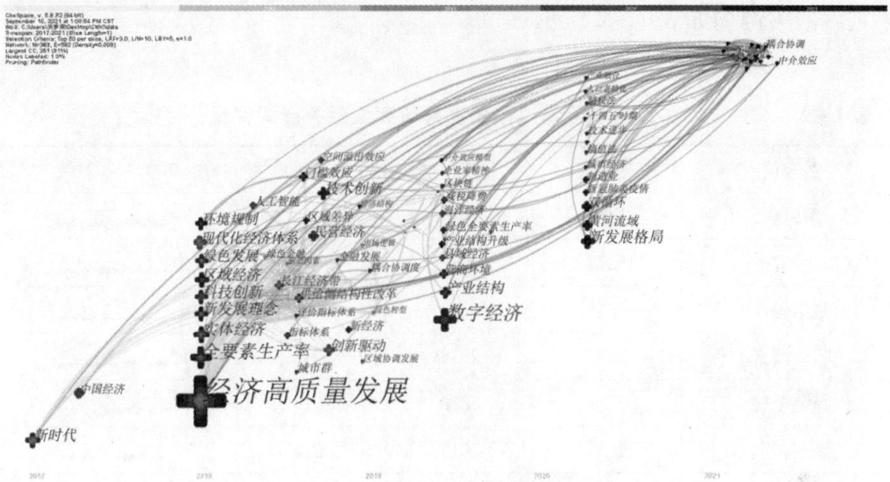

图 1－4　中国区域经济高质量发展研究脉络

的提升路径进行了较多的讨论。从多维度角度来看，对全要素生产率、科技创新、绿色发展、环境规制、现代化经济体系、数字经济和产业结构等方面进行了研究；从微观化的角度来看，对实体经济、区域经济、海洋经济和县域经济等方面进行了研究。此外，对以新发展理念出发构建经济高质量发展的评价指标也进行了探索。2020 年 10 月进入新发展格局的时代，国内学者们开始探讨双循环的内在逻辑、构建路径和新发展格局背景下经济高质量发展的研究，对黄河流域经济高质量发展也进行了较多研究。此外，对人口老龄化和新冠肺炎疫情问题，学者们就它们对经济高质量发展的影响与应对策略进行了讨论。研究经济高质量发展的思路从直接影响转变为通过中介影响。熵值法使用频率较高，多用于经济高质量发展水平的测度。

综上可见，经济高质量发展的研究逐步深化为未来探究提高之道，并助推其深化发展。

二、经济高质量发展研究前沿及趋势

进一步确定该领域研究前沿并推测未来发展趋势，对关键词进行突发性（Burst）检测得到突现时间在 1 年及以上的词汇，整理突现起始年份在 2017

年之后的关键词如表 1－2 所示。

表 1－2　　中国区域经济高质量发展研究文献关键词突现

关键词	突现度	起始年份	终止年份	2007～2021 年
新时代	1.99	2017	2018	
现代化经济体系	5.78	2018	2019	
供给侧结构性改革	2.45	2018	2019	
驱动因素	2.35	2018	2018	
绿色金融	2.35	2018	2018	
绿色转型	2.35	2018	2018	
金融实践	2.35	2018	2018	
市场逻辑	2.35	2018	2018	
改革开放	1.88	2018	2018	
减税降费	2.4	2019	2019	
创新驱动	2.33	2019	2019	
大数据	1.99	2019	2019	
社会主要矛盾	1.99	2019	2019	
小微企业	1.99	2019	2019	
民营经济	1.98	2019	2021	
技术创新	2.02	2020	2021	
城市群	1.93	2020	2021	
技术进步	1.88	2020	2021	
人口老龄化	1.88	2020	2021	
城市经济	1.88	2020	2021	
熵值法	1.88	2020	2021	
区块链	1.88	2020	2021	
产业融合	1.88	2020	2021	

由表 1－2 可知，在经济高质量发展关键词分析中可以得到 24 个突现词，

从突现时间来看，民营经济突现时间最长（3 年），其次有新时代、现代化经济体系、技术创新、城市群、技术进步、人口老龄化城市经济、熵值法、区块链和产业融合，均为两年。由此可见，民营经济高质量发展、区域经济高质量发展（城市群、城市经济）是未来研究趋势，创新依旧是驱动因素的核心，将技术创新、技术进步、区块链等新技术、新经济与经济高质量发展结合研究是学者们关注的前沿问题，亦是未来发展趋势。

| 第二章 |

中国市域经济高质量发展评价指标体系、模型及测度

第一节　中国市域经济高质量发展评价指标体系构建

一、学术界区域经济高质量发展评价指标体系研究述要

（一）采用怎样的指标体系评价区域经济高质量问题是学术界探索较多的领域

潘建成（2017）认为可以着重从创新及经济增长新动能、效率、产品质量和社会资源的充分利用等四个维度来评判区域经济高质量发展。许岩（2017）指出对经济高质量发展的评价，分析经济指标是不够的，还需要综合分析民生、社会、环境等指标情况。与此观点相类似，任保平和李

禹墨（2018）也认为除了经济指标外，还应当将生态环境、城市基建、医疗保健、教育养老等纳入经济高质量发展评价中。师博（2018）提出可以从发展的基本面、发展的社会成果、发展的生态成果三个维度来描述经济高质量发展。林兆木（2018）认为经济高质量发展应从商品和服务质量、投入和产出效率、经济效益、创新发展、绿色发展等多维度进行衡量。程虹（2018）认为经济高质量发展可以由四个标准来进行衡量：一是要提高劳动生产率；二是看一个地区的经济发展在动能上是靠要素和投资驱动，还是靠创新驱动；三是需要实现经济与社会的均衡发展；四是建立在人与自然和谐的基础上，即追求更好的生态。

（二）设计具体的指标体系对相关区域进行高质量发展程度测度评价的成果列举

（1）刘干和郑思雨（2018）强调了产业结构和科技教育在高质量经济发展指标体系中的重要。从居民生活水平、产业结构、对外贸易、科技教育和绿色环保 5 个方面构建了由 13 个具体指标组成的中国省域经济高质量发展综合评价体系，并选取 2010～2016 年我国 31 个省份的指标数据对省域高质量经济展开综合评价。具体指标体系如表 2－1 所示。

表 2－1　刘干和郑思雨（2018）构建的经济高质量发展评价指标体系

一级指标	二级指标	三级指标
经济高质量发展水平	居民生活水平	人均 GDP、城镇居民消费水平、农村居民消费水平
	产业结构	第三产业增加值比重、工业增加值比重
	对外贸易	外贸依存度、对外贸易增长率
	科技教育	15 岁及以上人口识字率、产品质量优等品率、专利授权率、R&D 投入强度
	绿色环保	森林覆盖率、生活垃圾无害化处理率

（2）李馨（2018）从经济发展的动力、效率、高度、平衡性、外向性及可持续性 6 个方面构建了经济高质量发展指标体系，并测算了 2016 年我国省

际区域经济高质量发展指数，根据评价结果对各个区域进行排名。然后结合区域人均地区生产总值排名，对各区域进行分类比较。具体指标体系如表2-2所示。

表2-2　李馨（2018）构建的经济高质量发展指标体系

一级指标	二级指标	三级指标
经济高质量发展水平	动力	人均R&D人员全时当量、R&D经费支出占GDP比重、发明专利申请数与R&D经费之比、新产品销售收入占主营业收入之比、人均技术市场成交额
	效率	全社会劳动生产率、全要素生产率、单位GDP能耗同比增长率、人均GDP
	高度	高技术产品出口额占比、第三产业对GDP贡献率、产品质量优等品率
	平衡性	经济增长稳定程度、城乡居民收入差距、城镇登记失业率
	外向性	净出口占GDP比重、外商投资企业投资总额、外商投资企业占比
	可持续性	环境治理指数、单位产出废水排放量、单位产出粉尘排放量

（3）丁涛和顾金亮（2018）依据五大发展理念基本要求，构建了包括创新、协调、绿色、开放、共享等在内的5个一级指标和12个二级指标的评价指标体系，以2015年江苏省13个市域的相关指标为依据，对江苏省科技创新和经济高质量发展之间的关联程度进行分析。具体指标体系如表2-3所示。

表2-3　丁涛和顾金亮（2018）构建的经济高质量发展评价指标体系

一级指标	二级指标	三级指标
经济高质量发展水平	创新	万人发明专利拥有量、全社会R&D经费占GDP的比重、每万人从业人员中R&D人员数、科技企业孵化器面积
	协调	高新技术产值占工业总产值比重、城乡居民人均可支配收入差距
	绿色	绿色亿元GDP氮氧化物排放量、建成区绿化覆盖率
	开放	外商直接投资发展速度、对外直接投资发展速度
	共享	全体常住居民人均可支配收入增长率、城镇居民登记失业率

（4）师博和任保平（2018）构建了包括增长的基本面和社会成果两个维度的中国省际经济高质量发展指标体系。其中，基本面分为经济增长的强度、经济增长的稳定性、经济增长的合理化、经济增长的外向性等4个方面；社会成果则分为人力资本和生态资本。并测度了1992～2016年中国省级经济增长质量指数。

①经济增长的强度，用以衡量产出水平，较高的产出水平表明国家和地区更为富足、居民生活水平更为丰裕，相应地经济增长更为强劲，采用地区实际人均GDP表示经济增长的强度。

②经济增长的稳定性，由增长率变异系数的倒数换算得到。变异系数越高，相应地经济增长越不稳定，进而导致较高贫困率和发展的不公平程度。

③经济增长的合理化，用以衡量产出结构和就业结构的耦合程度，产业结构越合理意味着劳动力投入和产出水平越契合，劳动力资源得到了充分有效利用，经济结构越趋于均衡。

④经济增长的外向性，用净出口占GDP比重表示。文章认为大量研究发现经济增长的外向性有助于通过干中学、引进技术、竞争以及外商直接投资增进生产效率，然而外向性也会增大外部冲击对经济增长的不确定性。

⑤人力资本。根据内生增长理论，与创新和技术进步紧密相关的人力资本是驱动经济持续增长的关键，并且人力资本水平越高也代表劳动力要素对于经济增长的贡献越高，居民的发展机会和要素收入分配的公平程度更高。文章采用人均受教育年限作为人力资本的代理变量。

⑥生态资本。高质量的经济增长反映出绿色发展程度越高，对生态环境的破坏越小、经济发展的生态资本越高。以单位碳排放产出（即实际GDP与二氧化碳排放量的比值）表示生态资本。

（5）马丁玲和颜颖颖（2018）从经济增长、经济发展质量、经济发展动力、经济发展可持续性和经济发展成果共享5个领域构建了评价宁波经济高质量发展的指标体系。

（6）李金昌等（2019）基于统计内涵和原则，在借鉴国内外相关评价指标体系长处的基础上，构建了由经济活力、创新效率、绿色发展、人民生活、社会和谐5个维度共27个指标构成的高质量发展评价指标体系。具体指标体系如表2－4所示。

表 2-4　　李金昌等（2019）构建的经济高质量发展评价指标体系

维度	评价指标
经济活力	GDP 增长速度、GDP 占总产出比重、新经济新动能产业增加值占比、现代服务业增加值占比、居民消费贡献率、综合负债率指数、外贸依存度
创新效率	高技术产业增加值占比、全要素生产率、亩均 GDP、万元 GDP 能耗
绿色发展	优质可耕地占比、空气质量指数、污水处理率、生活垃圾无害化处理率、地表水质量
人民生活	人均可支配收入与人均 GDP 之比、社会保障指数、社会不安定指数、高等教育毛入学率、人均文教医卫财政支出强度、居民家庭文体旅游消费支出比重、产品质量指数
社会和谐	基尼系数、城乡居民可支配收入比、区域人均可支配收入极值比、社会满意度指数

（7）鲁继通（2018）构建包括微观层面、中观层面、宏观层面在内的高质量发展理论分析框架。

微观层面的高质量发展主要体现企业的产品和服务质量，关键是提高全要素生产率和经济发展动力，本质就是质量变革、动力变革、效率变革。其中，质量变革是主体、效率变革是主线、动力变革是条件，指标选取应体现发展质量、生产效率、创新动能等方面。中观层面的高质量发展主要体现产业创新和升级，强调新经济的培育及城乡与区域协同发展，本质是产业升级、结构优化、区域协调。其中，产业升级是基础，结构优化是关键，区域协调是支撑，指标选取应体现产业创新升级、经济结构优化、区域联动发展等方面。宏观层面的高质量发展主要体现经济发展质量和效益，强调经济效益、社会效益、生态效益的协调统一，本质是经济发展、社会进步、生态文明。其中经济发展是基础，社会进步和生态文明建设是目标和趋势，指标选取应体现经济可持续发展、社会全面进步和生态环境保护等方面。

高质量发展理论构建应立足于高质量发展的本质特征，微观层面是高质量发展的基础和动力，中观层面是高质量发展的支撑和主体，宏观层面是高质量发展的目标和导向，它们之间既相互独立、又紧密联系，共同构成了高质量发展的理论体系和总体架构。推动高质量发展，必须针对微观层面、中观层面、宏观层面存在的突出问题入手，着力破解阻碍高质量发展的障碍和难题，补齐发展短板，夯实发展底板，从而全面推动高质量发展。

按照科学性、可量化性、动态性和简明性的指导原则，研究构建了包括

3个一级指标、9个二级指标和62个三级指标在内的高质量发展指标体系。具体指标体系如表2-5所示。

表2-5　鲁继通（2018）构建的经济高质量发展评价指标体系

一级指标	二级指标	三级指标
微观层面	动力变革	R&D经费占GDP比重、每万人R&D人员全时当量、企业R&D经费增长率、R&D经费占主营业务收入的比重、开展产学研合作的企业所占比重、每万人科技论文数、发明专利授权数占专利授权数比重、每万名科技活动人员技术市场成交额、科技成果转化率
	质量变革	产品质量合格（优等）率、中高端产品占总产品比重、高技术产品出口占总出口额的比重、高端制造业增长率、现代服务业增长率、产品质量竞争力指数、中国国际品牌市场占有率
	效率变革	全员劳动生产率、科技进步贡献率、全要素生产率、土地产出率、工业产能利用率、税收占GDP比重、固定资产投资产出率、企业总资产贡献率
中观层面	产业升级	先进制造业增加值占GDP比重、战略性新兴产业增加值占GDP比重、生产性服务业增加值占服务业增加值比重、现代农业产值占农业总产值比重、信息化指数、工业化进程指数
	结构优化	新经济增加值占GDP比重、新产品产值率、现代服务业增加值占GDP比重、新一代信息技术产业增加值占GDP比重、文化产业增加值占GDP比重、网购占社会消费品零售额比重
	区域协调	城乡居民收入差异系数、城镇化率、经济发展偏离度、基尼系数
宏观层面	经济发展	人均GDP增长率、财政收入占GDP比重、居民收入增长率、人均固定资产投资、第三产业占GDP比重、居民消费占GDP比重、对外开放指数
	社会进步	人均基本公共服务支出、平均受教育年限、基本社会保险参保率、人口平均预期寿命、社会安全指数、社会信用指数、每万人社会组织数、公共文明指数
	生态文明	单位GDP耗能下降率、绿色产品市场占有率、绿色发展指数、环境污染治理投资占GDP比重、绿色建筑占新建建筑比重、环境质量指数、工业“三废”处理达标率

（8）许永兵等（2019）认为，实现高质量发展，核心要义是转变经济发展方式，实现经济增长动力从“要素驱动”向“创新驱动”转变，增长目标

从“数量追赶”向“质量赶超”转变，着力点从改善“落后的社会生产”向解决“不平衡不充分的发展”转变。基于上述对高质量发展内涵、任务及要求的认识，文章从创新驱动、结构优化、经济稳定、经济活力、民生改善、生态友好6个维度构建高质量发展指标体系，并以河北省为例运用2005～2016年经济运行数据进行实证测算。具体指标体系如表2－6所示。

表2－6　许永兵等（2019）构建的经济高质量发展评价指标体系

维度	评价指标
创新驱动	研究与发展经费占GDP比重、地方财政科技拨款占地方财政支付比重、规模以上工业企业R&D经费支出增长率、技术市场成交额占全国比重、每万常住人口发明专利授权量
结构优化	第三产业增加值占GDP比重、最终消费率、高新技术出口额占货物出口额比重
经济稳定	经济波动率、物价波动程度
经济活力	民营经济增加值占GDP比重、实际利用外资与GDP之比、第二产业全员劳动生产率、城镇化率
民生改善	财政性教育经费占GDP比重、医疗卫生投入比重、城镇登记失业率、城镇居民人均可支配收入增长率、城乡人均收入比值
生态友好	万元地区生产总值能源消耗、万元地区生产总值、水资源消耗、工业废水排放强度、工业二氧化硫排放强度、全年空气质量二级以上天数比重

（9）方大春和马为彪（2019）认为经济高质量发展涉及创新、协调、绿色、开放、共享5个维度。具体指标体系如表2－7所示。

表2－7　方大春和马为彪（2019）构建的经济高质量发展评价指标体系

维度	评价指标
创新	R&D人员全时当量、人均R&D经费支出 科技支出占财政比、人均专利授权量、人均技术市场成交额
协调	人均GDP地区间差距、城乡收入差距、城乡交通基础设施差距、产业结构合理化、文化支出占财政支出比

续表

维度	评价指标
绿色	单位 GDP 能耗、单位 GDP 碳排放量、单位 GDP 主要污染物排放量、省会城市（直辖市）优良天数、建成区绿化覆盖率
开放	实际利用外资占 GDP 比、进出口总额占 GDP 比、非金融类对外投资占 GDP 比、对外承包工程合同金额占 GDP 比、接待国际旅游人数
共享	死亡率、失业率、农村贫困发生率、每万人全科医生、人均受教育年限

（10）华坚和胡金昕（2019）认为，相较于高速经济增长，高质量发展不仅包括对经济增长速度的测量，更强调经济发展的效率程度、经济稳健性和资源配置走向，并注重人的全面发展。从五大发展理念入手，构建经济高质量发展指标体系。具体指标体系如表 2－8 所示。

表 2－8　华坚和胡金昕（2019）构建的经济高质量发展评价指标体系

维度	评价指标
创新	资本生产率、劳动生产率、全要素生产率
协调	实际 GDP、产业结构合理化、产业结构高级化、投资率、消费率、金融机构存款余额/GDP、金融机构贷款余额/GDP、二元对比系数、二元反差指数、经济波动率、年末城镇登记失业率、消费者物价指数、工业生产者出厂价格指数
绿色	万元 GDP 能耗、单位地区产出耗水、单位地区产出 SO_2 排放量、单位地区产出废水排放量
开放	外商实际直接投资/GDP、进出口总额/GDP
共享	实际人均 GDP、职工平均工资、人均教育事业费支出、人均城市道路面积、每万人拥有公共交通车辆、建成区绿化覆盖率、每万人拥有医疗卫生机构数

（11）李梦欣和任保平（2018）通过分析高质量发展的理论内涵和基本价值判断，认为高质量发展是基于新发展理念充分实现的发展，高质量发展与新发展理念具有一致性和同步性。从“创新、协调、绿色、协调、共享”五个基本维度切入，构建新时代中国经济高质量发展的评价指标体系。具体指标体系如表 2－9 所示。

表 2-9　　李梦欣和任保平（2018）构建的经济高质量发展评价指标体系

维度	评价指标
创新	科技成果登记数、发明专利申请授权数、技术合同成交额/GDP、研究生毕业生数、R&D 人员、平均每万名职工中专业技术人员、科技拨款占公共财政支出的比重、R&D 经费内部支出/GDP、高技术产业主营业务收入/GDP
协调	二元对比系数、泰尔指数、农村与城镇居民消费水平比、第一产业比较劳动生产率、第二产业比较劳动生产率、第三产业比较劳动生产率、规模以上工业企业产品销售率、社会就业率、西部与东部地区人均地区生产总值比
绿色	单位 GDP 能源消费量、单位 GDP 电力消费量、建设项目"三同时"环保投资总额/GDP、工业污染治理总额/GDP、能源加工转换效率、一般工业固体废物综合利用率、城市人均公园绿地面积、城市建成区绿化覆盖率、城市环境基础设施建设投资总额/GDP
开放	货物和服务净出口对 GDP 的贡献率、在外劳务人数占总人口的比重、进出口总额占 GDP 的比重、高技术产品进出口贸易总额/GDP、对外经济合作完成营业额/GDP、对外经济合作新签合同数、实际利用外资金额/GDP
共享	最低保障居民占总人口的比重、社会保险基金收入/GDP、劳动者报酬占 GDP 的比重、社会保障和就业支出/GDP、社会服务机构覆盖率、人均公共图书馆总量、群众文化服务机构数、医疗卫生机构数

（12）张震和刘雪梦（2019）从经济发展动力、新型产业结构、交通信息基础设施、经济发展开放性、经济发展协调性、绿色发展、经济发展共享性 7 个方面构建了 15 个副省级城市经济高质量发展综合指数及方面指数。具体指标体系如表 2-10 所示。

表 2-10　　张震和刘雪梦（2019）构建的经济高质量发展评价指标体系

维度	评价指标
经济发展动力	每万人专利申请授权量、研发投入强度、资本生产率、劳动生产率、社会消费品零售总额占比、房地产投资占比
新型产业结构	先进制造业产值/制造业产值、高技术制造业产值/制造业产值、生产性服务业就业人数/服务业就业人数、服务业就业人数占比
交通信息基础设施	高铁频次、高速公路里程占比、公共交通运营线路里程、民用航空客运量占比、铁路密度、电话普及率、公路密度电话普及率、互联网宽带普及率

续表

维度	评价指标
经济发展开放性	对外贸易依存度、对外资本依存度、贸易差额
经济发展协调性	GDP 变异系数、经济增长率变异系数、城乡收入比、城乡消费比
绿色发展	空气质量优良天数、建成区绿化覆盖率、单位 GDP 电耗、单位工业产值废水排放量、单位工业产值二氧化硫产生量、一般固体废弃物综合利用率
经济发展共享性	居民人均可支配收入、人均教育经费支出、千人拥有医生数、千人拥有公共图书馆和博物馆个数、城镇登记失业率、坡镇基本医疗保险参保人数、城镇基本养老保险参保人数

(13) 周吉等 (2019) 指出，高质量发展是经济总量扩大到一定程度后，产业结构升级、新旧动能转换、区域协调发展、人民生活质量提高的结果。文章从经济发展、结构协调、创新驱动、开放升级、生态文明、成果共享 6 个方面构建了 32 个具体指标的高质量发展测度体系。具体指标体系如表 2 – 11 所示。

表 2 – 11　周吉等 (2019) 构建的经济高质量发展评价指标体系

维度	评价指标
经济发展	人均国内生产总值、全社会固定资产投资、工业增加值、人均用电量、社会消费品零售总额
结构协调	服务业增加值占 GDP 比重、制造业投资占固定资产投资比重、产业结构与就业结构偏离度、税收收入占一般公共预算收入比重、城镇化率、居民消费支出占 GDP 比重
创新驱动	R&D 经费支出占 GDP 比重、高新技术产业主营业务收入、R&D 人员数、专利申请授权数、技术合同成交金额
开放升级	实际利用外资占 GDP 比重、对外贸易依存度、对外承包工程营业额占 GDP 比重、对外直接投资额、国际旅游 (外汇) 收入占 GDP 比重
绿色发展	万元 GDP 能耗、废水排放强度、耕地面积、森林面积、工业固体废物综合利用率、工业废气排放强度
成果共享	居民消费水平、城乡居民人均可支配收入比、一般公共预算支出中教育支出所占比重、每千人卫生技术人员数、城镇登记失业率

（14）师博和张冰瑶（2019）认为新时代我国经济高质量发展的内涵体现为具有经济增长速度稳定和经济结构合理的发展基础，能够激发兼具社会和生态效益的发展成果，助力平衡而充分的经济发展，最终服务于富强民主文明和谐美丽的社会主义现代化强国和人的全面发展。作者主张关于经济高质量评价体系的设计应该遵循的基本思路为：一是以新发展理念为核心；二是以有效但有限的测算为基础；三是以淡化经济增长速度为导向。

文章基于经济高质量发展内涵为基础而构建的高质量指数，包括经济增长的强度、稳定性、合理化和外向性，同时更加重视社会、生态的发展变化态势。具体指标体系如表2－12所示。

表2－12　师博和张冰瑶（2019）构建的经济高质量发展评价指标体系

维度	评价指标
发展基本面	强度（人均GDP）、稳定性（GDP增长率变异系数的导数）、合理化（标准值1与三次产业泰尔指数的差值）、外向性（对外贸易的净出口值占GDP的份额）
发展的社会成果	教育（万人高校在校学生人数）、医疗（万人医生人数）
发展的生态成果	气体污染（单位气体污染排放产出）、液体污染（单位液体污染排放产出）、固体污染（单位固体污染排放产出）

（15）中国高新区研究中心副主任朱常海（2018）认为高质量发展主要有以下四个方面的内涵：高质量发展是创新驱动的发展、高质量发展是集约高效的发展、高质量发展是平衡充分的发展、高质量发展是绿色生态的发展。

在高质量指标体系构建和指标上，朱常海认为主要遵循以下三个原则：

简洁性原则：指标体系本身就是对现实世界的一种抽象和简化。如果指标体系由于要面面俱到而设计得过于庞杂，则就失去了采用指标体系简化认知的意义。所以，在选取指标上，针对每一个评价维度，只选取一到两个最具代表性的指标。这些指标能够有效表征所评价维度的关键方面。

通用性原则：国内外早就开始了有关发展评价，尤其是创新评价的相关实践。其中，一些指标被广泛地采用，并表现出良好的信度和效度。在指标选取上，优先考虑那些通行的指标，方便进行国际和国内不同区域的横向比较。

操作性原则：选取的指标如果没有相应的统计基础支撑，导致无法有效收集数据，或是统计成本太高，都削弱了所构建指标体系的现实意义。在指标选取上，会优先考虑那些在我国已经有或将要有统计制度支撑的指标，这些指标往往已经在我国政府公文中被提及，有相应的统计口径。

根据高质量发展的内涵，结合国内外关于发展评价的相关实践，构建了包含 4 个一级指标，每个一级指标下又细分为 3 个评价维度，每个评价维度用一组指标表征高质量发展的评价指标体系，如表 2 - 13 所示。

表 2 - 13　　朱常海构建的高质量发展评价指标体系

一级指标	评价维度	表征指标
创新驱动	科技投入	研究与实验发展经费投入强度、国际科技论文被引次数、每万人口发明专利拥有量
	知识生产	
	科技价值	
集约高效	价值创造	人均 GDP、工业增加值率、亩均增加值
	产业质量	
	空间集约	
平衡普惠	产业结构	知识密集型服务业增加值占 GDP 的比例、城乡人均可支配收入比值、劳动收入占 GDP 比重
	城乡均衡	
	分配公平	
绿色生态	能源消耗	单位 GDP 能耗、单位 GDP 水耗、单位 GDP 碳排放
	水消耗	
	碳排放	

（16）朱启贵（2019）主张建立推动高质量发展的指标体系的前提是必须全面准确把握高质量发展的深刻内涵。朱启贵提出高质量发展的内涵主要包括 6 个方面：一是贯彻新发展理念，即将创新作为第一动力、协调作为内生特点、绿色作为普遍形态、开放作为必由之路、共享作为根本目的的发展；二是坚持质量第一、效益优先，迈向现代化经济体系的发展；三是供给侧结构性改革为主线的发展，是质量变革、效率变革、动力变革有成效的发展；

四是供给体系和产业结构迈向中高端，实现总供给与总需求总量及结构动态平衡的发展；五是国民经济创新力和竞争力显著增强的发展；六是更有效率、更加公平、更可持续地发展，是能够很好满足人民日益增长的美好生活需要的发展。

依据高质量发展的内涵，高质量发展的指标体系可由动力变革、产业升级、结构优化、质量变革、效率变革和民生发展6个方面构成。具体指标体系如表2－14所示。

表2－14　　朱启贵（2019）构建的经济高质量发展评价指标体系

维度	评价指标
动力变革	每万名就业人员R&D人员全时当量、R&D经费与GDP之比、企业R&D经费支出增长率、R&D经费与主营业务收入之比、发明专利申请授权量与R&D经费之比、科技成果转化率、人均技术市场成交量、新产品销售收入占主营业务收入之比、科技企业孵化器内累计毕业企业增长率、风险投资增长率
产业升级	信息化指数、新型工业化进程指数、农业信息化率、生产性服务业增加值占服务业增加值比重、战略性新兴产业增加值占GDP比重、现代农业产业产值占农业总产值比重、农作物耕种机械化率、农业产业化经营组织数量增长率、主要规模经济行业产业集中度、先进制造业增加值占GDP比重
结构优化	新经济增加值占GDP比重、新产品产值占工业总产值比重、服务业增加值占GDP比重、文化及相关产业增加值占GDP比重、信息通信技术产业增加值占GDP比重、直接融资占全部融资比重、实物商品网上零售额占社会消费品零售总额的比重、中高端产品占产品的比重、中国品牌国际市场占有率、先进制造业增长率、高端服务业增长率
质量变革	高技术产品出口额占货物出口额比重、优质农产品占农产品比重、产品质量合格率、质量竞争力指数、产品伤害事故率、顾客满意度、质量损失率
效率变革	产能利用率、全要素生产率、全社会劳动生产率、土地产出率、企业总资产贡献率、工业综合产能利用率、单位GDP能耗下降率、税收占GDP比重、GDP与固定资产投资之比、绿色发展指数
民生发展	居民收入增长率、区域居民收入差距、城乡居民收入比、城镇化率、基尼系数、恩格尔系数、居民消费价格指数、城镇调查失业率、失业保险覆盖率、城乡基本养老保险参保率、城乡基本医疗保险覆盖率、万人刑事案件发生率、普惠金融增长率、居民平均预期寿命

（17）蒋正龙（2019）基于创新、协调、绿色、开放和共享五大基本理念构建了贵阳市经济高质量发展指标体系，具体指标体系如表2－15所示。

表2－15　蒋正龙（2019）构建的经济高质量发展评价指标体系

一级评价指标	二级评价指标	三级评价指标	指标属性
经济高质量发展综合指数	创新	全社会R&D支出占GDP比重	正向
		全员劳动生产率	正向
		高技术产业增加值占GDP比重	正向
		专利授权量	正向
		科技投入占财政一般预算支出比重	正向
	协调	居民消费支出占GDP比重	正向
		第三产业增加值占GDP比重	正向
		非国有经济固定资产投资占固定资产投资的比重	正向
		农村城市居民可支配收入比	正向
		一般贸易出口额占出口总额比	正向
	绿色	万元GDP能耗	逆向
		单位产出工业固体废物产生量	逆向
		单位产出工业废气排放量	逆向
		空气质量指数	正向
		建成区绿化覆盖率	正向
	开放	进出口总额增长速度	正向
		进出口总额与GDP比率	正向
		实际利用外资增速	正向
		外资企业主营业务收入占比	正向
		财政一般预算支出占GDP比重	逆向
	共享	城镇居民人均可支配收入增速与GDP增速比率	正向
		农村居民人均可支配收入增速与GDP增速比率	正向
		城镇登记失业率	逆向
		医疗卫生投入占财政一般预算支出比重	正向
		社会保障与就业投入占财政一般预算支出比重	正向

（18）李萍等（2019）在分析经济高质量发展内涵的基础上，从经济发展活力水平、经济发展创新能力、经济发展协调水平、经济绿色发展水平、经济发展开放程度、经济发展共享程度 6 个方面构建沧州市经济高质量发展评价体系。具体指标体系如表 2 – 16 所示。

表 2 – 16　李萍等（2019）构建的经济高质量发展评价指标体系

维度层	准则层	指标层
经济发展活力	规模	实际 GDP
	效率	资本投入的产出率、劳动投入的产出率
	投资消费	社会消费品零售总额占比、房地产投资占比
创新能力	创新	每百万人专利申请授权量、研发投入强度
协调能力	协调	城乡收入比、城乡消费比
开放程度	外贸	对外投资利用程度、对外贸易依赖程度、进出口贸易差额
绿色发展	绿地	人均绿地面积、人均公园绿地面积、建成区绿化面积覆盖率
	资源环境	万元 GDP 能耗、单位产出的二氧化硫排放量、单位产出的废水排放量、固体废弃物综合利用率
共享程度	基础设施	铁路密度、公路密度、电话普及率、互联网宽带普及率、万人拥有公交车辆数
	社会福利	人均可支配收入、人均教育经费支出、千人拥有医生数、城镇登记失业率、城镇登记失业率、城镇基本医疗保险参保人数、城镇基本养老保险参保人数

（19）马茹等（2019）在梳理了经济高质量发展的内涵基础上，从高质量供给、高质量需求、发展效率、经济运行和对外开放等 5 个一级指标 15 个二级指标和 28 个三级指标构建了中国经济高质量发展指标体系。具体指标体系如表 2 – 17 所示。

表 2-17　　马茹等（2019）构建的经济高质量发展评价指标体系

一级指标	二级指标	三级指标	三级指标补充说明
高质量供给	创新能力	R&D 投入强度	R&D 经费投入占 GDP 的比重
		万人发明专利授权量	—
	人才供给	每万劳动力中 R&D 人员占比	—
		就业人员受过高等教育的比例	就业人员中接受过大专及以上学历教育的人数占比
	动能转换	R&D 经费内部支出企业资金与政府资金比	—
		科技进步贡献率	采用“索罗余值”法计算
高质量需求	消费水平	城镇居民人均可支配收入	—
		农村居民人均可支配收入	—
	消费升级	居民人均交通通信消费支出	—
		居民人均教育文化娱乐消费支出	—
	城镇化进程	人均城市绿地面积	—
		城镇化率	—
发展效率	资本产出效率	单位面积土地 GDP	GDP 与农用地和建设用地之和的比值
		单位固定资产投资新增 GDP	每新增单位全社会固定资产投资产生的 GDP 增量
	人力资本贡献率	劳动生产率	GDP 与劳动力就业人口数的比值
		人才资本贡献率	—
	生态能源效率	万元 GDP 能耗	—
		主要污染物人均排放量	二氧化硫、氮氧化物和烟（粉）尘等主要污染物排放量与年末总人口数的比重

续表

一级指标	二级指标	三级指标	三级指标补充说明
经济运行	增长质量	人均 GDP	—
		GDP 增速	—
	安全稳定	城镇登记失业率	—
		居民价格消费指数	—
	产业升级	知识密集型服务业增加值占 GDP 比重	参照 OECD 标准，知识密集型服务业包括信息传输、软件和信息技术服务业，金融业，租赁和商务服务业，科学研究和技术服务业 4 个行业
		高技术产业主营业务收入占规上工业企业主营业务收入比重	—
	风险防范	规模以上企业资产负债率	规上企业总负债与总资产的比值
		政府债务余额与 GDP 之比	—
对外开放	对外贸易	货物进出口总额占 GDP 比重	—
	利用外资	外商直接投资占 GDP 比重	—

（20）李子联和王爱民（2019）基于“五大发展理念”构建江苏省高质量发展评价体系。具体指标体系如表 2－18 所示。

表 2－18　　李子联和王爱民（2019）构建的经济高质量发展评价指标体系

一级指标	二级指标	三级指标
创新	研发效率	创新产出水平、创新投入效率、创新成果转化水平
	创新潜力	高校教师比例、高校学生比例、教育投入比重
	增长效率	劳动生产率、资本生产率、土地生产率
协调	区域协调	城镇化率、区域协调
	产业协调	一二产业协调、一三产业协调、服务业比重
	需求协调	消费率、投资率、居民消费比重
	运行协调	经济波动、失业率、物价波动程度

续表

一级指标	二级指标	三级指标
绿色	资源消耗	单位产出能耗、人均用水量、人均生活能耗
	环境污染	单位产出废水排放、单位产出废气排放、单位产出固体废弃物排放
	环境治理	污染治理水平、城市绿化水平、生态建设水平
开放	开放程度	外贸依存度、外资依存度、对外投资水平
共享	居民收入	发展共享、城乡共享、区域共享
	公共服务	教育投入水平、医疗卫生投入水平、社会保障投入水平、农村人均住房面积

（21）王伟（2020）从经济发展主要反映经济发展的速度、活力、环境和风险基本面和新发展理念两个视角，构建包括6个维度共34个指标的经济高质量发展评价测度体系。具体指标体系如表2－19所示。

表2－19　王伟（2020）构建的经济高质量发展评价指标体系

目标	子系统	准则层	测度指标	功效
经济高质量发展水平	经济发展的基本面	经济增长速度	GDP增长率	正向
		经济发展活力	规模以上工业企业营业收入利润率	正向
		经济发展环境	营商环境指数	正向
		经济发展风险	企业负债率综合指数	负向
	创新发展	创新环境	科技支出/地方一般公共预算支出	正向
		创新投入	R&D经费投入强度	正向
		创新产出	每万名R&D人员发明专利授权数	正向
			技术市场成交额/GDP	正向
		创新成效	新产品销售收入/工业企业主营业务收入	正向
			高新技术产业新产品销售收入/GDP	正向

续表

目标	子系统	准则层	测度指标	功效
经济高质量发展水平	协调发展	区域协调水平	各省份人均 GDP/全国人均 GDP	正向
			各省份居民可支配收入水平/全国居民可支配收入平均水平	正向
			各省份居民消费水平/全国平均消费水平	正向
			区域内最高人均 GDP/区域内最低人均 GDP	负向
		城乡协调水平	城乡收入水平比	负向
			城乡消费水平比	负向
	绿色发展	生态环保	森林覆盖率	正向
			环境空气质量综合指数	正向
			单位耕地农药使用量	负向
			城市生活垃圾无害化处理率	正向
		节能减排	单位 GDP 电耗	负向
	开放发展	开放环境	市场化指数	正向
		开放程度	进出口贸易总额/GDP	正向
		开放成效	高新技术产业进出口贸易总额/进出口总额	正向
			外资固定资产投资额/GDP	正向
			人均国际旅游收入	正向
	共享发展	公共服务供给	民生支出占地方一般公共预算支出的比重	正向
			人均教育支出	正向
			每千人拥有卫生技术人员数	正向
			社会保障指数	正向
		人民生活状况	居民人均可支配收入水平/商品房平均销售价格	负向
			人均食品支出占消费支出的比重	负向
			城市化率	正向
			生活压力指数	负向

（22）吕军等（2020）从经济发展的动力、效益、结构、可持续性和民生 5 个维度构建了经济高质量评价指标体系。具体指标体系如表 2－20 所示。

表 2－20　　吕军等（2020）构建的经济高质量发展评价指标体系

维度	评价指标	指标测度	属性
动力	研发投入强度	全社会 R&D 经费投入/GDP×100%	正向
	R&D 人员全时当量	统计数据	正向
	国内专利申请授权量	统计数据	正向
	互联网普及率	统计数据	正向
	大专及大专以上教育程度就业人数占比	(受教育程度为大学专科的就业人员＋受教育程度为大学本科的就业人员＋受教育程度为研究生的就业人员)/总就业人数×100%	正向
	最终消费率	统计数据	正向
效益	全要素生产率	DEA-Malmquist 指数法计算	正向
	劳动生产率	GDP（不变价格)/就业人口	正向
	资本生产率	GDP（不变价格)/固定资产投资	正向
	单位 GDP 能耗下降率	(本年能源消耗/上年能源消耗－1)×100%	正向
	规模以上工业企业主营业务收入利润率	利润总额/主营业务收入×100%	正向
	规模以上工业企业资产负债率	负债总额/资产总额×100%	适度
	规模以上工业企业每百元主营业务收入中的成本费用	(主营业务成本＋管理费用＋财务费用＋销售费用)/主营业务收入	负向
结构	第三产业增加值占 GDP 的比重	统计数据	正向
	外贸依存度	地区进出口总额/GDP×100%	适度
	二元对比系数	农业比较劳动生产率/非农业比较劳动生产率	正向
	城乡居民收入比	城镇人均可支配收入/农村人均纯收入	正向
	常住人口城镇化率	城镇人口/总人口×100%	正向
可持续性	地方财政环保支出占比	财政中环保支出/财政总支出×100%	正向
	生活垃圾无害化处理率	统计数据	正向
	单位产出大气污染程度	工业废气排放量/GDP	负向
	单位产出废水排放量	废水排放量/GDP	负向
	单位产出固体废弃物排放量	工业固体废弃物排放量/GDP	负向

续表

维度	评价指标	指标测度	属性
民生	人均实际 GDP	实际 GDP/总人口	正向
	痛苦指数	通货膨胀率 + 失业率	负向
	城镇居民恩格尔系数	（城镇居民食品消费支出/总消费支出）×100%	负向
	农村居民恩格尔系数	（农村居民食品消费支出/总消费支出）×100%	负向
	社会保险覆盖率	（城镇基本医疗保险人数 + 城镇养老保险人数 + 城镇失业保险人数）/城镇人口数×100%	正向
	每万人口卫生技术人员数	统计数据	正向

（23）唐晓彬、王亚男和唐孝文（2020）基于两点构建中国经济高质量发展评价体系。第一，体现经济高质量发展程度和成效的结果指标的考察为主，并避开重复指标与过程指标，这就在一定程度上避免了“高投入”指标与“低产出”指标之间的矛盾，以结果指标衡量使得评价更为客观与合理。第二，从时间维度上考虑到了我国省域各基本指标数据的可得性和可比性，以及数据从纵向和横向上的有效获取。具体指标体系如表 2－21 所示。

表 2－21　唐晓彬、王亚男和唐孝文（2020）构建的经济高质量发展评价指标体系

一级指标	二级指标	三级指标	指标释义	属性
经济稳定发展	经济增长	实际 GDP 增速	衡量经济增长速度	正向
		人均实际 GDP	衡量经济增长对生活水平的影响程度	正向
		货运量增速	客观衡量经济发展程度	正向
		第三产业占 GDP 的比重	衡量产业结构的优化程度	正向
		社会消费品零售总额增速	衡量内需发展水平	正向
	经济运行风险	社会杠杆率	—	适中
		城镇登记失业率	衡量经济运行面临的风险状况	逆向
		CPI	—	适中

续表

一级指标	二级指标	三级指标	指标释义	属性
创新驱动水平	研发成果	万人专利申请量	衡量创新产出水平	正向
		万人技术合同成交金额	衡量创新成果转化水平	正向
		全要素生产率	衡量创新效率	正向
	数字经济	网上零售总额占社会消费品零售总额比重	—	正向
		固定互联网宽带接入用户增长率	表征数字经济的发展速度与水平	正向
		移动互联网用户增长率	—	正向
		移动互联网接入流量增长率	—	正向
协调发展水平	城乡结构	城镇化率	衡量城镇化水平	正向
	城乡差距	城乡居民可支配收入之比	衡量城乡居民生活差距	逆向
		城乡消费水平之比	—	逆向
生态环境水平	绿化水平	人均绿地面积	表征绿化状况	正向
		森林覆盖率	—	正向
	能源使用效率	单位 GDP 能耗增速	衡量生产对能源的消耗强度	逆向
		单位 GDP 电耗增速	—	逆向
对外开放水平	外贸发展	对外贸易依存度	衡量外贸发展水平	适中
		外商投资总额增速	衡量外资发展水平	正向
	外资发展	外资企业外商注册资本占比	—	正向
		单位人口卫生技术人员	表征卫生发展水平	正向
社会发展水平	民生发展	社会保障覆盖率	衡量社会福利惠及范围	正向
		人均图书馆藏量	代表公共文化服务水平	正向
		单位人口民用汽车数量	衡量公共交通的便捷性	正向
		商品房平均售价增速	表征房价波动情况	逆向
	教育环境	义务教育阶段生师比	衡量教育发展状况	逆向
		大学生比例	衡量教育发展状况	正向
	产品质量	产品优等品率	衡量产品质量供给的改善程度	正向

（24）丁浩和王赛（2020）基于新时代背景下提出的新发展理念，构建了华东地区经济高质量发展评价指标体系，分析了华东地区六省一市在创新、协调、绿色、开放以及共享5个维度的发展趋势。具体指标体系如表2－22所示。

表2－22　丁浩和王赛（2020）构建的经济高质量发展评价指标体系

一级指标	二级指标	属性
创新	R&D投入强度	正向
	万人有效发明专利数	正向
	万人就业人员中R&D人员全时当量比重	正向
	高新区企业数量	正向
	技术市场成交额	正向
协调	第三产业产值比重	正向
	年末城镇人口比重	正向
	城乡人均消费水平差距	逆向
	城乡人均收入水平差距	逆向
绿色	人均公园绿地面积	正向
	节能环保支出占地方一般公共预算支出比重	正向
	林业投资完成情况	正向
	污水日处理能力	正向
	生活垃圾无害化处理能力	正向
	二氧化硫排放强度	逆向
开放	对外贸易依存度	正向
	对外资本依存度	正向
	接待外国人入境过夜游客	正向
	外商投资企业数	正向
共享	居民人均可支配收入	正向
	基本医疗人数参保率	正向
	千人口拥有病床数	正向
	人均拥有公共图书馆藏量	正向
	年末城镇登记失业率	逆向

（25）凌连新和阳国亮（2020）根据我国高质量发展的内在要求，构建新时代背景下粤港澳大湾区经济高质量发展水平指标体系，其中包括经济增长稳定、经济成果惠民、经济结构优化、资源配置高效、基础设施完善、区域协调共享、产品服务优质、市场机制完善、生态文明建设10个子系统的复合集成系统，共有20个具体测度指标。具体指标体系如表2－23所示。

表2－23　凌连新和阳国亮（2020）构建的经济高质量发展评价指标体系

目标	子系统	准则层	具体测度指标	属性
粤港澳大湾区经济高质量发展水平	经济增长稳定	经济波动率	国内生产总值增长率	正向
		人均收入增长率	居民可支配人均收入	正向
	经济成果惠民	消费福利指数	人均消费支出	正向
		人口增长率	人口自然增长率	正向
	经济结构优化	合理化指数	第二产业增加值/第三产业增加值	负向
		高级化指数	第三产业增加值/国内生产总值	正向
	资源配置高效	劳动效率	国内生产总值/全部从业人数	正向
		人力配置	城镇人口比重	正向
	基础设施完善	交通设施	旅客客运量	正向
		互联网设施	互联网普及率	正向
	区域协调共享	收入共享水平	区域人均GDP/全国人均GDP	正向
		消费共享水平	区域人均消费支出/全国平均消费水平	正向
	产品服务优质	医疗服务	医生数量	正向
		旅游消费优化度	旅游总收入/旅游总人数	正向
	市场机制完善	劳动要素市场化程度	个体从业人员数/全部从业人数	正向
		资本要素市场化程度	金融业从业人数/全部从业人数	正向
	生态文明建设	绿化环保	森林覆盖率	正向
		生态建设重视程度	环境保护投资占GDP比重	正向

（26）王宇、贾荣和陈念（2020）以经济发展活力、创新驱动能力、城

乡协调发展、绿色生态环境和人民生活共享5个维度构建了内蒙古经济高质量发展评价体系。具体指标体系如表2-24所示。

表2-24　王宇、贾荣和陈念（2020）构建的经济高质量发展评价指标体系

指标维度	评价指标	衡量方式	属性
经济发展活力	经济发展水平	人均GDP	正向
	GDP增长速度	报告期GDP/基期GDP	正向
	产业结构优化	第三产业增加值/GDP	正向
	需求结构优化	居民最终消费/GDP	正向
	资本市场程度	金融机构贷款额/GDP	正向
	外贸开放程度	进出口总额/GDP	正向
创新驱动能力	研发投入强度	研发经费支出/GDP	正向
		政府科学技术支出/政府支出总额	正向
	研发产出水平	万人发明专利拥有量	正向
	研发人力资本	每万劳动力中高技能人才数	正向
城乡协调发展	基础设施完善	公路密度	正向
		邮政业务总量/GDP	正向
	居民宜居情况	建成区绿化覆盖率	正向
	城乡居民差距	城镇与乡村居民人均可支配收入比值	负向
		城镇与乡村居民人均消费比值	负向
	能源资源利用	单位GDP能耗	负向
绿色生态环境	空气质量改善	空气质量优良天数比例	正向
		单位GDP二氧化硫排放量	负向
	生态环境绿化	营造林覆盖率	正向
	工业污水排放	单位GDP污水排放量	负向
	生活垃圾处理	生活垃圾无害化处理量	正向
人民生活共享	居民收入程度	居民人均可支配收入	正向
	居民不稳定性	城镇登记失业率	负向
	居民社会保障	人均社会保险额	正向
	居民高等教育	高等教育在校人数/15~64岁人口数	正向
	居民医疗健康	万人拥有医院床位数	正向
	文化基础设施	万人拥有图书馆个数	正向

（27）张增臣（2020）以新发展理念为导向，在深刻理解创新、协调、绿色、开放、共享五大发展理念内涵的基础上，遵循综合性、科学性、前瞻性和可操作性的原则，构建由5个一级指标和16个二级指标组成的河北省经济高质量发展测度指标体系。具体指标体系如表2－25所示。

表2－25　张增臣（2020）构建的经济高质量发展评价指标体系

一级指标	二级指标
经济创新发展	研发经费内部支出占GDP的比重
	技术合同成交额
	专利授权量
	科技拨款占财政支出的比重
经济协调发展	第三产业增加值占GDP的比重
	居民人均消费支出
经济绿色发展	单位GDP废气排放量
	单位GDP废水排放量
	单位GDP固体废物产生量
经济开放发展	外商直接投资占GDP的比重
	外贸依存度
经济共享发展	居民人均可支配收入
	城镇登记失业率
	每千人口医疗床位数
	每万人口执业医师数
	人均住房建筑面积

（28）叶娟惠（2020）以五大发展理念为指导，构建了包含经济结构优化、创新驱动发展、区域协调共享、生态环境建设、对外开放水平、经济成果惠民、基础设施建设7个子系统28个测度指标的新时代福建经济高质量发展测度体系。具体指标体系如表2－26所示。

表 2－26　　叶娟惠（2020）构建的经济高质量发展评价指标体系

目标	维度	具体测度指标	指标衡量方式	属性
经济高质量发展水平	经济结构优化	城市人均生产总值	地区生产总值/常住人口	正向
		第三产业占地区生产总值比重	第三产业总产值/地区生产总值	正向
		工业占地区生产总值比重	工业生产总值/地区生产总值	正向
		非国有经济产出比重	非国有企业工业产值/工业总产值	正向
	创新驱动发展	万人发明专利拥有量	发明专利数/总人数	正向
		技术市场成交额占比	技术市场成交额/GDP	正向
		R&D 经费投入强度	R&D 经费支出/GDP	正向
		R&D 人员投入力度	R&D 人员数/全部从业人员数	正向
	区域协调共享	地区收入共享水平	福建省人均 GDP/全国人均 GDP	正向
		地区消费共享水平	福建省居民人均消费支出/全国人均消费支出	正向
		城乡收入协调水平	城镇居民人均可支配收入/农村居民人均可支配收入	负向
		城乡消费协调水平	城镇居民人均消费支出/农村居民人均消费支出	负向
	生态环境建设	单位产出工业废水排放量	工业废水排放量/工业总产值	负向
		单位产出工业废气排放量	工业废气排放量/工业总产值	负向
		单位产生固体废物排放量	工业固体废物排放量/工业总产值	负向
		固体废物综合利用率	工业固体废物综合利用量/工业固体废物产生量	正向
	对外开放水平	外资开放度	实际利用外商直接投资/GDP	正向
		外贸开放度	进出口总额/GDP	正向
		接待国际旅游人数	接待入境游客人数	正向
		对外承包工程合同金额占 GDP 比重	对外承包工程合同金额/GDP	正向

续表

目标	维度	具体测度指标	指标衡量方式	属性
经济高质量发展水平	经济成果惠民	居民恩格尔系数	居民食品支出金额/消费性总支出	正向
		人均医疗卫生机构床位数	每千人口拥有卫生机构床位数	负向
		每万人高等学校在校人数	每万常住人口拥有大学在校学生数	正向
		社会保障支出占一般预算支出的比重	社会保障支出/财政一般总支出	正向
	基础设施建设	交通设施完善度	公路通车里程数/总人数	正向
		人均公园绿地面积	公园绿地面积/总人数	正向
		每万人社区服务机构数	社区服务机构数/总人数	正向
		新增固定资产增加值占地区生产总值的比重	固定资产投资额/地区生产总值	正向

（29）李强（2021）结合对全要素生产率各构成项的具体分解论述，构建了包括8个一级指标和27个二级指标经济高质量发展评价指标体系。具体指标体系如表2－27所示。

表2－27　　李强（2021）构建的经济高质量发展评价指标体系

维度	一级指标	二级指标	指标说明
经济发展能力	经济结构	产业结构合理化	泰尔指数
		产业结构高级化	第三产业产值占比
		消费结构	恩格尔系数
		对外开放水平	全面对外开放水平
	要素增长效应	劳动投入增长效应	劳动力数量增长率
		资本投入增长效应	固定资产投资增长率
		劳动收入增长效应	工资水平增长率
		资本收入增长效应	固定资产投资收益增长率

续表

维度	一级指标	二级指标	指标说明
经济发展能力	基础设施	交通通达程度	等级公路、普通铁路和高速铁路密度
		网络覆盖率	人均宽带接入数量
		教育发达程度	高中以上学校数量
		医疗保障程度	人均床位数
	经济增长稳定性	经济波动程度	GDP 变化率
		消费变动程度	CPI
		制造业发展趋势	PMI
经济发展效益	市场完善程度	民营经济比重	民营经济产值占总产值的比重
		劳动投入市场化程度	个体就业人数占全体从业者的比重
		资本投入市场化程度	金融业产值增长值占 GDP 的比重
	技术创新能力	创新投入水平	R&D 投入占 GDP 的比重
		创新产出水平	人均专利量（包含三种专利类型）
		创新收入水平	高新技术收入占 GDP 的比重
	收入能力	人均收入水平	居民人均可支配收入
		利润率水平	行业利润率的平均值
		出口创汇能力	外汇收入水平
	绿色发展能力	森林环境改善程度	森林覆盖率
		水环境质量改善程度	废水排放强度
		空气质量改善程度	废气排放强度

（30）原伟鹏和孙慧（2021）立足经济增长速度、经济稳定运行、产业结构升级、技术创新水平、市场配置效率、政府公共服务、社会基本保障、人民美好生活、生态环境质量等层面构建了西北地区经济高质量发展指标体系。具体指标体系如表 2－28 所示。

表 2-28　原伟鹏和孙慧（2021）构建的经济高质量发展评价指标体系

目标层	准则层	指标层	属性
经济高质量发展评价指标体系	经济增长速率	GDP 增长率	正向
		人口密度	正向
		第二产业增加值占 GDP 比重	正向
	经济稳定运行	农村居民人均收入	正向
		城镇居民家庭人均收入	正向
		出口总额	正向
	产业结构升级	第三产业增加值	正向
		工业增加值	正向
	技术创新水平	发明专利授权量	正向
		普通高等学校数	正向
	市场配置效率	技术市场成交额	正向
		GDP 市场规模	正向
	政府公共服务	城市道路面积	正向
		每万人口拥有卫生床位数	正向
		每万人口卫生技术人员数	正向
	社会基本保障	城镇登记失业率	负向
		农民人均食品消费支出	负向
	人民美好生活	城镇居民家庭恩格尔系数	负向
		城镇人口比重	正向
		城镇居民家庭人均可支配收入	正向
	生态环境质量	工业废水排放量	负向
		城市园林绿地面积	正向
		工业粉尘排放量	负向

（31）刘帅和高晓倩（2021）基于五大发展理念视角阐述经济高质量发展内涵，构建辽宁经济高质量发展评价指标体系。具体指标体系如表 2-29 所示。

表2-29 刘帅和高晓倩（2021）构建的经济高质量发展评价指标体系

一级指标	二级指标	三级指标
创新发展	创新环境	金融机构存贷比
		科学技术支出占财政支出比
	创新投入	科研经费支出占主营业务收入比
		每万人科技活动人员数量
	创新产出	技术市场成交额
		每万人专利申请授权数
协调发展	经济社会协调	城镇登记失业率
		社会保障和就业支出占财政支出比
	城乡协调	城乡居民收入比
		人口城镇化率
	物质文明与精神文明协调	宽带入户率
		人均图书拥有量
绿色发展	资源消耗	单位GDP能耗
		全社会用电量
	生态环保	环保支出占财政支出比
		污水处理率
		一般工业固体废物综合利用率
	绿色生活	城市绿化覆盖率
		全年空气质量达标天数占比
开放发展	贸易开放	进口依存度
		出口依存度
		国际旅游收入占比
	金融开放	金融业外商投资额占比
		实际外商直接投资额占合同金额比重
共享发展	经济成果	城市居民家庭恩格尔系数
		城市居民人均建筑面积
		农村居民家庭恩格尔系数
	社会成果	每万人道路里程数
		每万人拥有在校大学生数
		每万人拥有医院床位数

二、各地政府高质量发展践行

高质量发展战略提出后，各地政府积极响应中央的战略，在高质量发展评价指标体系构建及实践上做了许多有益的尝试。

（一）江苏省高质量发展评价指标体系

江苏省贯彻新发展理念、落实以人民为中心的发展思想，突出“发展是第一要务、人才是第一资源、创新是第一动力”，以中央对高质量发展提出的明确要求为根本依据，以省委十三届三次全会作出的经济发展、改革开放、城乡建设、文化建设、生态环境、人民生活“六个高质量”发展部署为思路框架，以充分调动广大干部群众干事创业的积极性和主动性为鲜明导向，以国内外既有的监测评价指标体系为重要参考，紧扣加快建设“强富美高”新江苏目标，立足省情实际和阶段性特征，体现发展的探索性、创新性、引领性，突出指标适用的普遍性，把高质量发展任务具体化、指标化。

“六个高质量”是江苏省落实新发展理念和中央高质量发展要求的具体体现，指标体系既充分体现新发展理念和中央的要求，也反映江苏省省情实际和实现“强富美高”新目标的要求，确保中央和省委、省政府对高质量发展部署在江苏得到全面贯彻落实。“六个高质量”发展是系统性工程，涉及经济、社会、文化、生态等多个层面、多个领域，指标体系强化全面性、系统性、协调性、普遍性的要求，全方位体现高质量发展的内涵要求，促进中央和省委、省政府重大决策部署落地见效，确保高质量发展各项工作协调有序、相互促进、相得益彰。具体指标体系如表2－30所示。

表2－30　　江苏省高质量发展评价指标体系

一级指标	二级指标	二级指标补充说明
经济发展高质量	人均GDP	—
	经济运行综合效益	一般公共预算收入占GDP比重、税收收入占一般公共预算收入比重

续表

一级指标	二级指标	二级指标补充说明
经济发展高质量	集约发展水平	单位建设用地税收收入、单位工业建设用地工业企业利润
	绿色优质农产品比重	—
	制造业投资占固定资产投资比重	—
	服务业增加值占 GDP 比重	—
	“三新”经济增加值占 GDP 比重	—
	消费对经济增长的贡献率	—
	研发投入和产出水平	研发经费支出占 GDP 比重、企业研发经费投入占主营业务收入比重、万人发明专利拥有量
	每万劳动力中高技能人才数	—
	金融支持实体经济水平	亿元 GDP 境内上市企业股权融资额、制造业新增贷款占新增贷款比重
	政府性债务率	—
改革开放高质量	营商环境指数	—
	净增企业法人单位数占企业法人单位总数比重	—
	一般贸易进出口占货物进出口总额比重	—
	战略性新兴产业实际利用外资占实际利用外资总额比重	—
	对外投资总额	—
	园区经济对经济增长贡献率	—
城乡建设高质量	城镇基础设施建设水平	自来水深度处理率、城镇绿色建筑占新建建筑比例、城市建成区黑臭水体整治达标率、新建项目海绵城市建设达标率、城市万人公共交通车辆拥有量、光纤宽带普及率
	农村基础设施建设水平	行政村双车道四级公路覆盖率、行政村百兆光纤宽带覆盖率、农村供水入户率、高标准农田比重
	城乡住有宜居水平	城镇常住人口保障性住房覆盖率、宜居住区建设任务完成率、美丽宜居乡村建设达标率

续表

一级指标	二级指标	二级指标补充说明
文化建设高质量	社会文明程度测评指数	—
	文化及相关产业增加值占 GDP 比重	—
	文化体育设施建设水平	人均拥有公共文化体育设施面积、村（社区）综合性文化服务中心建成率
	注册志愿者人数占城镇常住人口比重	—
	居民综合阅读率	—
生态环境高质量	资源集约利用	单位 GDP 能耗、单位 GDP 水耗
	空气质量	空气质量优良天数比率、PM2.5 年均浓度
	水环境质量	地表水达到或好于Ⅲ类水体比例、地表水功能区达标率
	受污染耕地安全利用率	—
	自然环境保护	林木覆盖率、自然湿地保护率
	城镇污水集中处理率	—
	垃圾分类集中处理率	—
人民生活高质量	居民人均可支配收入	—
	城镇登记失业率	—
	人均拥有社会保险福利总额	—
	教育发展	全社会教育投入增长率、学前教育资源配置率、义务教育优质均衡比例、高中阶段教育优质学校比例
	卫生服务	人均期望寿命、每万常住人口全科医生数、个人卫生支出占卫生总费用的比重、重大慢性病过早死亡率、农村无害化卫生户厕普及率
	养老服务	接受上门服务的居家老人数占比、护理型床位数占养老机构床位数比例
	安全保障	公众安全感、网格创建达标率

（二）湖北省高质量发展评价指标体系

湖北省践行新发展理念，围绕“发展第一要务、人才第一资源、创新第一动力”宗旨，形成真抓实干、埋头苦干、比学赶超、竞相发展的良好氛围，确保党中央、国务院关于高质量发展的决策部署在湖北全面贯彻落实。考核指标的设定注重引导各地加快提高发展的“含金量”“含新量”“含绿量”，促进经济平稳增长和质效提升。

湖北省的高质量发展考核采取季度考核的形式，兼顾对过程及结果的考核，既客观体现各地高质量发展水平，又合理反映各地推动高质量发展的工作成效。考核指标的设定体现区域差异、因地制宜、分类指导的要求。评价考核可量化、可比较、可持续，有助于各地了解自身优势，查找存在的不足，统筹协调推进本地高质量发展各项工作。综合运用通报、约谈等多种奖惩形式，充分发挥评价考核激励作用。

湖北省高质量发展评价与考核共包括22项具体指标。具体指标体系如表2－31所示。

表2－31　　湖北省高质量发展评价指标体系

序号	评价指标
1	规模以上工业企业主营业务收入利润率
2	工业企业产能利用率
3	规模以上工业企业亏损面
4	服务业增加值占地区生产总值比重
5	研究与开发（R&D）经费占地区生产总值比重
6	高新技术产业增加值占地区生产总值比重
7	高新技术企业单位数增长率
8	十大重点产业发展指数
9	民间投资占固定资产投资比重
10	技术改造投资占固定资产投资比重
11	投资项目“两库”转化率

续表

序号	评价指标
12	文化及相关产业增加值占地区生产总值比重
13	税收占一般公共预算收入比重
14	实际利用外资占投资比重
15	进出口总额占地区生产总值比重
16	商业银行不良贷款率
17	财政口径政府债务余额占地方综合财力比重
18	城镇居民人均可支配收入增速
19	农村居民人均可支配收入增速
20	单位规模以上工业增加值能耗降低率
21	地表水达到或好于Ⅲ类水体比例
22	市州空气质量优良天数占比

22 项指标中，规模以上工业企业主营业务收入利润率、工业企业产能利用率、规上工业企业亏损面、税收占一般公共预算收入比重等 4 项指标权重 6%、5%、5%、5%，共 21%，是考核体系中权重第二大的板块，重在考核实体经济运行的质量。工业是实体经济的主干，考核指标中没有增加值等传统指标，而是用主营业务收入利润率、产能利用率、亏损面这 3 项指标，旨在检验工业经济的盈利能力、运行质量和市场竞争力。税收占一般公共预算收入比重，则是考察一地的财政收入质量及经济活力。通常而言，此占比较高，就表明税收实现了由非税拉动为主向税收拉动为主的良性转变，经济运行、财政质量稳健可持续。

商业银行不良贷款率，财政口径政府债务余额占地方综合财力比重两项各占 4%，则体现了防风险的要求。

技术改造投资占固定资产投资比重、研究与开发（R&D）经费占地区生产总值比重、高新技术产业增加值占地区生产总值比重、高新技术企业单位数增长率、十大重点产业发展指数等 5 项指标，权重分别为 5%、5%、6%、5%、5%，共 26%，成为整个考核指标中权重最大的板块，体现了践行新发展理念，创新驱动发展的基本要求。服务业增加值占地区生产总值比重、文化及相关产业增加值占地区生产总值比重、民间投资占固定资产投资比重、投资项目入库率等指标，则是经济结构调整、协调发展的体现。这四项指标权重分别为5%、4%、5%、5%，共计19%。单位规模以上工业增加值能耗降低率、地表水达到或好于Ⅲ类水体比例、市州空气质量优良天数占比体现了绿色发展的要求。3项指标权重分别为4%、3%、3%，共10%。实际利用外资占投资比重、进出口总额占地区生产总值比重两项权重分别为4%，体现了开放发展的要求。城镇居民人均可支配收入增速、农村居民人均可支配收入增速两项权重分别为4%，则体现了共享发展。

（三）湖南省高质量发展评价指标体系

湖南省高质量发展评价指标体系主要作为全省高质量发展的宏观引导，侧重发挥综合导向功能。从综合质量效益和创新发展、协调发展、绿色发展、开放发展、共享发展方面设置34项主要指标。具体指标体系如表2-32所示。

表2-32　湖南省高质量发展评价指标体系

维度	指标	指标补充说明
综合质量	总体产出水平	人均GDP、全员劳动生产率（包括农业劳动生产率、工业劳动生产率、服务业劳动生产率）
	产业结构优化	第一、第二、第三产业结构比、制造业增加值占GDP比重、产业投资占固定资产投资比重（其中制造业投资占固定资产投资比重）、文化及相关产业增加值占GDP比重
	财税质量提升	地方一般公共预算收入与GDP比率、税收占地方一般公共预算收入比重
	民间投资占固定资产投资比重	—
	社会消费品零售总额增长速度	—
	“四上企业”个数（其中规模以上工业企业个数）	—

续表

维度	指标	指标补充说明
综合质量	园区产出水平	单位面积税收产出强度、单位面积工业增加值
	金融支持实体经济（制造业新增贷款占新增贷款比重）	—
	防范化解风险	债务率（政府债务/综合财力）、商业银行不良贷款率、亿元 GDP 生产安全事故死亡率、地质灾害隐患消除率
创新发展	研发投入	全社会 R&D 经费支出占 GDP 比重、企业研发经费投入占主营业务收入比重
	创新产出	每万人有效发明专利拥有量、注册商标数
	“三新”经济增长速度	—
	当年新认定的高新技术企业个数增长速度	—
	高技术人才总量占人才总量的比重	—
协调发展	农村贫困发生率	—
	常住人口城镇化率（户籍人口城镇化率）	—
	农村基础设施建设水平	农村地区自然村（20 户以上）光纤和 4G 覆盖率、农村自来水普及率、高标准农田比重
绿色发展	能源资源节约集约利用	单位 GDP 能耗降低率、闲置土地处置率
	主要污染物排放减少	二氧化硫排放总量削减率、氮氧化物排放总量削减率、化学需氧量排放总量削减率、氨氮排放总量削减率
	空气质量	空气质量优良天数比例、地级以上城市细颗粒物（PM2.5）年均浓度
	地表水达到或好于Ⅲ类水体比例（国考断面、省考断面）	—
	土壤修复治理	受污染耕地安全利用率、受污染建设用地安全利用率
	生态环境保护	森林覆盖率、绿色矿山建成率
	城镇污水垃圾处理	地级城市建成区黑臭水体消除比例、县以上城镇污水处理率、县以上城镇生活垃圾无害化处理率

续表

维度	指标	指标补充说明
开放发展	对外贸易	进出口总额增长速度、进出口总额与 GDP 比率
	招商引资	实际利用外资增长速度及占投资比重、实际利用内资增长速度及占投资比重
	营商环境便利度指数（放管服改革、创新创业环境优化等）	—
共享发展	居民收入	城镇居民人均可支配收入增长率、农村居民人均可支配收入增长率
	城镇调查失业率（登记失业率）	—
	人均拥有公共文化设施面积	—
	各级教育毛入学率	—
	医疗卫生	每千名常住人口执业（助理）医师数、每千名常住人口医疗机构床位数
	养老保障	每千名老人拥有养老床位数、平均预期寿命
	社会安全	较大及以上道路交通事故次数、群体性事件次数、较大及以上生产安全事故（不含道路交通、火灾事故）次数、较大及以上火灾事故次数

（1）综合质量。坚持发展是第一要务，突出解决发展不平衡不充分的问题，反映经济提质增效、结构优化升级、防范化解风险等情况，不断满足人民群众日益增长的美好生活需要。

（2）创新发展。落实创新引领战略部署，把创新作为第一动力，促进经济增长由要素驱动转向创新驱动。

（3）协调发展。根据协调发展有关要求，反映城乡区域协调发展情况，促进全省全面协调可持续发展。

（4）绿色发展。按照生态文明建设的总体要求，反映能源资源节约集约利用、污染治理、环境改善、生态保护等情况，努力实现生态优先、绿色发展，建设生态强省。

（5）开放发展。落实开放崛起战略部署，反映开放型经济发展相关情况，推动形成全面开放新格局。

（6）共享发展。促进全体居民共享改革发展成果，反映全省居民生活水平提高、就业保障、社会事业发展、公共安全等情况，不断提升人民群众的幸福感、获得感、安全感。

（四）金华市高质量发展评价指标体系

金华市从质效提升、结构优化、动能转换、绿色发展、协调共享、风险防范6个维度评价高质量发展水平。具体指标体系如表2－33所示。

表2－33　　金华市高质量发展评价指标体系

维度	评价指标
质效提升	人均GDP、全员劳动生产率、一般公共预算收入与GDP之比、税收收入占一般公共预算收入比重、居民人均可支配收入与人均GDP之比、规模以上工业企业主营业务收入利润率、亩均税收、全部工业增加值率、全要素生产率、品牌企业和实施“浙江制造”标准企业销售占比
结构优化	数字经济增加值占GDP比重、“三新”经济增加值占GDP比重、八大万亿元产业增加值平均增长率、高（新）技术制造业增加值占规模以上工业比重、17个重点传统制造业增加值年增长率、现代服务业增加值占服务业比重、农业土地产出率、机电和高新技术产品出口占货物贸易比重、服务贸易进出口占货物和服务贸易总额比重、高技术产业实际利用外资占比、对“一带一路”沿线国家投资占对外投资的比重、亿元GDP上市企业资本市场融资当年新增额
动能转换	每百元固定资产投资产出的GDP、民间投资增长率、高新技术产业投资增长率、交通投资增长率、生态环境和公共设施投资增长率、软投入占综合投资的比重、居民消费率、居民服务消费占比、R&D经费支出占GDP比重、累计高新技术企业和科技型中小微企业数、现有公司制企业数量在企业中的占比、小微企业园、每万人发明专利拥有量、工业设备联网率、营商环境便利度、放心消费指数、“最多跑一次”改革满意率、每万名从业人员拥有人才资源数
绿色发展	能源消费总量增速和单位GDP能耗降低率、非化石能源占能源消费比重、单位GDP用水量、地表水达到或优于Ⅲ类水体比例（省控断面）、PM2.5平均浓度、单位耕地面积化肥（折纯）农药使用量、工业固废利用处置率、城乡生活垃圾分类处理率、乔木林单位面积蓄积量

续表

维度	评价指标
协调共享	常住人口城镇化率、地区人均GDP极值比、城乡居民收入比、低收入农户人均可支配收入与农村居民人均可支配收入之比、城镇调查失业率、劳动年龄人口平均受教育年限、基层就诊率、人均社会保险福利额、每千名老年人拥有社会养老床位数、群众安全感
风险防范	银行业金融机构不良贷款率、政府债务率、新立涉嫌非法集资案件涉案金额与当年新增贷款之比、亿元GDP生产安全事故死亡率、每十万人口火灾死亡率、主要食品安全和基本药物抽检合格率

（五）赣州市高质量发展评价指标体系

赣州市为进一步完善县（市、区）综合考核评价体系，推动各县（市、区）深入贯彻习近平新时代中国特色社会主义思想和中共十九大精神，全面落实新发展理念和高质量发展要求，纵深推进六大攻坚战，加快赣南苏区振兴发展，奋力迈出决胜同步全面小康、打造新时代中国特色社会主义红色样板的坚实步伐，制定包括党的建设、六大攻坚战、经济高质量发展综合成效、社会建设、生态文明建设、民生工程、北上南下对接成效、重大政策落实及社会评价等8个方面的高质量发展评价指标体系。具体指标体系如表2－34所示。

表2－34　　赣州市高质量发展评价指标体系

维度		指标
党的建设		领导班子建设（含人才强市）、全面从严治党、意识形态工作（含公共文明指数、移风易俗、文化事业建设，网络安全和信息化建设）、党管武装工作、统战工作（含非公经济贡献率）、推进全面深化改革
六大攻坚战	—	“六大攻坚战”流动现场会测评分
	主攻工业	工业强市（含中国制造2025、产融合作、重大工业项目建设，开发区改革创新发展，不含企业上市）、规模以上工业主营业务收入、规模以上工业增加值、规模以上工业企业上缴税金、规模以上工业企业用电量、净增规模以上工业企业单位数、制造业投资占固定资产投资比重、工业技改投资占工业投资的比重、企业上市工作（上市及新三板挂牌企业）

续表

维度		指标
六大攻坚战	精准扶贫	脱贫攻坚
	新型城镇化	项目推进、城市污水处理设施建设、特色小镇及重点镇建设、装配式建筑发展、城乡规划编制及实施管理、农民建房管理、房地产市场调控、城乡环境整治实施情况、城镇绿地系统及海绵城市建设、城市公共交通建设、工业园区污水处理厂建设、保障房及棚户区改造完成率、城镇生活污水处理率及进水浓度、常住人口城镇化率
	现代农业	项目推进、蔬菜产业发展、脐橙产业发展升级、油茶产业改造提升、生猪产业转型升级、区域特色产业培育、农村一二三产业融合、农地整治接续利用、农业综合生产能力建设、美丽乡村建设、生态屏障与绿色农业发展、农业农村改革、农业增加值
	现代服务业	项目推进、绿色金融、普惠金融（含金融支持实体经济及五个信贷通）、物流业发展、组织保障、项目建设发展成效、旅游总收入与 GDP 比值、电子商务、健康服务业、养老服务体系建设、规模以上服务业营业收入、净增规模以上服务业企业单位数、社会消费品零售总额、净增限额以上商贸企业单位数
	基础设施建设	项目规划提纲、项目管理及协调服务、交通基础设施建设、能源基础设施建设
经济高质量发展综合成效		一般公共预算收入、税收收入占财政总收入比重、政府债务管理、财政支出进度、5000 万元以上项目固定资产投资、净增资质内建筑业企业单位、重点工程项目建设、军民融合、质量强县（含工业产品质量监督抽查合格率）、服务业增加值占 GDP 的比重、战略性新兴产业增加值占规模以上工业增加值的比重、工业首位产业主营业务收入、R&D 经费支出占 GDP 比重、高新技术产业增加值占规模以上工业增加值比重、专利申请授权数量、技术合同成交金额、新增高新技术企业数、新增科技型中小企业数、新增省级以上研发平台或载体、全民科学素质提升、新增市场主体及活跃度、就业创业、社会保障、和谐劳动关系和农民工工作
社会建设		社会治安综合治理、应急管理及重大紧急信息报送、法治赣州建设（含法治政府建设）、国家安全、交通运输事业、信访工作、教育发展、政务公开和政务服务
生态文明建设		美丽中国“江西样板”建设、乡村振兴、万元 GDP 能耗、公共机构节能、“河长制”落实及成效、用水总量控制及水利建设、水土流失联合防治、农村生活垃圾无害化处理、主要污染物排放下降率、地表水断面优质水率、空气质量、城镇集中式饮用水源地水质达标率、“林长制”工作和林地（湿地）保有量、低质低效林改造、耕地保有量、基本农田保护面积、节约集约用地、绿色殡葬建设、防灾减灾救灾指数、建筑节能和绿色建筑、绿色发展指数、公众对生态环境质量满意程度

续表

<table>
<tr><th colspan="2">维度</th><th>指标</th></tr>
<tr><td colspan="2">民生工程</td><td>农村居民人均可支配收入、城镇居民人均可支配收入、财政八项民生支出、安全生产、食品药品安全、农产品安全、粮食安全、医药卫生体制改革、退役士兵（军队转业干部）安置、城镇贫困群众脱贫解困</td></tr>
<tr><td rowspan="2">北上南下对接成效</td><td>北上成效</td><td>争取资金、争取政策及项目、试点示范平台、对口支援工作</td></tr>
<tr><td>南下成效</td><td>招商引资实际到位资金、纳入市调度重大项目落户、外贸出口质量</td></tr>
<tr><td colspan="2">重大政策落实及社会评价</td><td>市有关重大工作督查落实、作风建设、营商环境、群众满意度</td></tr>
<tr><td colspan="2">加（扣）分项</td><td>引进50亿元、20亿元、10亿元及以上重大项目且当年实际进资达到投资总额10%以上，获得市委、市政府通报嘉奖或被市委、市政府书面通报批评，全南县、定南县完成“三南”园区一体化年度目标任务情况，固定资产投资年度增速在全市排名第一位、第二位、第三位</td></tr>
</table>

三、小结

上述我们就区域经济高质量发展评价指标体系做了系统的梳理，包括学术界的研究成果和政府的实践运用。

总体看，有关区域经济高质量发展评价指标体系的设计可谓仁者见仁智者见智。这些成果彰显了学术界和政府部门在践行高质量发展国家战略的实际行动，对这一领域进行了很有价值的探索。

梳理现有高质量发展评价指标体系，可以总结为以下四点。

（1）研究的区域范围各异。有地级市域如江苏省内13个地级市域、15个副省级城市、全国283个地级市域等；有省域如全国范围内全部省域，也有研究个别省域如河北省等等。具体如表2－35所示。

表2－35　高质量发展指标体系总结

<table>
<tr><th colspan="2">研究主体</th><th>指标数量</th><th>研究区域</th></tr>
<tr><td rowspan="2">学术界</td><td>刘干、郑思雨</td><td>13</td><td>全部省域</td></tr>
<tr><td>李馨</td><td>21</td><td>全部省域</td></tr>
</table>

续表

研究主体		指标数量	研究区域
学术界	丁涛、顾金亮	12	江苏省内 13 个地级市域
	李金昌等	27	全国
	鲁继通	52	全国
	许永兵等	24	河北省
	方大春、马为彪	25	全部省域
	华坚、胡金昕	28	全部省域
	李梦欣、任保平	41	全国
	张震、刘雪梦	37	15 个副省级城市
	周吉等	31	全国 28 个省域
	师博、张冰瑶	9	全国 283 个地级市域
	李子联、王爱民	38	全部省域
	朱常海	12	全国
	朱启贵	61	全国
	马茹等	28	全部省域
	王伟	34	全部省域
	吕军等	29	全部省域
	唐晓彬、王亚男、唐孝文	34	全部省域
	李强	27	全国
	原伟鹏、孙慧	23	西北地区
	丁浩、王赛	24	华东地区
	凌连新、阳国亮	20	粤港澳地区
	王宇、贾荣、陈念	27	内蒙古
	张增臣	16	河北
	叶娟惠	28	福建
	刘帅、高晓倩	30	辽宁
	蒋正龙	25	贵阳
	李萍等	10	沧州

续表

研究主体		指标数量	研究区域
地方政府	江苏省	68	所属市域
	湖北省	22	所属市域
	湖南省	64	所属市域
	金华市	64	所属县（区）域
	赣州市	139	所属县（市、区）域

（2）指标设计的主体多元。有学术机构研究人员，有政府智库研究人员，如朱常海、朱启贵等，有政府机构，如江苏省、湖北省、湖南省、金华市、赣州市等。

（3）具体指标数量不等。学术界构建的指标体系包含的指标个数在20个以内有6个研究成果，20~30个的有14个研究成果，30个以上的有9个研究成果，包含的指标个数最多的有61个。在地方政府实践中，构建的指标体系包含的指标个数较学术界研究的指标个数更多、涉及面更广，除了湖北省外，其他地方政府的指标体系包含的指标个数均多于学术界，其中赣州的指标个数有139个之多。

（4）共性指标不少。在各学者构建的高质量发展指标体系中，出现次数在前三的指标分别为R&D投入强度、单位GDP能耗、城乡居民可支配收入比和城镇登记失业率，出现次数分别为20次、15次、15次和11次。

以往学者构建的经济增长质量中未出现绿色发展指数、空气质量指数、环境质量指数和质量竞争力指数等指标，而在高质量发展指标体系中频繁出现，出现次数分别为7次、3次、3次和3次。这说明中国在以往以粗放式、规模扩张式的经济发展方式中，经济发展特征是高投入、高能耗、高污染、低效率和低质量，尽管带来了数量上的乐观成绩，但是由于对资源和环境造成了巨大破坏，远远超过了环境承载力，亟待转变发展方式，转向经济高质量发展，逐渐转变成低能耗、低污染、高效率和高质量的发展方式，实现动力变革、质量变革和效率变革，最终提高全要素生产率。

另外，同样在以往关于经济增长质量中很少关注的新经济增加值占GDP比重、战略性新兴产业增加值占GDP比重、信息化指数、先进制造业增加值占 GDP 比重以及文化产业增加值占 GDP 比重等指标中，在高质量发展评价的相关研究中频繁出现。具体指标如表 2-36 所述。

表 2-36　学术界高质量发展指标体系具体指标统计

指标名称	出现次数	指标名称	出现次数
R&D 投入强度	20	对外贸易依存度	10
单位 GDP 能耗	15	二元对比系数	3
城乡居民可支配收入比	15	工业增加值比重	6
单位产出废气排放	9	环境质量指数	3
教育投入比重	8	技术合同成交金额	2
人均 GDP	10	居民收入增长率	7
产品质量合格率	6	科技成果转化率	2
城镇化率	10	绿色发展指数	7
居民消费水平	8	每万人口发明专利拥有量	5
全要素生产率	9	每万人专利申请授权量	9
城镇登记失业率	11	平均受教育年限	4
高技术产品出口额占比	5	城镇基本医疗保险参保人数	5
建成区绿化覆盖率	8	企业总资产贡献率	3
实际利用外资占 GDP 比	6	全社会劳动生产率	6
创新产出水平	4	人均技术市场成交额	2
单位 GDP 水耗	4	社会保障投入水平	3
第三产业增加值占 GDP 比重	8	生产性服务业增加值占服务业增加值比重	4
对外投资水平	5	税收占 GDP 比重	3
基尼系数	5	通货膨胀率	5
进出口总额/GDP	6	投资率	3
空气质量指数	5	文化产业增加值占 GDP 比重	2
每万人 R&D 人员全时当量	3	先进制造业增加值占 GDP 比重	2
土地产出率	3	现代农业产值占农业总产值比重	2
外贸依存度	6	新产品销售收入占主营业收入之比	2
消费率	5	新经济增加值占 GDP 比重	4
资本生产率	5	信息化指数	2

续表

指标名称	出现次数	指标名称	出现次数
R&D 经费与主营业务收入之比	5	一般工业固体废物综合利用率	4
产业结构合理化	3	医疗卫生投入水平	4
城市绿化水平	4	战略性新兴产业增加值占 GDP 比重	3
城镇基本养老保险参保人数	2	质量竞争力指数	3
GDP 增长率	6	中国国际品牌市场占有率	2
工业废水排放量	5	居民人均可支配收入	4
生活垃圾处理	5	实际利用外资增速	2

注：表中只列出了各学者构建的指标体系中出现次数在 2 次及以上的指标。

三、市域经济高质量发展指标体系构建

经济高质量发展应当以破解新时代我国社会基本矛盾“人民日益增长的美好生活需要和（不平衡不充分）的发展之间的矛盾”为驱动，解决经济发展与环境保护有机统一问题，解决我国经济发展特别是制造业发展中若干核心、关键技术竞争力不足问题等，更要注重经济发展竞争力的持续提升。要以新发展理念为指导，通过绿色生态、社会人文、企业发展、经济效率、开放创新、民生共享等方面高质量发展为支撑，不断优化经济质量、效率、结构，做到微观质量与宏观质量的衔接，推进经济更具微观质量支撑、投入产出有更高效率、经济发展各方面更加协调、经济建设更具持续竞争力、经济发展成果分享更加公平，同时注重社会、生态的高质量发展，从而达到经济、社会、生态效益的有机统一，实现“经济与人”“经济与社会”“经济与自然”之间的和谐。

高质量发展是宏观质量和微观质量的统一，要有坚实的微观质量支撑保障。这里的微观质量既包括产业发展的质量，也包括企业发展的质量。如果产业缺乏竞争力、如果企业产品质量问题频出，那要说一个区域的经济达到了高质量发展程度，是很难有说服力的。

因此，现有关于经济高质量发展评价指标体系的研究还可进行更多探索。

第一，现有指标体系难以体现高质量发展的内在要求，相应地用以引领

高质量发展难免存在不足。表现在反映发展速度、总量的指标多，体现质量、效益的指标少；反映发展水平的指标多，体现人民群众对美好生活需要可观可感的指标少。

第二，现有研究设计的评价体系系统性、全面程度、长远性有待加强。高质量发展的经济社会质态，不仅体现在经济领域指标的支撑，而且体现在更广泛的社会、政治和文化等领域指标的支撑，发展质量目标呈现多元化。加快建立适应、反映、引领、推动高质量发展的指标体系，应从长期与短期、宏观与微观、总量与结构、全局与局部等多个维度探讨经济高质量发展评价指标体系。

基于上述讨论，参考借鉴已有的经济高质量发展评价体系，本书认为指标体系构建应遵循下述原则：

（1）全面性原则。为保证综合评价结果客观、准确，在建立经济高质量评价指标体系时，应选取既能够反映经济高质量发展产业、企业各个层面的基本特征，又能够反映新时代我国经济高质量发展各个领域的基本特征，包括绿色生态、社会人文、企业发展、经济效率、开放创新和民生共享等方面协调、稳步和持续的发展。因此，在构建经济高质量评价体系时应该将生态、人文、企业、开放创新、民生纳入进来，不但要包括经济增长的数量方面，而且更要包括质量方面。

（2）科学性原则。评价指标体系的设计要科学合理，能体现经济高质量发展的基本特征，而且指标体系内部的各指标之间应相互衔接、边界清楚，指标体系的层次清楚、合理，科学确定指标权重。

（3）实际性原则。反映经济高质量发展的指标体系应从经济高质量发展的内涵出发，反映经济高质量发展理论的基本要求，同时还要结合经济发展的实际情况，将理论分析与实践结合，以便理论和实践相互促进。

（4）可操作性原则。选取的评价指标不仅应符合综合评价的目的，更应有数据的支持。评价指标的数据应能在实际中取得，或利用现有资料加工后能够取得。否则建立的指标体系就只能束之高阁，无法实现经济高质量发展评价的目的，也就不能对实际起到指导作用。

（5）可比性原则。不同时间和不同地域间的经济发展状况要能比较才能显示出各自的优劣，从而找出问题。选取基于经济高质量发展内涵的评价指标时应注意指标的口径范围和核算方法的纵向可比和横向可比原则。在对同一事物不同时期的评价中应注意纵向可比，而对同一时期不同事物之间的评价应注意横向可比。

综上所述，本书从绿色生态高质量、社会人文高质量、企业发展高质量、经济效率高质量、开放创新高质量、民生共享高质量6个维度，构建出由6个一级指标及相应的51个二级指标组成的中国市域经济高质量发展评价指标体系，具体指标体系如表2-37所示。

表2-37　　　　中国市域经济高质量发展评价指标体系

一级指标	二级指标	计量单位	属性
绿色生态高质量	每平方公里废水、废气排放量	吨/平方公里	负向
	一般工业固体废物综合利用率	%	正向
	PM2.5年均浓度	微克/立方米	负向
	污水处理厂集中处理率	%	正向
	2019年、2020年环保督查	分值	正向
	人均水资源量	立方米/人	正向
	森林覆盖率	%	正向
	万元GDP电耗	万千瓦时/万元	负向
社会人文高质量	人口自然增长率	‰	正向
	城市认可度	分值	正向
	名村名镇传统村落数	个	正向
	建成区绿化覆盖率	%	正向
	城镇化率	%	正向
企业发展高质量	高竞争力企业数	个	正向
	高新技术企业数	个	正向
	规模以上工业企业数	个	正向
	上市企业数	个	正向
	规模以上工业企业企均主营业务税金及附加和增值税	万元	正向
	规模以上工业企业企均利润额	万元	正向
	规模以上工业企业投入产出率	%	正向

续表

一级指标	二级指标	计量单位	属性
企业发展高质量	在岗职工劳动生产率	%	正向
	单位工业产值污染物排放量	吨/万元	负向
	万元工业产值电耗	千万瓦时/万元	负向
经济效率高质量	GDP 增长率	%	正向
	通货膨胀率	%	负向
	GDP 增长波动率	%	负向
	GDP 密度	万元/平方公里	正向
	人均 GDP	元/人	正向
	人均公共财政收入	元/人	正向
	公共财政收入增长率	%	正向
	第三产业占 GDP 比重	%	正向
开放创新高质量	地方一般公共预算支出中科学技术支出占比	%	正向
	货物进出口总额占 GDP 比重	%	正向
	当年实际利用外资金额占 GDP 比重	%	正向
	规模以上工业企业数量中港澳台和外资企业占比	%	正向
	万人拥有 R&D 人员数	人	正向
	万人专利申请数	件/万人	正向
	万人授权专利数	件/万人	正向
	万人拥有高等和中等职业学校教师数	人	正向
	万人拥有高等和中等职业学校学生数	人	正向
	规模以上工业企业企均拥有 R&D 人员数	人	正向
	新增企业数	个	正向
民生共享高质量	城镇居民人均可支配收入	元	正向
	农村居民人均可支配收入	元	正向
	城乡居民收入比	—	负向
	万人拥有中小学教师数	人	正向
	万人拥有医院床位数	张/万人	正向

续表

一级指标	二级指标	计量单位	属性
民生共享高质量	万人拥有执业医师（助理）数	人	正向
	城镇登记失业率	%	负向
	地方一般公共预算支出中教育支出占比	%	正向
	在岗职工平均工资	元	正向

（一）绿色生态高质量

五大发展理念之绿色发展要求经济高质量发展追求中重视经济发展中对废水、废气、废物等的排放，重视节能减排，重视生态的修复，控制生产经营过程中各种污染物的排放，加强环境污染防治和治理，加快建立绿色发展方式，持续推进生态保护修复，重视生态资源的培育，在尽量保护好生态环境中发展经济，促进更多的经济绿色化，实现可持续发展。本书选取每平方公里废水、废气排放量，一般工业固体废物综合利用率，PM2.5 年均浓度；污水处理厂集中处理率，2019 年、2020 年环保督查，人均水资源量，森林覆盖率，万元 GDP 电耗等 8 个指标来衡量绿色生态高质量。具体指标的计算如下。

（1）每平方公里废水、废气排放量＝（工业废水排放量＋工业二氧化硫排放量＋工业氮氧化物排放量＋工业烟（粉）尘排放量）/行政区划面积。

（2）一般工业固体废物综合利用率：指一般工业固体废物综合利用量占一般固体废物产生量与综合利用往年储存量之和的百分率。

（3）污水处理厂集中处理率：指报告期内通过污水处理厂处理的污水量与污水排放总量的比率。

（4）人均水资源量：指人均拥有的当地降水形成的地表和地下产水量。人均水资源量＝水资源总量/年平均人口。

（5）森林覆盖率：是指森林面积占土地总面积的比率。

（6）万元 GDP 电耗＝全社会工业用电量/GDP。

（二）社会人文高质量

高质量经济发展必须有高质量的社会人文环境，这样的市域土壤宜工、宜商、宜居，对促进经济发展的各类要素、资源有更强的吸引力，代表着更高层次的发展水平。社会人文质量反映了一个地区竞争力的软实力，能产生强有力的市域品牌效应，且这种具有良好声誉和人文环境产生的吸引力具有长期性。

本书选取人口自然增长率、城市认可度、名村名镇传统村落数、建成区绿化覆盖率、城镇化率等5个指标来衡量社会人文高质量。

（1）人口自然增长率，指在一定时期内（通常为一年）自然增加数（出生人数减死亡人数）与该期内平均人数（或期中人数）之比，用千分率表示。

（2）城市认可度，指每个城市被政府授予的荣誉、某种特殊的地位或机遇以及在民间成熟排行榜上榜的相对程度。比如城市认可度高，就区域经济高质量发展而言，就有可能吸引更多更优质的资源，特别是人（才）力资源。本书的城市认可度相对社会上名目繁多的各种城市排行榜的显著特点是：它以采取政府授予某个城市的荣誉、特殊的地位或机遇为主，少量社会的榜单，榜单只取那些长时间连续在做、相对具有科学依据且在社会有较广泛口碑的排名。因此，城市认可度的数据都是有据可查。具体如表2－38所示。

表2－38　　中国城市认可度排行榜数据来源

来源	荣誉名称	主办单位
政府	2000年度文明城市	中央精神文明建设指导委员会
	2000年度卫生城市全国爱卫办关于拟命名国家卫生城市（区）名单的公示	中华人民共和国国家卫生健康委员会
	优秀旅游城市	中华人民共和国文化和旅游部
	历史文化名城	国务院
	最近5年国务院办公厅关于落实有关重大政策措施真抓实干成效明显地方予以督查激励的通报城市	国务院
	最近3年全国社会治安综合治理优秀城市	中国共产党中央社会治安综合治理委员会
社会	中国城市商业魅力排行榜	第一财经依据品牌商业数据、互联网公司的用户行为数据及数据机构的城市大数据

城市认可度指数的测算。首先，使用 Excel 软件录入所有地级城市的每个城市获得认可的数据；其次，对每一项认可的分值进行计算。

（3）名村名镇传统村落数。中国历史文化名镇名村，是由建设部和国家文物局从 2003 年起共同组织评选的，保存文物特别丰富且具有重大历史价值或纪念意义的、能较完整地反映一些历史时期传统风貌和地方民族特色的镇和村。传统村落，又称古村落，指村落形成较早，拥有较丰富的文化与自然资源，具有一定历史、文化、科学、艺术、经济、社会价值，应予以保护的村落。传统村落中蕴藏着丰富的历史信息和文化景观，是中国农耕文明留下的最大遗产。

（4）建成区绿化覆盖率，指在城市建成区的绿化覆盖面积占建成区的百分比。

（5）城镇化率，指一个地区城镇常住人口占该地区常住总人口的比例。

（三）企业发展高质量

企业是经济高质量发展的重要微观支撑，是国家竞争力的创新主体。2018 年底召开的中央经济工作会议指出，要推动制造业高质量发展，坚定不移建设制造强国。习近平就做好中部地区崛起工作提的八点意见，第一条就是推动制造业高质量发展。可以说制造业作为实体经济的主体，是经济高质量发展的主战场、是深化供给侧结构性改革的主攻方向。当前，尽管我国已成为世界第一制造大国，但是不少领域仍然处于世界供应链中低端，高端制造业和先进制造业与发达国家还有较大差距。因此，国家综合实力和竞争力的提高关键在于制造业的强大。

本书选取高竞争力企业数、高新技术企业数、规模以上工业企业数、上市公司数、规模以上工业企业企均主营业务税金及附加和增值税、规模以上工业企业企均利润额、规模以上工业企业投入产出率、在岗职工劳动生产率、单位工业产值污染物排放量、万元工业产值电耗等 10 个指标来衡量市域企业高质量发展。

（1）高竞争力企业数，是指市域拥有包括中国企业五百强、中国民营企业五百强、中国最具价值 500 品牌、历届中国质量奖、制造业单项冠军企业和单项冠军产品企业以及工信部相关项目名单等企业的数量。

（2）高新技术企业数，是符合《国家重点支持的高新技术领域》，持续进行研究开发与技术成果转化，形成企业核心自主知识产权，并以此为基础开展经营活动，在中国境内（不包括港澳台地区）注册一年以上的、经过政府相关部门按照《高新技术企业认定管理办法》认定的企业数量。

（3）规模以上工业企业数，是指年主营业务收入在2000万元以上的工业企业数量。

（4）上市企业数，是指所发行的股票经过国务院或者国务院授权的证券管理部门批准在证券交易所上市交易的股份有限公司数量（仅包括A股和港股）。

（5）规模以上工业企业企均主营业务税金及附加和增值税=(规模以上工业企业主营业务税金及附加+规模以上工业企业应交增值税)/规模以上企业数。

（6）规模以上工业企业企均利润额=规模以上工业企业利润总额/规模以上企业数。

（7）规模以上工业企业投入产出率=(规模以上工业企业主营业务税金及附加+规模以上工业企业应交增值税+规模以上工业企业利润总额)/(规模以上工业企业流动资产额+规模以上工业企业固定资产额)。

（8）在岗职工劳动生产率=GDP/在岗职工平均人数。

（9）单位工业产值污染物排放量=[工业废水排放量+工业二氧化硫排放量+工业氮氧化物排放量+工业烟（粉）尘排放量]/规模以上工业总产值。

（10）万元工业产值电耗=全社会工业用电量/规模以上工业总产值。

（四）经济效率高质量

经济效率高质量主要是指经济更高效率、更加协调、更加平稳地发展，反映了经济发展的投入与产出、经济结构以及经济运行的稳定状况。经济高质量发展是在经济规模扩张到一定程度后，经济结构不断优化、新旧动力转换，这是建立在一定的经济总量和增长速度的基础上的结果。

本书选取GDP增长率、通货膨胀率、GDP增长波动率、GDP密度、人均GDP、人均公共财政收入、公共财政收入增长率、第三产业占GDP比重8个指标来衡量经济效率高质量。

（1）GDP 增长率，指当年地区生产总值和前一年地区生产总值的差额与前一年地区生产总值的比率。

（2）通货膨胀率，指一般物价总水平在一定时期（通常为一年）内的上涨率。

（3）GDP 增长波动率，指 GDP 增长率的变化幅度，反映了 GDP 增长的稳定性。GDP 增长波动率 =（当年 GDP 增长率 - 上一年 GDP 增长率）/上一年 GDP 增长率 ×100%。

（4）GDP 密度 = GDP/行政区划面积。

（5）人均 GDP = GDP/年平均人口数。

（6）人均公共财政收入 = 当年公共财政收入/年平均人口数。

（7）公共财政收入增长率，指公共财政收入年度之间增长额与对比上年度公共财政收入额之间的比率。公共财政收入增长率 =（当年公共财政收入 - 上一年公共财政收入）/上一年公共财政收入 ×100%。

（8）第三产业占 GDP 比重是指当年市域第三产业增加值所占当年市域 GDP 的比值。

（五）开放创新高质量

经济高质量发展要有助于解决经济发展中的关键技术制约，有助于提升经济的竞争力。开放创新高质量是指经济发展要以创新为动力源泉，逐渐摒弃粗放型的发展，要不断加大科技创新的投入和科技成果的转化和产出，以创新驱动促进经济发展，转换增长动力，活跃生产力，破解资源要素等约束，并且更加开放地充分利用国内外资源，支撑经济参与到世界舞台的竞争，在竞争中扩大影响力、提升竞争力。

本书选取地方一般公共预算支出中科学技术支出占比、货物进出口总额占 GDP 比重、当年实际利用外资金额占 GDP 比重、规模以上工业企业数量中港澳台和外资企业占比、万人拥有 R&D 人员数、万人专利申请数、万人授权专利数、万人拥有高等和中等职业学校教师数、万人拥有高等和中等职业学校学生数、规模以上工业企业企均拥有 R&D 人员、新增企业数 11 个指标来衡量开放创新高质量。

（1）地方一般公共预算支出中科学技术支出占比 = 地方一般公共预算支出中科学技术支出/地方一般公共预算支出 ×100%。

（2）货物进出口总额占 GDP 比重：也称为对外贸易依存度，是衡量一国国民经济对外贸易的依赖程度的重要指标，用地区进出口总额占该地区生产总值的比重表示。货物进出口总额占 GDP 比重 = 进出口总额/GDP × 100%。

（3）当年实际利用外资金额占 GDP 比重 = 当年实际利用外资金额/GDP × 100%。

（4）规模以上工业企业数量中港澳台和外资企业占比 =（规模以上企业中港澳台商投资企业数 + 规模以上企业中外商投资企业数）/规模以上企业数 × 100%。

（5）万人拥有 R&D 人员数 = R&D 人员/年平均人口数。

（6）万人专利申请数 = 专利申请数/年平均人口数。

（7）万人授权专利数 = 专利授权数/年平均人口数。

（8）万人拥有高等和中等职业学校教师数 =（普通高等学校专任教师数 + 中等职业教育学校专任教师数）/年平均人口数。

（9）万人拥有高等和中等职业学校学生数 =（普通高等学校学生数 + 中等职业教育学校学生数）/年平均人口数。

（10）规模以上工业企业企均拥有 R&D 人员 = R&D 人员/规模以上工业企业数。

（11）新增企业数量指根据企查查“企业工商信息查询系统”中各地级市域 2020 年所注册企业数量。

（六）民生共享高质量维度评价指标

民生共享高质量是指经济发展的成果能够更多、更公平地惠及全体居民的程度，满足居民日益增长的美好生活需要，反映的是居民的生活水平和生活质量，包括收入、就业、教育、医疗等方面，这也是经济高质量发展的最终目标。

本书选取城镇居民人均可支配收入、农村居民人均可支配收入、城乡居民收入比、万人拥有中小学教师数、万人拥有医院床位数、万人拥有执业医师（助理）数、城镇登记失业率、地方一般公共预算支出中教育支出占比、在岗职工平均工资 9 个指标来衡量民生共享高质量。

（1）城镇居民人均可支配收入，指家庭总收入扣除缴纳的所得税、个人缴纳的社会保障费以及调查户的记账补贴后的收入。

（2）农村居民人均可支配收入，指农村住户获得的经过初次分配与再分配后的收入。

（3）城乡居民收入比，是衡量城乡收入差距的一个重要指标。城乡居民收入比 = 城镇居民人均可支配收入/农村居民人均可支配收入。

（4）万人拥有中小学教师数 =（普通中学教师数 + 普通小学教师数）/年平均人口数。

（5）万人拥有医院床位数，指在报告期末平均每一万人拥有辖区范围内的医院、卫生院总数。万人拥有医院卫生院床位数 = 床位总数/年平均人口数。

（6）万人拥有执业医师（助理）数，指在报告期末平均每一万人拥有辖区范围内的医院、卫生院医生（助理）数。万人拥有执业医师（助理）数 = 执业医师（助理）数/年平均人口数。

（7）城镇登记失业率，指在报告期末城镇登记失业人员数与城镇单位就业人员（扣除使用的农村劳动力、聘用的离职退休人员、港澳台及外方人员）、城镇单位中的不在岗职工、城镇私营业主、个体户主、城镇私营企业和个体就业人员、城镇登记失业人员之和的比率。

（8）地方一般公共预算支出中教育支出占比 = 地方一般公共预算支出中教育支出/地方一般公共预算支出 ×100%。

（9）在岗职工平均工资，指市域各单位的在岗职工在报告期内平均每人由本单位支付的劳动报酬。在岗职工工资包括基本工资、绩效工资、工资性津贴和补贴、其他工资四部分，不包括病假、事假等情况的扣款。

本指标体系具有采用人均、企均、亩均等指标多和采用比率的指标多的特点，以体现经济高质量发展旨在破解新时代社会基本矛盾“人民日益增长的美好生活需要和（不平衡不充分）的发展之间的矛盾”的要求。

第二节　中国市域经济高质量发展评价模型选择

一、学术界关于经济高质量发展评价的模型方法

（一）模型方法

（1）专家打分法。邀请若干熟悉情况的专家组成评判小组，各专家独立给出一套权数，形成一个评判矩阵，对各专家给出的权数进行综合处理得出综合权数。该方法是利用专家的知识、智慧、经验等无法数量化的带有很大模糊性的信息形成对各方面的评价权数，权数会体现评价者对评价对象的总体判断。该方法操作简单，原理清楚明了，但权数受主观因素影响较大，很难形成具有说服力而且稳定的一套权数。它适合数据收集困难或者信息量化不易准确的评价项目。

（2）模糊综合评价法。模糊综合评判是以模糊数学为基础，应用模糊关系合成的原理，将一些边界不清，不易定量的因素定量化，进行综合评价的一种方法。它是模糊数学在自然科学领域和社会科学领域中应用的一个重要方面。

（3）层次分析法（analytic hierarchy process，AHP）。层次分析法是美国匹兹堡大学数学系教授，著名运筹学家萨蒂（T. L. Saaty）于20世纪70年代中期提出来的一种定性与定量相结合、系统化、层次化的分析方法。这种方法将决策者的经验给予量化，特别适用于目标结构复杂且缺乏数据的情况。它是一种简便、灵活而又实用的多准则决策方法。自层次分析法提出以来，在各行各业的决策问题上都有所应用。

（4）熵值法。信息理论中，熵是系统无序程度的量度，可以度量数据所提供的有效信息。熵值法就是根据各指标传输给决策者的信息量的大小来确定指标权数的方法。某项评价指标的差异越大，熵值越小，该指标包含和传输的信息越多，相应权重越大。

（5）变异系数法。变异系数是统计中常用的衡量数据差异的统计指标，该方法根据各个指标在所有被评价对象上观测值的变异程度大小来对其赋权。为避免指标的量纲和数量级不同所带来的影响，该方法直接用变异系数归一化处理后的数值作为各指标的权数。

（6）主成分分析法。在多指标综合评价中很多指标的信息重复，这会增加计算工作量从而影响评价的准确性，主成分分析法就是通过降维将原来众多具有一定相关性的指标重新组合成一组新的边界清晰、数量更少的综合指标来代替原来的指标，这些新的综合指标保留了原始变量的主要信息，同时彼此之间又不相关，比原始变量具有更优越的性质，从而更能反映问题的实质。

（7）灰色关联度法。灰色关联度分析认为若干个统计数列所构成的各条曲线几何形状越接近，即各条曲线越平行，则它们的变化趋势越接近，其关联度就越大。因此，可利用各方案与最优方案之间关联度的大小对评价对象进行比较、排序。该方法首先是求各个方案与由最佳指标组成的理想方案的关联系数矩阵，由关联系数矩阵得到关联度，再按关联度的大小进行排序、分析，得出结论。

（二）研究文献综述

现有研究成果对于区域经济高质量发展水平评价采用模型方法的文献主要如下。

刘干和郑思雨（2018）以2010～2016年的指标数据为依据，使用熵值法和模糊综合评价计算我国31个省份的经济高质量发展综合得分，从动态和静态两个角度探索各省份的经济高质量发展状况。文章将31个省份分为三类，分别为发达区（上海、北京、广东、浙江、江苏、天津、福建、山东、辽宁、重庆、海南）、发展区（陕西、内蒙古、湖北、湖南、四川、江西、云南、黑龙江、广西、山西、吉林、河南、安徽、宁夏、河北、贵州）、落后区（青海、新疆、甘肃、西藏）。

丁涛和顾金亮（2018）在构建基于“创新、协调、绿色、开放、共享”五大发展理念的区域经济高质量发展评价指标体系基础上，运用灰色关联理论，以2015年江苏省13个市域的相关指标为依据，对江苏省科技创新和经济高质量发展之间的关联程度进行了分析。结果表明，江苏省科技创新与绿色发展之间的关联度最大（0.7240），其次是协调发展（0.6630），再次是共享发展（0.6198），最后是开放发展（0.6073）。科技创新的4个二级指标对其他各二级比较指标也显示出不同的关联特性。

马丁玲和颜颖颖（2018）从经济增长、经济发展质量、经济发展动力、经济发展可持续性和经济发展成果共享五个领域构建了评价宁波经济高质量发展的指标体系。运用专家打分法和主成分分析法确定各层次指标权重，以2010年为基准，形成了包括1个高质量发展指数和5个分项指数在内的宁波2010～2016年经济高质量发展评价指数模型。研究结果表明宁波经济发展质量逐年提升，宁波的指标呈现逐年向好的趋势，经济增长的规模和速度趋于稳定，处于向高质量发展阶段迈进的关键时期，但各领域发展水平有一定差距。具体表现为：经济增长领域，GDP增速、外贸依存度是影响经济增长类指标指数不高的重大因素；经济发展质量领域：经济发展质量呈现逐年平稳向上增长的趋势，经济效益指标完成情况较好，个别指标发展较为缓慢；经济发展动力领域，宁波经济发展动力呈现平稳向上的态势，创新动力方面逐年增长，但仍存在较大提升空间；经济发展可持续性领域：呈现逐年向上发展态势，节能减排、绿色生活的各项指标完成情况较好。尤其是单位产出能耗、单位产出废气排放量的改善对宁波经济可持续发展起到极大的促进作用；经济发展成果共享领域：对宁波实现经济高质量发展的贡献最大，但增速呈现由快到缓的发展趋势，人民生活、公共服务各指标发展情况相对较好。尤其体现在城镇与农村居民可支配收入、住房面积、社会保障的投入等方面。

师博和任保平（2018）构建了包含经济增长基本面（强度、稳定性、合理化、外向性）和社会成果（人力资本、生态资本）两个维度的经济高质量发展评价模型，使用联合国人类发展指数和经济脆弱度指数，采用简单而透明的均等权重法赋值获得各省经济增长质量指数，对我国1992～2016年省际经济高质量发展进行了测度与分析。结果表明：第一，中国经济增长质量在波动中上升。中国经济增长质量大致经历了4个完整的周期，以及1个初步显现出上升趋势的新周期。第二，地区间经济增长质量分布不均衡。从分地区经济增长质量来看，东部经济增长质量最高、中部次之、西部最低，与经济增长的数量排名一致，并且地区间增长质量分布态势在整个样本期内都未发生改变。从周期性特征来看，东部、中部、西部地区经济增长质量波动与全国整体水平类似。第三，经济增长质量与数量不一致。1992～2016年省际经济增长质量和数量的相关系数为0.42，经济增长质量与数量间存在“U”型变动关系。

李梦欣和任保平（2018）从“创新、协调、绿色、协调、共享”五个基本维度切入，构建经济新时代中国高质量发展的评价指标体系。以层次分析法（AHP）与BP神经网络法相结合，测算了2000～2017年中国高质量发展综合指数及分项指数。结果表明：第一，在创新发展维度中，从2000～2017年呈现显著的增长态势，从2000年创新发展指数的0.04，到2017年创新发展指数的0.97，增长了23.2倍。第二，在协调发展维度，整体上呈现波动性，且从2012年开始就一直呈现负向发展的状态，2017年底中国协调发展的水平较低，协调发展指数值为0.46，相较于2012年下降了23.3个百分点。第三，在绿色发展分项维度中，总体上呈现持续增长的状态，在短期里也表现有波动行为，绿色发展在2004～2010年度较快地提高，2017年中国绿色发展指数达到18个年度里的最大值（为0.78）。第四，在开放发展维度中，2001～2006年，开放发展水平快速提高，然而在2006年以后，呈现出衰退的特征，尤其是2006～2009年，开放发展水平快速走低。第五，在共享发展的分项维度中，中国共享发展表现为典型的V字形增长，2000～2007年，共享发展水平持续下降，而2008年以后，共享发展开始明显提高。第六，从中国高质量发展的综合评价指数走势看，高质量发展呈现持续性稳定增长的基本态势，2017年高质量发展综合评价指数值为0.71，较2000年增长了1.47倍。

方大春和马为彪（2019）采用熵值法确定指标权重，基于线性加权法构建经济高质量发展指数。基于2012～2016年省际面板数据，构建高质量发展综合评价体系，测度中国省际高质量发展水平，并采用地理信息系统与探索性空间数据分析相结合方法，考察其时空格局演变，结果表明：样本期间内中国省际高质量发展呈现不断上升趋势，但省际差异较大；从空间格局的演变过程看，省际高质量发展水平在空间上有明显的集聚效应，且有所加强；高质量发展水平呈现明显的空间分布差异，高水平的高质量发展集中分布在沿海地带，总体呈现“东高西低，南高北低”的布局；从五大发展维度看，五大发展维度之间存在差异，创新与开放对于经济高质量发展贡献率最高，而协调、绿色与共享的贡献率相对偏低；在样本期间内，五大维度发展都呈现上升趋势，在空间上呈现由东部沿海地区向内陆地区扩散的趋势。

华坚和胡金昕（2019）利用熵值法测度了 2007 ~2016 年中国 30 个省份经济高质量发展指数，并借助灰色关联分析，构建科技创新系统与经济高质量发展系统耦合协调度评价模型，对中国内地 30 个省级地区的耦合协调度进行评价。研究结果表明，在考察期内我国区域经济高质量发展水平持续提升，各省份经济发展质量均保持稳步增长的良好态势。但我国经济高质量发展的地区差异也十分显著：凭借较强的区位优势、发达的科技教育、丰富的人才资源等有利条件，东部地区经济高质量发展水平领跑全国。东北三省的经济高质量发展水平整体上仅次于东部，但地区内部存在较大差距，辽宁省经济发展质量优于吉林省和黑龙江省；中部、西部地区的经济高质量发展水平则相对较为落后，低于全国平均水平。中部地区六省一直以来都保持着紧密联系，致力于加强战略合作，实现“抱团”崛起，因此，这些省份的高质量发展水平相差无几，地区内部不存在太大差异。而与中部地区相比，西部地区各省份之间经济高质量发展的差别则更加明显。我国区域科技创新与经济高质量发展总体上已初步实现良好协调发展，但与优质协调发展仍有差距。同时，各地区之间也存在一定差异，且中部、西部地区省份差异有进一步加大的趋势。

张震和刘雪梦（2019）借助层次分析法与熵权法相结合计算指标的组合权重，从经济发展动力、新型产业结构、交通信息基础设施、经济发展开放性、经济发展协调性、绿色发展、经济发展共享性 7 个方面构建了 15 个副省级城市经济高质量发展综合指数及方面指数。结果表明：第一，整体来看，我国城市经济高质量发展水平仍待提升，城市之间发展差距较大。当前仅深圳经济高质量发展水平较高，广州、宁波、武汉、南京等城市发展水平次之，而大连、沈阳、长春、济南、哈尔滨等城市相对薄弱。就分维度而言，在经济高质量发展水平测度中，经济发展动力指数与绿色发展指数较高，经济发展协调性指数、新型产业结构指数与交通信息基础设施指数相差较小，基本处于中等水平，而经济发展开放性指数和共享性指数相对较低。第二，具体来看，全国15个副省级城市经济高质量发展水平可以划分为4个梯队，其中深圳属于第一梯队，广州、宁波、武汉、南京、厦门属于第二梯队，杭州、西安、青岛、成都属于第三梯队，大连、沈阳、长春、济南、哈尔滨属于第四梯队。第三，不同区位城市的高质量发展对比显示，东部沿海地区的副省级城市（如深圳、广州等）经济高质量发展水平远高于西部内陆地区（如西安、成都等），与中部、西部地区副省级城市（如武汉）经济高质量发展相比，东北地区城市（如大连、沈阳等）经济高质量发展仍相对较弱。同时，城市经济高质量发展与城市综合实力、城市经济规模联系紧密，但并非严格的正相关关系。相比经济综合实力和经济规模相对较小的城市（如长春、哈尔滨等），广州、深圳、成都、武汉等经济高质量发展水平相对较高。

周吉等（2019）从经济发展、结构协调、创新驱动、开放升级、生态文明、成果共事6个方面构建江西省经济高质量发展水平评价指标体系；然后运用主成分分析法对2010~2016年江西省经济高质量发展水平进行测算，结果表明2010~2016年江西省经济高质量发展水平呈现平稳上升趋势，2013年综合得分转负为正，发展水平有了质的突破；接着分别计算了2010年和2016年28个省份的经济高质量发展水平得分，结果表明江西省在28个省份中排名有所上升，但水平仍有待提升。

师博和张冰瑶（2019）从发展的基本面、社会成果和生态成果三个维度，利用“最大-最小值法”对数据进行无量纲化处理，并采用均等权重法对指标赋权，测算全国283个地级以上城市经济高质量发展水平。实证研究得出以下结论：第一，2004~2015年，地级以上城市整体经济高质量发展水平提升空间较大，城市间的经济高质量发展水平相对较为接近；第二，在考察期内，经济发展基本面的分维度指数均高于经济高质量发展综合指数，经济增长数量仍然是驱动高质量发展的核心力量，发展的社会成果和生态成果的贡献相对有限，进一步提升经济高质量发展水平，需要不断优化城市间在社会和生态层面的发展成果；第三，大城市的经济高质量发展情况明显优于小城市；第四，经济发展质量较高的城市大多集中分布在东部地区，尤其环渤海经济圈、泛长江经济圈和泛珠江三角圈的经济发展质量整体表现较好；第五，经济高质量发展和经济增长数量呈现倒U形变动特征，但绝大多数城市位于经济高质量发展与经济增长数量协同并进区域，未来继续推进经济高质量发展仍需要一定的经济增长速度的支撑。

李子联和王爱民（2019）基于五大发展理念构建江苏省高质量发展评价体系。从全国省域的视角利用2011～2016年的面板数据，借助主成分分析法测度了各省高质量发展指数及分项指数，分析了江苏省高质量发展水平的时序变化，并比较分析了江苏省与其他省份高质量发展水平的差异。最后，以新型城镇化为契机推进区域协调发展，以新兴产业为依托推进产业协调发展，以居民增收为根本推进需求协调发展；提升创新能力确保“源头”绿色，严守生态红线确保“过程”绿色，强化生态治理，确保“事后”绿色给出了江苏省高质量发展路径选择的建议。

汪晓梦（2019）运用了因子分析、主成分分析和系统聚类的原理，构建经济高质量发展评价指标体系，测算了2017年安徽省16个地市的区域经济发展水平。结果表明：安徽省区域经济发展存在差异性，协调性较差。提出了先发地区要发挥引领示范作用，后发地区要立足实际，挖掘经济发展新动能，全省经济联动推进，提升区域经济一体化更高质量发展水平的建议。

蒋正龙（2019）以五大发展理念构建高质量发展评价指标体系，采用熵值法测算出贵阳市2009～2018年的经济发展质量各指标权重和综合指数，结果显示，贵阳市推动经济高质量发展成效显著，高质量发展综合指数从2009年的35.4提升到2018年的66.47，年均增长6.5%。创新、协调、绿色、共享提升较大，体现了经济发展数量和质量的统一。但是开放性是目前贵阳经济高质量发展的最大短板，共享性和协调性仍需继续提升。

张增臣（2019）在对经济高质量发展的内涵进行深入剖析的基础上，以五大新发展理念为导向，从创新发展、协调发展、绿色发展、开放发展和共享发展五个方面构建了经济高质量发展测度与评价指标体系，以河北省2010～2018年的统计数据为样本，运用综合指数法对河北省经济发展质量水平进行了测度与评价。结果表明，河北省经济发展质量稳步提高，创新发展对经济发展的贡献最大，开放发展是经济发展的最薄弱环节。最后，针对影响高质量发展的关键因素和薄弱环节提出了切实推动河北省高质量发展的对策建议。

苏永伟和陈池波（2019）基于高质量发展的内涵和目标，构建出包含6个一级指标，27个二级指标的高质量发展评价指标体系。经过极差标准化处理方法对指标数据的处理，分别得到全国31个省级行政区域高质量发展的分项指数和综合指数。结果发现：北京、上海、浙江这 3 个省级行政区域的高质量发展实现程度较高，均超过了 60%，依次排在全国前三位，但新疆、青海和西藏这 3 个省级行政区域的高质量发展实现程度较低，均未超过 36%，分别排在全国的最后三位。从总体上看，全国各地区的高质量发展实现程度均不高，大部分介于 40% ~ 50%。基于此提出了要统筹协调好各方面的工作、要坚持拉长板补短板的发展策略、要向先进地区学习经验、要大力实施创新驱动战略的建议。

张帅帅（2019）基于五大发展理念构建陕西省高质量测度指标体系，用熵权 TOPSIS 方法测度了陕西省高质量发展水平状况，研究发现近几年陕西省高质量发展水平逐渐提高，但还与发达地区有明显的差距，特别是经济结构优化和绿色发展有效则存在明显短板。因此提出主攻结构优化、强化体制机制改革、创新政府质量治理、构建现代经济体系的建议。

施洁（2019）基于对经济高质量发展进行理论阐释和内容解析，构建了具有一般意义的经济高质量发展评价指标体系，采用 min-max 标准化将数据标准化，然后结合权重测算出深圳及我国其他五大城市经济高质量发展综合指数和分项指数。结果显示，自 2010 年以来深圳高质量发展进入新的水平阶段，综合体现出发展速度、质量和效益的协同统一；通过比较来看，深圳经济高质量发展位居全国前列，创新性是深圳最大的优势和特色，有效性和可持续性状况优良，协调性还需提升，共享性是深圳最大的短板。

母爱英和徐晶（2019）基于五大发展理念出发，科学界定县域经济高质量发展的内涵，构建评价指标体系，运用熵权法和国际竞争力法评价县域经济高质量发展，并对河北省高质量发展水平进行测度，把河北省 118 个县的各指标进行排名，并按照综合指标排名，将其划分为三个层次。最后分类施策，从科技创新、结构优化、绿色环保、开放互通、公共服务五个方面，提出对三个不同层次的县域经济发展的政策建议。

李萍等（2019）在分析经济高质量发展内涵的基础上，从经济发展活力水平、经济发展创新能力、经济发展协调水平、经济绿色发展水平、经济发展开放程度、经济发展共享程度六个方面构建经济高质量发展评价体系，并以沧州市为研究对象，采用熵值 – 改进的 TOPSIS 法对 2007 年、2012 年、2017 年沧州经济高质量发展水平进行分析。结果表明：沧州整体经济高质量发展水平逐渐提升，开放与创新是经济高质量增长的新动力，经济共享水平不断提高，经济增长整体活力充沛，绿化水平不断改善；但经济效率和投资消费、经济发展的协调性增长缓慢，绿色发展水平中的资源环境逐渐变差等亟须改善。

史丹和李鹏（2019）以新时代的五大发展理念为指引，构建经济高质量发展综合评价指标体系，采用主成分分析法测算我国的经济发展质量指数。结果显示：创新与协调对我国经济高质量发展的带动作用相对不足。并发现：投资效率偏低、高技术产品出口附加值不高、产出波动较大、收入分配差距仍待缩小等方面是经济高质量发展的短板。

张震和刘雪梦（2019）基于城市经济高质量发展构成要素的分析，通过构建城市经济高质量发展评价指标体系，将主客观赋权法和聚类分析结合，对2016年我国副省级城市经济高质量发展水平进行探讨。结果表明：我国副省级城市经济高质量发展水平有待提升，城市之间发展差距较大；经济发展动力与绿色发展水平较高，经济发展开放性和共享性水平亟待提升；15个副省级城市经济高质量发展水平被归为4个梯队，经过对比分析得出了各梯队城市经济高质量发展特征。

郑琳（2019）通过构建经济高质量发展评价指标体系，运用主成分法对皖江城市带高质量发展进行了实证研究。研究发现：皖江城市带经济发展呈现明显的阶梯性。其中合肥市经济发展实力最强，首位度最高，芜湖市经济发展仅次于合肥市，二者在皖江城市带经济发展中都具有很强的引领力，其他沿江城市经济发展较为落后，均低于整体性水平。

叶娟惠（2020）以五大发展理念为指导，构建了包含经济结构优化、创新驱动发展、区域协调共享、生态环境建设、对外开放水平、经济成果惠民、基础设施建设7个子系统28个测度指标的新时代福建经济高质量发展测度体系，利用熵权TOPSIS法进行实证测度和分析。研究发现，2009～2018年福建经济保持快速发展，但从2013年开始增速明显放缓；对外开放水平和创新驱动发展对经济高质量发展的贡献相对较小，成为福建经济高质量发展的主要短板；生态环境建设指数在2014年达到最高点后逐年缓慢下降，经济成果惠民指数波动性较大，构成福建经济高质量发展的隐忧。

王宇、贾荣和陈念（2020）以经济高质量发展为导向，结合内蒙古区域特征，构建了包含经济发展活力、创新驱动能力、城乡协调发展、绿色生态环境和人民生活共享五大维度的经济高质量发展评价体系，借助熵权TOPSIS法对2017年内蒙古12个盟市经济高质量发展水平进行测算与分析。结果表明：内蒙古经济高质量发展综合水平整体偏低，明显呈现出“中西高、东北低”的质量发展格局；呼和浩特市和乌海市处于内蒙古经济高质量发展的第一梯队，包头市、阿拉善盟、鄂尔多斯市和巴彦淖尔市处于高质量发展的第二梯队，其余6个盟市构成第三梯队。基于此，提出务必在创新驱动效能、城乡协调化程度、生态环境治理以及人民共享等方面加强政策实施的建议。

张侠和许启发（2020）构建经济高质量发展指标体系，基于2002～2017年相关数据，运用熵权法进行客观赋权并测度经济高质量发展指数，结果显示：总体上，经济高质量发展主要分布在东部地区，而低质量的经济发展主要分布在中部、西部地区。从时间上来看，中国经济高质量发展水平不断提升，整体差距呈现扩大趋势。通过相关性分析，发现高质量发展指数与TFP、人均GDP等都具有一定的相关性，说明设计指标体系科学合理、能真实地反映中国的实际经济状况。此外，对各省份样本进行聚类研究，显示年均经济高质量发展水平大体呈现“西低、中平、东高”的分布格局。

尹海丹（2020）以五大发展理念“创新、协调、绿色、开放、共享”为主线，构建经济高质量发展评价指标体系，并采用主成分分析法，使用面板数据对2010～2017年粤港澳大湾区城市经济高质量发展指数进行了主成分分析。

凌连新和阳国亮（2020）通过构建测度体系，运用熵权法测度了粤港澳大湾区经济高质量发展水平。研究发现：粤港澳大湾区经济高质量发展综合水平呈现高度集聚性、波动性、非均衡性、复杂性的时空演变特征，等级演化呈现“两头小，中间大”的特点，高位区“鹤立鸡群”、低位区“形单影只”、中位区高度集聚，增长、结构、成果、创新、资源、机制、协调、优质、基础设施、生态文明10个子系统的高质量发展水平呈现集聚性、复杂性、波动性、非均衡性的特点。

吕军等（2020）采用熵权法和障碍因子诊断模型，分析了2007～2016年我国经济发展质量的现实水平和障碍因素。结果表明：第一，我国经济发展质量不断提高，整体发展态势良好；第二，经济发展质量区域差异显著，东部地区优势明显，东北地区次之，中西部地区较落后；第三，科技创新能力、人力资本、要素使用效率、产业结构、城乡发展差距和人均 GDP 是制约经济高质量发展的共性因素。各地由于区位条件、资源禀赋和发展阶段的差异，障碍因素也略有不同。

孙豪、桂河清和杨冬文（2020）基于新发展理念构建经济高质量发展指标体系，运用线性加权法测度 2017 年中国省域经济发展质量。研究表明：在省域层面，北京、上海、浙江、广东、江苏、山东等 6 个省份经济发展质量较高；在区域层面，东部经济发展质量高于中部和西部，南方经济发展质量高于北方；在分项指标层面，中国经济高质量发展在创新、协调和绿色维度具有优势，在开放和共享维度存在短板。

毛艳（2020）提出和完善测度经济高质量发展水平的指标体系和方法。通过加权 TOPSIS 法对中国十大城市群经济高质量发展水平进行测度，分析了中国经济高质量发展的现状和存在的问题，并对中国城市群经济高质量发展的提升路径提出对策建议。

王伟（2020）通过构建六大维度共 34 项指标的经济高质量发展评价测度体系，运用熵值法 + TOPSIS 法对我国 31 个省份 2018 年经济高质量发展水平进行测度。结果显示，我国经济高质量发展综合实现水平偏低，空间差异明显，区域经济发展不平衡的矛盾十分突出。基于此，提出六大建议：第一，全面落实中央精神，以“六稳”“六保”为抓手，不断优化经济发展的基本面，避免出现系统性经济、金融风险；第二，切实改善创新环境、加大创新投入、建立健全并不断优化创新的机制；第三，重视区域发展不平衡、城乡发展不平衡的问题；第四，坚持生态环境离任审计制度，将绿色发展指标纳入政府考核体系，树立生态环境的红线和底线；第五，切实优化“国内大循环”的经济系统；第六，不断提高基本公共服务整体供给水平的同时，也要关注基本公共服务供给水平的差异。

唐晓彬、王亚男和唐孝文（2020）基于 2013 ~ 2018 年中国省域数据，结合了“VHSD-EM”模型对中国经济高质量发展展开时空测度与驱动因素分析。结果表明：时间维度下，全国半数以上省份的经济高质量发展水平在波动上升；东部、中部地区的经济高质量发展呈周期性特征，西部地区则呈缓慢爬坡态势且改善最为明显。空间维度下，省域间经济高质量发展呈现一定的空间集聚性，并且空间差异呈缩小态势；区域之间呈现“东部地区 > 中部地区 > 西部地区”的分化格局。

王伟（2020）基于新发展理念构建了评价指标体系，运用层次分析法结合功效系数法对 2017 年我国 31 个省份经济高质量发展指数进行了测度。研究发现：经济高质量发展在创新、协调、绿色、开放和共享各维度上呈现出不同的特点，整体看创新发展水平偏低，而绿色发展水平得到明显改观；各省份经济高质量发展在各维度上亦呈现出不同的特点，整体看“东高西低、南高北低”的空间分布格局渐趋明显。

丁浩和王赛（2020）基于新时代背景下提出的新发展理念，构建了华东地区 2011 ~ 2018 年经济高质量发展评价指标体系。采用 C-OWA 算子进行赋权评价，分析了华东地区六省一市在创新、协调、绿色、开放以及共享 5 个维度的发展趋势，据此得到的结论有：沿海省份高质量发展水平优于内陆省份；创新能力不足和开放水平较低是山东、江西高质量发展不稳定的主要原因；上海高质量发展水平下降是由于城乡发展不协调、绿色建设不充分造成的，因而提出了发展科技创新平台、发挥自贸区优势等建议。

游文倩和庄科俊（2020）对山东省各城市经济高质量发展水平进行评价研究。首先，在“创新、协调、绿色、开放、共享”五大发展理念的基础上结合山东省经济发展实际，构建了山东省经济高质量发展的评价指标体系；其次，运用主成分分析和聚类分析对山东省各城市经济高质量发展水平进行综合评价与分类分析，得到山东省各城市经济高质量发展水平综合得分排名和聚类结果；最后，依据对山东省各城市经济高质量发展的评价结果，提出促进山东省经济高质量发展的建议。

刘帅（2020）基于五大发展理念内涵，构建辽宁经济高质量发展评价体系，运用层次分析法计算指标权重。研究表明：绿色发展对辽宁经济高质量发展影响最显著，其次是创新发展与开放发展，共享发展与协调发展影响相对较弱。因此，强调强化绿色发展、激发创新动力、扩大对外开放、补齐民生短板及促进协调发展是五大发展理念视阈下辽宁经济高质量发展的实现路径。

刘帅和高晓倩（2021）从五大发展理念视角界定经济高质量发展内涵，

构建辽宁省经济高质量发展评价指标体系，运用熵值法 + TOPSIS 法结合的方法，对 2003 ~ 2018 年辽宁省经济高质量发展水平进行测度。研究表明：五大发展理念对辽宁省经济发展质量影响程度不同，创新发展影响程度最高，共享发展次之，开放发展与协调发展影响程度接近，绿色发展影响最小；辽宁省经济发展质量总体呈上升趋势，经历了低、中、高三个阶段；辽宁省经济质量在创新与协调发展方面改善日益明显，开放发展方面正在逐步提升，绿色与共享发展方面相对处于弱势。

原伟鹏和孙慧（2021）基于熵权 - 变异系数法组合赋权，通过构建改革开放 40 年我国西北地区经济高质量发展评价指标体系，对我国西北地区改革开放 40 年经济发展质量水平进行了综合评价，并对 9 个维度子系统的贡献率进行了探究。研究结果表明：第一，改革开放 40 年全国、西北地区 GDP 整体呈现逐年递增态势，但西北地区与全国平均水平存在一定差距。第二，我国西北地区与全国经济高质量发展综合水平呈现趋同上升趋势，但西北地区经济高质量发展得分低于全国平均水平。第三，西北地区经济高质量发展水平在 3 个阶段存在区域空间异质性，呈现出“宁夏为凹分界岭，东高西中”的 V 字形空间发展格局特征。第四，西北地区经济高质量发展的 9 个维度发展水平存在差异化，产业结构比例、技术创新水平、市场配置效率是未来需要聚焦补齐的短板、弱项。基于此，提出培育我国西北地区经济高质量发展新动能的建议，以期促进西北地区经济高质量发展。

（三）小结

梳理现有高质量发展评价研究方法总结如表 2 - 39 所示。

表 2 - 39　　学术界高质量发展测度研究方法统计

研究方法	沿用作者
主成分分析法	周吉等、李子联和王爱民、史丹和李鹏、郑琳、尹海丹、刘帅等等
熵权 TOPSIS 法	张帅帅、李萍等、叶娟惠、毛艳、王伟、刘帅和高晓倩等等

续表

研究方法	沿用作者
熵值法	蒋正龙、张侠和许启发、凌连新和阳国亮等等
均等权重法赋值	师博和任保平、师博和张冰瑶等等
极差标准化处理方法	苏永伟和陈池波、施洁等等
熵值法和模糊综合评价	刘干和郑思雨
熵值法与线性加权法	方大春和马为彪
熵值法灰色关联分析	华坚和胡金昕
熵权法和国际竞争力法	母爱英和徐晶
熵权法和障碍因子诊断模型	吕军、陈宝华、姜子玉和侯俊东
熵权－变异系数法	原伟鹏和孙慧
层次分析法与熵权法	张震和刘雪梦
层次分析法结合功效系数法	王伟层
层次分析法与BP神经网络法	李梦欣和任保平
主成分分析和聚类分析	游文倩和庄科俊
专家打分法和主成分分析法	马丁玲和颜颖颖
因子分析、主成分分析和系统聚类	汪晓梦
灰色关联理论	丁涛和顾金亮
综合指数法	张增臣
主客观赋权法和聚类分析	张震和刘雪梦
线性加权法	孙豪、桂河清和杨冬文
“VHSD EM”模型	唐晓彬、王亚男和唐孝文
C-OWA算子模型	丁浩和王赛

（1）测度高质量发展水平常用方法包括主成分分析法、熵权TOPSIS法、熵值法、均等权重法赋值等，分别被现有学者使用过6次、6次、3次和2次。

（2）熵权法（熵值法）、层次分析法、主成分分析法等常常会结合其他方法一起使用，分别被现有学者使用过13次、3次和3次。例如，叶娟惠的熵权TOPSIS法、张震和刘雪梦的层次分析法与熵权法、马丁玲和颜颖颖的专家打分法和主成分分析法等等。

（3）存在少部分学者采用工科方面的计量模型测度经济高质量发展水平。例如，唐晓彬等的“VHSD EM”模型、丁浩和王赛的C-OWA算子模型。

二、本书评价模型选择

（一）评价模型选择原则

（1）客观性。经济高质量评价模型的客观性包括数据的有效性和各指标权重确定的客观性。经济高质量评价的前提是要有真实、客观、有效的数据，如果有不能获取的数据应该应用科学的统计学方法进行估计。同时，对经济高质量进行评价的关键是确定各评价指标的权重，这需要在确定各评价指标的权重时尽量选取客观的方法求权重，避免主观赋权法的随意性对评价结果的准确性造成影响。

（2）科学性。经济高质量评价模型要求采用的评价方法包括计算公式等是真实的，评价方法的理论根据是明确的。采用的评价模型中所用的相关公式应该是公认的并且经过检验的，涉及的理论应该是经过验证无误的，只有具备科学有效的评价方法才能保障评价结果的准确性。另外，评价方法还应该符合经济学领域中的相关理论和评价指标的特征，如一些工科领域的评价方法不一定适合经济学领域的评价。

（3）可操作性。对经济高质量发展的评价应该在具体分析数据的性质和深入理解经济高质量内涵的基础上选择合理、可行的评价模型。选取评价模型不应只追求方法的复杂性，要以各指标的特性为前提，同时要考虑各指标之间的差异程度和不同量纲及数量级对数据处理过程和评价结果的影响。

（二）研究模型

本书采用变异系数－主成分分析复合评价模型。首先，分别应用变异系数法和主成分分析法分别客观确定评价体系中各基础指标的权重；其次，取两种方法得出的权重的算数平均值作为各指标的组合权重；最后，进行赋权加总求得各市域经济高质量发展总体指数和各维度指数并展开综合评价。

变异系数作为统计学中的一种统计量，通常用于衡量数据之间的变异程度。变异系数法是一种客观赋权方法，是直接利用评价体系中各评价指标原始数据所包含的信息，通过简单计算求得各评价指标的相对权重。该方法的基本思想是：在评价体系的同一指标下，评价对象的取值差异程度越大，表明该指标越难以实现，重要性也就越大，则对该指标赋予较大的权重，反之赋予较小的权重。

主成分分析法是研究如何将多变量简化为较少综合变量的多元统计分析方法，对多维变量进行降维，降维后的变量是原变量的线性组合，并能反映原变量的绝大部分信息，使信息的损失最小，对原变量的综合解释力强，对区域经济高质量测度的准确性有一定的改善。该方法通过特征向量的方差贡献率来表示变量的作用，可避免在系统分析中对权重的主观判断，使权重的分配更合理，尽可能地减少重叠信息的不良影响，克服变量之间的多重相关性，使系统分析简化。

设 m 为评价对象总数，n 为评价指标总数，第 i 个评价对象的第 j 个评价指标的数值记为 X_{ij}，则原始数据构成了一个 m 行 n 列的矩阵 $X=(x_{ij})_{m\times n}$。

1. 变异系数赋权法

（1）计算各评价指标的变异系数 V_j：

$$V_j=\frac{\sigma_j}{\bar{x}_j},\ j=1,\ 2,\ \cdots,\ n$$

式中，$\bar{x}_j$和 σ_j 分别表示第 j 个评价指标的均值和标准差。

（2）计算评价指标的权重 f_j：

$$f_j=\frac{V_j}{\sum_{j=1}^{n}V_j},\ j=1,\ 2,\ \cdots,\ n$$

2. 主成分分析赋权法

（1）对原始数无量纲化处理：

正向指标：

$$y_{ij}=\frac{x_{ij}-\min\limits_{1\leqslant i\leqslant m}(x_{ij})}{\max\limits_{1\leqslant i\leqslant m}(x_{ij})-\min\limits_{1\leqslant i\leqslant m}(x_{ij})}$$

负向指标：

$$y_{ij}=\frac{\max\limits_{1\leqslant i\leqslant m}(x_{ij})-x_{ij}}{\max\limits_{1\leqslant i\leqslant m}(x_{ij})-\min\limits_{1\leqslant i\leqslant m}(x_{ij})}$$

（2）求出各指标的协方差矩阵 $R_{n\times n}$；

（3）求协方差矩阵 $R_{n\times n}$的特征根 λ_j 及对应的单位特征向量：

$$b_j=(b_{1j}, b_{2j}, \cdots, b_{nj})^T, j=1, 2, \cdots, n$$

（4）计算前 k 个主成分的累积方差贡献率 $\alpha_{(k)}$

$$\alpha_{(k)}=\frac{\sum\limits_{j=1}^{k}\lambda_j}{\sum\limits_{j=1}^{n}\lambda_j}, k=1, 2, \cdots, n$$

当前 k 个主成分累积方差贡献率 $\alpha_{(k)}\geqslant 80\%$ 时，说明前 k 个主成分包含了所有原始数据的大部分信息，可用前 k 个主成分代替所有原始数据，即确定 k 为提取主成分的个数。将前 k 个单位特征向量 $b_j=(b_{1j}, b_{2j}, \cdots, b_{nj})^T$，$(j=1, 2, \cdots, k)$ 的所有分量取绝对值得到向量 $c_j=(c_{1j}, c_{2j}, \cdots, c_{nj})^T$ $(j=1, 2, \cdots, k)$，以提取出来的各主成分的方差占提取出 k 个主成分的累积方差的百分比为权重，对向量 $c_j=(c_{1j}, c_{2j}, \cdots, c_{nj})^T$ $(j=1, 2, \cdots, k)$ 赋权加总得到向量 $v=(h_1, h_2, \cdots, h_n)^T$，再将向量 v 的所有分量归一化得到各评价指标的权重：

$$g_j=\frac{h_j}{\sum\limits_{j=1}^{n}h_j}, j=1, 2, \cdots, n$$

（三）市域经济高质量发展指数的计算

基于变异系数法和主成分分析法得出的各评价指标权重，取两者的算术平均值作为各评价指标的组合权重 ω_j：

$$\omega_j = \frac{f_j + g_j}{2},\ j = 1,\ 2,\ \cdots,\ n$$

基于各评价指标的权重 ω_j，对无量纲化处理后的数据 y_{ij}进行线性加权得到各市高质量发展指数：

$$I_i = \sum_{j=1}^{n} \omega_i y_{ij},\ i = 1,\ 2,\ \cdots,\ m$$

第三节　中国市域经济高质量发展评价数据

本书对区域经济高质量发展测度的对象为全国的地级市域。考虑到评价结果的可比性，所以测评对象并未包含 4 个直辖市。在数据收集整理的过程中，海南省的三沙市，西藏的日喀则市、昌都市、林芝市、山南市，新疆的吐鲁番市、哈密市等市域的相关数据未能收集完整，为保证本次研究结果的准确性，此次区域经济高质量发展评价未包含上述地级市，仅对全国其他 285 个①地级市经济高质量发展展开评价。

根据前文阐述，测度指标体系包括 6 个维度（一级指标）及下属的共计 51 个二级评价指标，其中大多数指标是直接协作输入模型运算，少量指标要经过换算处理，比如前文所说城市认可度，需要经过换算处理的指标在下文相应地方我们会做说明。

指标数据的具体来源详述如下：

（1）《中国城市统计年鉴（2020）》。其中有的数据直接采用年鉴数据，绝大部分数据是根据年鉴的相关数据进行折算。

（2）森林覆盖率数据、城镇化率数据、通货膨胀率数据来自各地级市人民政府网站《2019 年国民经济和社会发展统计公报》。

（3）2019 年、2020 年环保督查数据来自中华人民共和国生态环境部网

① 相对于本书 2018 年、2019 年报告的 286 个市域，2020 年版报告为 285 个市域。根据在于 2020 年 11 月国务院批复同意山东省调整济南市莱芜市行政区划，撤销莱芜市，将其所辖区域划归济南市管辖；设立济南市莱芜区。本书涉及的相应数据也进行了调整，以保持一致。

站的《2019 年全国大中城市固体废物污染环境防治年报》《2019 年全国 1 ~ 12 月份地表水质量状况》《2020 年全国大中城市固体废物污染环境防治年报》《2020 年全国 1 ~ 12 月份地表水质量状况》。

（4）城市认可度包含政府城市认可度和社会城市认可度，具体测算详见本书第 2 章。

（5）名村名镇传统村落数数据来自中华人民共和国住房和城乡建设部评选的前七批中国历史文化名镇名村。

（6）各省市 2020 年统计年鉴。例如，万元工业产值电耗数据来自《中国城市统计年鉴（2020）》中的全社会工业用电量和各省市 2020 年统计年鉴中汇总的工业总产值。

（7）上市企业数据来源于国泰安数据库。

（8）高新技术企业数据来源于高新技术企业认定管理工作网（http：//www. innocom. gov. cn/）。

（9）高竞争力企业数包含了中国企业 500 强数量、中国民营企业 500 强数量、中国最具价值 500 品牌数、制造业单项冠军企业和单项冠军产品企业数、历届中国质量奖企业数（包括提名奖）以及工信部网站相关数据。①

数据采集整理经过了四个阶段。

第一阶段，收集《中国城市统计年鉴（2020）》数据，完成了总数据的 80% 以上。

第二阶段，对第一阶段未收集到的数据从各地级市《2019 年国民经济和社会发展统计公报》、2020 年各省和地级市的统计年鉴收集，同时通过各地级市发展和改革委员会与工商局等相关政府部门网站并通过政府部门网上办公的形式向相关政府部门寄送相关材料获取数据。

第三阶段，对经过前两个阶段的数据收集后还有未收集到的极少数据通

---

① 2020 年度国家中小企业公共服务示范平台名单、2020 年度国家小型微型企业创业创新示范基地公示名单、国家工业遗产名单第 1 ~4 批、符合《工业机器人行业规范条件》的企业名单（第三批）、2020 年国家技术创新示范企业名单、第五批制造业单项冠军和复核第二批制造业单项冠军、国家产融合作试点城市公示名单、第五批绿色制造名单、2020 年制造业与互联网融合发展试点示范数量、2020 年大数据产业发展试点示范项目、纺织服装创意设计试点园区（平台）名单（第五批）和纺织服装创意设计试点园区（平台）（第二批）、重点跟踪培育纺织服装品牌企业名单（2020 版）和工业产品绿色设计示范企业名单（第二批）等数据。

过取对应地级市所在省份除省会城市之外的各地级市数据的算术平均值后得到。

第四阶段，对通过以上收集过程后仍有未收集到的个别数据根据其他地级市相应数据及本地级市其他数据进行主观估值得到。

数据采集的两点说明：

（1）各地区总人口以年平均人口表示，各指标数据为全市数据，部分指标（建成区绿化覆盖率等）为市辖区数据。

（2）部分评价指标数据需要使用的公式已在本书第一章列出。

第四节　中国市域经济高质量发展测度

利用变异系数法和主成分分析法相结合构成变异系数－主成分评价模型，对中国285个地级市域经济高质量发展展开综合评价，整体测度过程如下：首先，将原始数据构成一个285行51列的矩阵$R_{285\times51}$，根据变异系数法求出各评价指标的权重；其次，将原始数据构成的一个285行51列的矩阵$R_{285\times51}$进行规范化处理得到矩阵$Z_{285\times51}$，利用主成分分析法求出各评价指标的权重；再次，基于以上两种方法求出的权重，取两者的平均值作为各评价指标的最终权重；最后，利用得到的各指标最终权重对规范化处理后的矩阵$Z_{285\times51}$各行数据赋权加总得到各地级市的最终得分。

同理，可根据前文对变异系数－主成分评价模型步骤的详细说明，对区域经济高质量发展各维度进行测度，对各维度进行测度时只考虑本维度下的指标数据。现以社会人文高质量为例：首先，将本维度下的5个原始数据构成一个285行5列的矩阵$R_{285\times5}$，根据变异系数法求出各评价指标的权重；其次，将原始数据构成的一个285行5列的矩阵$R_{285\times5}$进行规范化处理得到矩阵$Z_{285\times5}$，利用主成分分析法求出各评价指标的权重；再次，基于以上两种方法求出的权重，取两者的平均值作为本维度下各评价指标的最终权重；最后，利用得到的各指标最终权重对规范化处理后的矩阵$Z_{285\times5}$各行数据赋权加总得到各地级市在社会人文高质量的最终得分。同理，用相同的方法可得出各地级市分别在绿色生态、企业发展、经济效率、开放创新和民生共享高质量的最终得分。具体如表 2 – 40 和表 2 – 41 所示。

表 2 – 40　　区域经济高质量发展总体测度各评价指标权重

维度	指标层	维度指数测度权重	综合指数测度权重	综合指数均值
绿色生态高质量	每平方公里废水、废气排放量	0.2253	0.0319	0.1385
	一般工业固体废物综合利用率	0.0774	0.0112	
	PM2.5 年平均浓度	0.0946	0.0109	
	污水处理厂集中处理率	0.0409	0.0087	
	环保督查	0.1318	0.0184	
	人均水资源量	0.1653	0.0222	
	森林覆盖率	0.1012	0.0133	
	万元 GDP 电耗	0.1634	0.0218	
社会人文高质量	人口自然增长率	0.2064	0.0186	0.0831
	城市认可度	0.2066	0.0178	
	名村名镇传统村落数	0.3336	0.0234	
	建成区绿化率	0.1091	0.0103	
	城镇化率	0.1443	0.0130	
企业发展高质量	高竞争力企业	0.1085	0.0266	0.2315
	高新技术企业	0.1281	0.0319	
	规模以上工业企业数	0.1014	0.0239	
	上市公司	0.1356	0.0345	
	规模以上工业企业企均主营业务税金及附加和增值税	0.1106	0.0222	
	规模以上工业企业企均利润额	0.0894	0.0181	
	规模以上工业企业投入产出率	0.0706	0.0140	
	在岗职工劳动生产率	0.0537	0.0132	
	单位工业产值污染物排放量	0.0938	0.0221	
	万元工业产值电耗	0.1084	0.0249	

续表

维度	指标层	维度指数测度权重	综合指数测度权重	综合指数均值
经济效率高质量	GDP 增长率	0.0868	0.0109	0.1650
	通货膨胀率	0.0781	0.0097	
	GDP 增长波动率	0.1887	0.0283	
	GDP 密度	0.1940	0.0353	
	人均 GDP	0.1093	0.0198	
	人均公共财政收入	0.1305	0.0236	
	公共财政收入增长率	0.1669	0.0248	
	第三产业占 GDP 比重	0.0458	0.0126	
开放创新高质量	地方一般公共预算支出中科学技术支出占比	0.0723	0.0204	0.2612
	货物进出口总额占 GDP 比重	0.0999	0.0260	
	当年实际利用外资金额占 GDP 比重	0.0661	0.0198	
	规模以上工业企业数量中港澳台和外资企业占比	0.0750	0.0207	
	万人拥有 R&D 人员数	0.1087	0.0277	
	万人专利申请数	0.1195	0.0300	
	万人授权专利数	0.1251	0.0316	
	万人拥有高等和中等职业学校教师数	0.0896	0.0217	
	万人拥有高等和中等职业学校学生数	0.0904	0.0218	
	规模以上工业企业企均拥有 R&D 人员数	0.0814	0.0200	
	新增企业数量	0.0720	0.0216	
民生共享高质量	城镇居民人均可支配收入	0.1297	0.0153	0.1207
	农村居民人均可支配收入	0.1451	0.0158	
	城乡居民收入比	0.1277	0.0106	
	万人拥有中学、小学教师数	0.0924	0.0146	
	万人拥有医院床位数	0.1207	0.0140	
	万人拥有执业医师（助理）数	0.1310	0.0153	
	城镇登记失业率	0.0928	0.0122	
	地方一般公共预算支出中教育支出占比	0.0819	0.0106	
	在岗职工平均工资	0.0787	0.0123	

表 2-41　　区域经济高质量发展整体及各维度测度得分值

市域	综合指数	绿色生态	社会人文	企业发展	经济效率	开放创新	民生共享
深圳	0.7047	0.5547	0.6206	0.7178	0.8602	0.6000	0.5997
苏州	0.5638	0.6297	0.4076	0.5826	0.5564	0.4800	0.4964
广州	0.5477	0.5879	0.5026	0.4892	0.5687	0.4820	0.5274
东莞	0.5461	0.4650	0.4365	0.4216	0.5993	0.5608	0.6697
杭州	0.5358	0.6360	0.5210	0.5595	0.5404	0.3539	0.5472
珠海	0.5249	0.6174	0.3932	0.3418	0.5644	0.5992	0.4797
南京	0.4899	0.5699	0.3957	0.4420	0.5551	0.3955	0.4915
宁波	0.4817	0.6287	0.3755	0.5162	0.5271	0.2979	0.4634
佛山	0.4697	0.5662	0.4344	0.4574	0.5341	0.3283	0.4605
长沙	0.4677	0.6501	0.4781	0.4388	0.5140	0.3042	0.4446
武汉	0.4662	0.5628	0.4228	0.4562	0.5214	0.3455	0.4400
成都	0.4606	0.5862	0.4497	0.4569	0.5017	0.3325	0.4034
厦门	0.4603	0.4337	0.5067	0.3505	0.5858	0.4093	0.4522
青岛	0.4571	0.7042	0.3291	0.4426	0.4848	0.2998	0.4210
无锡	0.4533	0.5963	0.2872	0.4417	0.5825	0.2644	0.4787
合肥	0.4415	0.5919	0.4529	0.3925	0.4886	0.3358	0.3878
郑州	0.4409	0.5710	0.3978	0.3648	0.4978	0.3580	0.4634
中山	0.4299	0.5613	0.4325	0.3177	0.4197	0.3584	0.4922
福州	0.4216	0.6768	0.4219	0.4017	0.4803	0.2368	0.3842
西安	0.4195	0.5977	0.3598	0.2949	0.4770	0.3907	0.3757
济南	0.4171	0.6014	0.3307	0.3580	0.5070	0.2767	0.4310
嘉兴	0.4166	0.5577	0.2871	0.3767	0.5030	0.2702	0.4422
昆明	0.4133	0.6090	0.3703	0.3602	0.4868	0.2855	0.4319
常州	0.4097	0.6200	0.2792	0.3833	0.5153	0.2085	0.4344
贵阳	0.4090	0.6403	0.3737	0.3361	0.4680	0.2945	0.4176
绍兴	0.4082	0.6578	0.3038	0.3654	0.4871	0.2183	0.4142
金华	0.4078	0.6914	0.4617	0.3154	0.4582	0.2131	0.4343

续表

市域	综合指数	绿色生态	社会人文	企业发展	经济效率	开放创新	民生共享
湖州	0.4067	0.6610	0.3656	0.3559	0.4863	0.2017	0.4186
拉萨	0.4050	0.7458	0.2487	0.2509	0.5605	0.1705	0.6205
海口	0.4044	0.6776	0.3528	0.2269	0.5030	0.3090	0.4600
克拉玛依	0.4035	0.6415	0.3287	0.4007	0.5508	0.1178	0.5336
南昌	0.4029	0.6280	0.3621	0.3336	0.4736	0.2898	0.3704
温州	0.3999	0.6999	0.3702	0.3749	0.4851	0.1462	0.4135
泉州	0.3995	0.6712	0.4388	0.3786	0.4620	0.1828	0.3939
大连	0.3976	0.6376	0.3211	0.3386	0.4740	0.2631	0.3773
三亚	0.3968	0.7373	0.3603	0.1729	0.5055	0.3120	0.4190
威海	0.3895	0.7397	0.3015	0.3097	0.4120	0.2230	0.4189
太原	0.3880	0.5262	0.3779	0.3121	0.4727	0.2800	0.4363
乌鲁木齐	0.3869	0.5674	0.3475	0.3115	0.5230	0.1845	0.5113
惠州	0.3856	0.6826	0.3559	0.2800	0.4283	0.2445	0.4028
台州	0.3817	0.7032	0.3689	0.3405	0.4328	0.1469	0.4002
沈阳	0.3764	0.5689	0.3150	0.3418	0.4559	0.2292	0.3759
丽水	0.3758	0.7890	0.5674	0.2735	0.4551	0.0993	0.3874
南通	0.3729	0.6290	0.2995	0.3722	0.4548	0.1479	0.3738
兰州	0.3729	0.5857	0.3151	0.2894	0.4504	0.2732	0.3977
呼和浩特	0.3727	0.5598	0.2932	0.3544	0.4519	0.2429	0.3608
烟台	0.3724	0.6377	0.2937	0.3361	0.4371	0.2024	0.3575
芜湖	0.3708	0.5727	0.3076	0.3179	0.4659	0.2421	0.3326
舟山	0.3704	0.6688	0.2564	0.2506	0.5139	0.1779	0.4195
石家庄	0.3691	0.5986	0.3787	0.3433	0.4681	0.1767	0.3548
镇江	0.3633	0.6131	0.2467	0.3027	0.4469	0.2033	0.3797
江门	0.3601	0.6591	0.3037	0.2869	0.4245	0.1986	0.3708
哈尔滨	0.3590	0.6277	0.2415	0.3237	0.4286	0.2151	0.3318
鄂尔多斯	0.3576	0.5667	0.3043	0.3791	0.5409	0.0830	0.3889

续表

市域	综合指数	绿色生态	社会人文	企业发展	经济效率	开放创新	民生共享
徐州	0. 3570	0. 6152	0. 3923	0. 3202	0. 4054	0. 1530	0. 3740
黄山	0. 3557	0. 7550	0. 6094	0. 2671	0. 4602	0. 0879	0. 3036
株洲	0. 3538	0. 6771	0. 3423	0. 2987	0. 4574	0. 1371	0. 3286
赣州	0. 3537	0. 7512	0. 4366	0. 2942	0. 4520	0. 1136	0. 2938
南宁	0. 3536	0. 6768	0. 3070	0. 2966	0. 4357	0. 1628	0. 3678
廊坊	0. 3534	0. 5849	0. 3035	0. 2963	0. 5245	0. 1335	0. 6453
长春	0. 3531	0. 6115	0. 3042	0. 3539	0. 3804	0. 1720	0. 3692
马鞍山	0. 3506	0. 5634	0. 2853	0. 2769	0. 4744	0. 2032	0. 3308
龙岩	0. 3503	0. 6950	0. 4266	0. 3040	0. 4379	0. 1027	0. 3567
秦皇岛	0. 3483	0. 6224	0. 2709	0. 2816	0. 4559	0. 1842	0. 3528
肇庆	0. 3478	0. 7231	0. 3061	0. 3011	0. 4261	0. 1348	0. 3306
泰州	0. 3471	0. 6033	0. 2751	0. 3192	0. 4540	0. 1399	0. 3414
银川	0. 3467	0. 5338	0. 4578	0. 2922	0. 4378	0. 1651	0. 3776
三明	0. 3449	0. 7592	0. 4216	0. 2920	0. 4349	0. 0697	0. 3508
淄博	0. 3443	0. 5261	0. 3851	0. 3327	0. 4085	0. 1329	0. 3981
吉安	0. 3440	0. 7168	0. 4096	0. 3018	0. 4476	0. 1015	0. 2967
东营	0. 3437	0. 5459	0. 2931	0. 3150	0. 4452	0. 1327	0. 4109
衢州	0. 3427	0. 6860	0. 3454	0. 2566	0. 4498	0. 1029	0. 3862
扬州	0. 3418	0. 5860	0. 2747	0. 3123	0. 4554	0. 1320	0. 3530
潍坊	0. 3417	0. 5754	0. 3318	0. 3155	0. 4167	0. 1316	0. 3836
九江	0. 3413	0. 6498	0. 3210	0. 3231	0. 4597	0. 1180	0. 3017
湘潭	0. 3411	0. 6263	0. 3464	0. 2935	0. 4264	0. 1688	0. 2881
宣城	0. 3400	0. 6477	0. 3694	0. 3018	0. 4557	0. 1180	0. 3011
郴州	0. 3400	0. 6898	0. 3915	0. 2898	0. 4388	0. 0983	0. 3344
洛阳	0. 3392	0. 5462	0. 3671	0. 3180	0. 4629	0. 1408	0. 3145
鹰潭	0. 3392	0. 6655	0. 2810	0. 2877	0. 4608	0. 1344	0. 3248
遵义	0. 3380	0. 6923	0. 3493	0. 3426	0. 4537	0. 0573	0. 3473

续表

市域	综合指数	绿色生态	社会人文	企业发展	经济效率	开放创新	民生共享
绵阳	0.3370	0.6813	0.2610	0.2964	0.4355	0.1318	0.3292
宁德	0.3352	0.6650	0.4911	0.3002	0.4613	0.0670	0.3147
南平	0.3337	0.7866	0.3197	0.2937	0.4338	0.0621	0.3254
柳州	0.3336	0.7092	0.3392	0.2569	0.4151	0.1032	0.3565
唐山	0.3332	0.5656	0.2687	0.3178	0.4559	0.1141	0.3636
北海	0.3331	0.6456	0.2999	0.3294	0.4537	0.0948	0.3187
新余	0.3328	0.6530	0.3087	0.2665	0.4480	0.1329	0.3134
景德镇	0.3319	0.6835	0.4060	0.2581	0.4625	0.0907	0.3027
宜昌	0.3317	0.6372	0.3224	0.3002	0.4591	0.1071	0.3148
萍乡	0.3314	0.6736	0.3110	0.2909	0.4422	0.1052	0.3050
汕头	0.3314	0.6286	0.3134	0.3198	0.4435	0.0843	0.3464
韶关	0.3311	0.6876	0.3322	0.2864	0.4257	0.0955	0.3388
莆田	0.3308	0.6503	0.3167	0.3027	0.4414	0.0779	0.3653
蚌埠	0.3294	0.5750	0.3008	0.2949	0.4373	0.1375	0.3314
永州	0.3293	0.7431	0.3314	0.2875	0.4269	0.0916	0.2811
盐城	0.3286	0.6144	0.2510	0.2900	0.4207	0.1203	0.3480
宜春	0.3277	0.6710	0.3036	0.3096	0.4394	0.0921	0.2937
上饶	0.3276	0.6763	0.3903	0.2934	0.4441	0.0713	0.2939
桂林	0.3271	0.7377	0.2926	0.2741	0.4216	0.0917	0.3059
包头	0.3270	0.5332	0.3267	0.2595	0.4812	0.1264	0.3594
淮安	0.3264	0.5976	0.2589	0.2973	0.4500	0.1078	0.3423
抚州	0.3257	0.7224	0.4011	0.2712	0.4362	0.0750	0.2823
晋城	0.3243	0.5481	0.5097	0.2888	0.4522	0.0773	0.3469
临沂	0.3240	0.5859	0.2930	0.3447	0.4028	0.0773	0.3568
常德	0.3239	0.6511	0.2928	0.3333	0.4528	0.0615	0.3030
怀化	0.3239	0.7171	0.4155	0.2733	0.4481	0.0525	0.3180
玉溪	0.3237	0.6234	0.2808	0.3433	0.4246	0.0706	0.3432

续表

市域	综合指数	绿色生态	社会人文	企业发展	经济效率	开放创新	民生共享
清远	0.3233	0.6734	0.2765	0.2923	0.4138	0.0926	0.3358
河源	0.3229	0.7103	0.2665	0.2674	0.4246	0.0931	0.3389
保定	0.3228	0.5773	0.3843	0.2928	0.4361	0.1016	0.3141
曲靖	0.3227	0.6523	0.2819	0.3403	0.4508	0.0404	0.3329
滁州	0.3224	0.5724	0.3116	0.3017	0.4625	0.1115	0.2969
日照	0.3222	0.5631	0.2954	0.2572	0.4645	0.1238	0.3611
连云港	0.3219	0.5964	0.2821	0.3024	0.4263	0.1052	0.3290
泰安	0.3212	0.5759	0.2957	0.2826	0.4422	0.1066	0.3530
防城港	0.3209	0.6887	0.3004	0.2815	0.4126	0.0875	0.3282
襄阳	0.3207	0.5971	0.3026	0.3177	0.4540	0.0909	0.2820
大庆	0.3201	0.5840	0.2531	0.3336	0.4416	0.0677	0.3644
漳州	0.3197	0.5690	0.3676	0.2442	0.4542	0.1242	0.3451
宜宾	0.3181	0.6467	0.2640	0.3206	0.4602	0.0556	0.3171
盘锦	0.3177	0.6153	0.2899	0.2932	0.4686	0.0712	0.3211
丽江	0.3164	0.7180	0.2869	0.2540	0.4681	0.0596	0.3214
泸州	0.3163	0.6559	0.2764	0.3066	0.4422	0.0553	0.3370
岳阳	0.3159	0.6048	0.2859	0.3230	0.4566	0.0692	0.2994
茂名	0.3155	0.6553	0.3214	0.3182	0.3924	0.0507	0.3446
邯郸	0.3151	0.5531	0.3790	0.3008	0.4441	0.0784	0.3058
池州	0.3146	0.6520	0.2833	0.2837	0.4241	0.0834	0.3166
宿迁	0.3145	0.5798	0.2633	0.2870	0.4356	0.0949	0.3475
衡阳	0.3143	0.6272	0.2584	0.2790	0.4608	0.0941	0.2912
焦作	0.3143	0.5363	0.3048	0.2968	0.4487	0.1069	0.3158
许昌	0.3142	0.5864	0.2729	0.3220	0.4530	0.0704	0.3076
汕尾	0.3132	0.6664	0.3638	0.2587	0.4183	0.0820	0.3046
咸宁	0.3126	0.6653	0.2887	0.2966	0.4424	0.0658	0.2891
儋州	0.3126	0.6722	0.3037	0.2526	0.4044	0.0906	0.3185

续表

市域	综合指数	绿色生态	社会人文	企业发展	经济效率	开放创新	民生共享
新乡	0.3125	0.5436	0.3031	0.2774	0.4488	0.1235	0.2984
晋中	0.3120	0.5476	0.3778	0.2645	0.4480	0.1095	0.3091
漯河	0.3118	0.5647	0.2417	0.2842	0.4581	0.1049	0.3168
嘉峪关	0.3118	0.4642	0.3258	0.2504	0.4557	0.1171	0.4054
鹤壁	0.3115	0.5338	0.3295	0.2743	0.4288	0.1118	0.3377
十堰	0.3113	0.6858	0.2681	0.2784	0.4389	0.0665	0.3005
雅安	0.3108	0.7158	0.2252	0.2495	0.4329	0.0819	0.3167
崇左	0.3108	0.6469	0.2206	0.2404	0.4240	0.1675	0.2598
济宁	0.3107	0.5699	0.2937	0.2988	0.3967	0.0793	0.3497
湛江	0.3107	0.6390	0.3281	0.2797	0.4026	0.0632	0.3397
梧州	0.3106	0.6858	0.4189	0.2927	0.3570	0.0604	0.3065
张家界	0.3100	0.7429	0.2420	0.2593	0.4610	0.0491	0.2842
淮北	0.3097	0.5527	0.3084	0.2902	0.4285	0.0885	0.3272
沧州	0.3095	0.5547	0.2394	0.3010	0.4459	0.0735	0.3492
三门峡	0.3094	0.5560	0.2480	0.2720	0.4643	0.1033	0.3350
延安	0.3092	0.6095	0.3242	0.3554	0.4297	0.0370	0.2932
安庆	0.3087	0.6189	0.2774	0.3070	0.4293	0.0614	0.3061
张家口	0.3082	0.6216	0.3199	0.2716	0.4546	0.0734	0.2894
黄石	0.3081	0.5960	0.3042	0.2771	0.4463	0.0848	0.2896
平顶山	0.3081	0.5573	0.3186	0.2747	0.4524	0.0791	0.3287
眉山	0.3077	0.6707	0.1853	0.2829	0.4319	0.0881	0.2682
阳江	0.3076	0.6723	0.2797	0.2793	0.4039	0.0659	0.3233
娄底	0.3075	0.6589	0.2253	0.2909	0.4398	0.0631	0.3074
铜陵	0.3074	0.5668	0.2863	0.2746	0.3576	0.1456	0.3079
六安	0.3069	0.6185	0.2962	0.2770	0.4359	0.0769	0.2884
攀枝花	0.3060	0.5705	0.2626	0.2711	0.4085	0.0631	0.4099
钦州	0.3057	0.6606	0.2436	0.2821	0.4134	0.0682	0.3051

续表

市域	综合指数	绿色生态	社会人文	企业发展	经济效率	开放创新	民生共享
长治	0. 3036	0. 5323	0. 3882	0. 2852	0. 4369	0. 0663	0. 3146
邢台	0. 3034	0. 5373	0. 3595	0. 2775	0. 4393	0. 0703	0. 3136
荆门	0. 3031	0. 5729	0. 2671	0. 3135	0. 4305	0. 0796	0. 2599
南阳	0. 3026	0. 5657	0. 2731	0. 2862	0. 4433	0. 0700	0. 3098
邵阳	0. 3025	0. 6862	0. 2611	0. 2869	0. 4506	0. 0449	0. 2556
益阳	0. 3016	0. 6443	0. 2102	0. 2899	0. 4221	0. 0634	0. 3063
开封	0. 3015	0. 5492	0. 2943	0. 2785	0. 4556	0. 0804	0. 2938
云浮	0. 3015	0. 6803	0. 2449	0. 2573	0. 4149	0. 0700	0. 3103
玉林	0. 3014	0. 6710	0. 2575	0. 2662	0. 4238	0. 0389	0. 3144
梅州	0. 3013	0. 7008	0. 2766	0. 2655	0. 3752	0. 0562	0. 3130
自贡	0. 3011	0. 6306	0. 2381	0. 2781	0. 4172	0. 0604	0. 3191
潮州	0. 3011	0. 6512	0. 2411	0. 2850	0. 4160	0. 0629	0. 3102
鄂州	0. 3011	0. 5769	0. 2578	0. 2874	0. 4648	0. 0517	0. 3106
保山	0. 3010	0. 7090	0. 2669	0. 2597	0. 4540	0. 0354	0. 2982
榆林	0. 3004	0. 5845	0. 2746	0. 3245	0. 4526	0. 0264	0. 3220
亳州	0. 3003	0. 5671	0. 2745	0. 2782	0. 4666	0. 0658	0. 2841
宿州	0. 3002	0. 5841	0. 2413	0. 2771	0. 4770	0. 0647	0. 2865
阜阳	0. 2998	0. 5743	0. 2466	0. 3043	0. 4509	0. 0500	0. 3029
贺州	0. 2991	0. 7055	0. 2541	0. 2480	0. 4560	0. 0342	0. 2975
铜仁	0. 2991	0. 6540	0. 3612	0. 2448	0. 4138	0. 0427	0. 3277
安顺	0. 2987	0. 6529	0. 3427	0. 2734	0. 4074	0. 0439	0. 2905
德州	0. 2984	0. 5608	0. 2365	0. 2729	0. 4217	0. 0877	0. 3249
贵港	0. 2982	0. 6535	0. 2684	0. 2751	0. 4245	0. 0306	0. 3183
庆阳	0. 2976	0. 6118	0. 1905	0. 3525	0. 4245	0. 0374	0. 3039
衡水	0. 2976	0. 5728	0. 2415	0. 2770	0. 4466	0. 0640	0. 3087
承德	0. 2969	0. 6179	0. 2538	0. 2739	0. 4294	0. 0552	0. 3137
乌海	0. 2967	0. 5099	0. 3257	0. 2815	0. 4845	0. 0321	0. 3148

续表

市域	综合指数	绿色生态	社会人文	企业发展	经济效率	开放创新	民生共享
西宁	0.2966	0.5816	0.3051	0.1289	0.4719	0.0854	0.4392
濮阳	0.2962	0.5604	0.2479	0.2736	0.4484	0.0632	0.3134
毕节	0.2959	0.6464	0.2837	0.2495	0.4428	0.0428	0.3128
安康	0.2957	0.6773	0.2876	0.2981	0.4138	0.0247	0.2846
枣庄	0.2954	0.5441	0.2850	0.2588	0.4049	0.0719	0.3571
金昌	0.2950	0.5621	0.2375	0.2639	0.4214	0.0736	0.3603
南充	0.2950	0.6095	0.2562	0.2927	0.4559	0.0359	0.2885
孝感	0.2949	0.5937	0.2733	0.2701	0.4326	0.0727	0.2574
酒泉	0.2948	0.5853	0.2451	0.2531	0.4246	0.0658	0.3476
遂宁	0.2943	0.6417	0.2070	0.2838	0.4459	0.0502	0.2723
商丘	0.2943	0.5617	0.2897	0.2790	0.4441	0.0604	0.2854
宝鸡	0.2939	0.5998	0.2632	0.2921	0.3859	0.0602	0.3194
营口	0.2936	0.5741	0.2044	0.2633	0.4442	0.0822	0.2927
牡丹江	0.2934	0.6676	0.1587	0.2863	0.3389	0.0966	0.3155
大同	0.2933	0.5453	0.2957	0.2577	0.4604	0.0487	0.3333
咸阳	0.2933	0.5678	0.2644	0.2895	0.4037	0.0696	0.3043
乐山	0.2932	0.6518	0.2051	0.2640	0.4234	0.0504	0.2992
淮南	0.2923	0.5438	0.2965	0.2578	0.4207	0.0714	0.3044
随州	0.2922	0.6528	0.2390	0.2824	0.4263	0.0347	0.2719
运城	0.2920	0.5320	0.2674	0.2711	0.4419	0.0512	0.3515
广元	0.2910	0.6966	0.2019	0.2744	0.4021	0.0264	0.3094
菏泽	0.2908	0.5705	0.2362	0.2934	0.4401	0.0434	0.3021
聊城	0.2906	0.5533	0.2477	0.2791	0.4039	0.0605	0.3293
驻马店	0.2904	0.5592	0.2517	0.2885	0.4485	0.0393	0.3061
六盘水	0.2904	0.6383	0.3110	0.2494	0.3953	0.0436	0.3232
黄冈	0.2897	0.6287	0.2694	0.2756	0.4107	0.0441	0.2792
周口	0.2893	0.5446	0.2563	0.3065	0.4366	0.0410	0.2826

续表

市域	综合指数	绿色生态	社会人文	企业发展	经济效率	开放创新	民生共享
滨州	0.2888	0.4584	0.2604	0.2741	0.3772	0.1062	0.3481
张掖	0.2883	0.6065	0.2098	0.2330	0.4337	0.0595	0.3543
本溪	0.2881	0.6196	0.2238	0.2464	0.3847	0.1014	0.2874
鞍山	0.2881	0.5514	0.2562	0.2809	0.4443	0.0546	0.2695
临沧	0.2881	0.6809	0.2322	0.2363	0.4426	0.0278	0.3121
铜川	0.2877	0.5978	0.2405	0.2756	0.4349	0.0221	0.3225
达州	0.2877	0.6553	0.1925	0.2678	0.4361	0.0330	0.2877
安阳	0.2876	0.5264	0.2974	0.2748	0.3899	0.0709	0.3004
信阳	0.2873	0.5709	0.2474	0.2736	0.4309	0.0492	0.2968
白山	0.2867	0.6904	0.2017	0.2613	0.4286	0.0225	0.2906
汉中	0.2867	0.6493	0.2258	0.2795	0.3910	0.0360	0.2993
渭南	0.2866	0.6009	0.2430	0.2606	0.4040	0.0506	0.3145
天水	0.2859	0.6121	0.2301	0.2451	0.4442	0.0509	0.2962
伊春	0.2856	0.7362	0.1837	0.2637	0.4251	0.0347	0.2504
揭阳	0.2855	0.5957	0.2874	0.2775	0.3765	0.0427	0.3061
呼伦贝尔	0.2853	0.6726	0.2292	0.2385	0.4105	0.0441	0.2894
巴中	0.2852	0.6890	0.2302	0.2823	0.4058	0.0145	0.2631
吕梁	0.2852	0.4991	0.3510	0.2945	0.4234	0.0404	0.3022
通化	0.2852	0.6582	0.1978	0.2669	0.4058	0.0447	0.2766
昭通	0.2843	0.6367	0.2231	0.2789	0.4326	0.0202	0.2935
广安	0.2835	0.6041	0.2098	0.2791	0.4287	0.0236	0.2898
德阳	0.2830	0.6069	0.1949	0.2902	0.4142	0.0854	0.1581
阳泉	0.2830	0.5190	0.3040	0.2574	0.4194	0.0547	0.3139
吴忠	0.2820	0.5175	0.2881	0.2464	0.4509	0.0562	0.3035
吉林	0.2816	0.6026	0.2470	0.2532	0.3742	0.0605	0.3037
百色	0.2806	0.5959	0.2046	0.2546	0.4308	0.0487	0.3013
辽阳	0.2802	0.5220	0.2163	0.2880	0.4122	0.0622	0.2991

续表

市域	综合指数	绿色生态	社会人文	企业发展	经济效率	开放创新	民生共享
石嘴山	0.2799	0.4560	0.2759	0.2613	0.4304	0.0784	0.3067
朔州	0.2798	0.5182	0.2424	0.2770	0.4022	0.0434	0.3358
平凉	0.2798	0.6317	0.1942	0.2869	0.3725	0.0325	0.3285
白银	0.2796	0.5707	0.2348	0.2370	0.4208	0.0437	0.3391
齐齐哈尔	0.2791	0.5972	0.2138	0.2750	0.4073	0.0407	0.2784
普洱	0.2788	0.6933	0.2434	0.1968	0.4229	0.0307	0.3029
赤峰	0.2787	0.5668	0.2391	0.2639	0.4210	0.0348	0.3005
河池	0.2781	0.7223	0.2490	0.1856	0.4117	0.0246	0.3104
佳木斯	0.2773	0.6030	0.1958	0.2626	0.4076	0.0487	0.2858
内江	0.2772	0.6392	0.1266	0.2710	0.4272	0.0341	0.2581
商洛	0.2768	0.6133	0.2086	0.2861	0.3892	0.0435	0.2817
临汾	0.2767	0.4961	0.2810	0.2798	0.4053	0.0359	0.3308
双鸭山	0.2767	0.6464	0.2172	0.2317	0.4162	0.0431	0.2770
锦州	0.2767	0.5614	0.1915	0.2654	0.4025	0.0804	0.2385
固原	0.2755	0.5825	0.2511	0.2354	0.4333	0.0403	0.2792
巴彦淖尔	0.2751	0.5583	0.2281	0.2482	0.4239	0.0606	0.2548
资阳	0.2744	0.6638	0.1120	0.2519	0.4111	0.0341	0.2610
荆州	0.2743	0.5161	0.2300	0.2393	0.4299	0.0601	0.2906
黑河	0.2738	0.6219	0.1856	0.2396	0.4495	0.0403	0.2623
阜新	0.2725	0.5623	0.1819	0.2497	0.4376	0.0665	0.2480
通辽	0.2717	0.5354	0.2082	0.2515	0.3836	0.0362	0.3514
武威	0.2712	0.5738	0.2062	0.2373	0.4030	0.0438	0.3075
朝阳	0.2708	0.5771	0.1879	0.2596	0.4150	0.0428	0.2730
七台河	0.2706	0.6397	0.2250	0.2457	0.4241	0.0154	0.2545
来宾	0.2702	0.6631	0.2056	0.2079	0.4140	0.0299	0.2580
忻州	0.2700	0.5276	0.2534	0.2613	0.4380	0.0269	0.2748
海东	0.2693	0.5666	0.2109	0.2242	0.4356	0.0328	0.3036

续表

市域	综合指数	绿色生态	社会人文	企业发展	经济效率	开放创新	民生共享
中卫	0.2685	0.4810	0.2450	0.2550	0.4375	0.0493	0.2807
鸡西	0.2678	0.6265	0.1849	0.2456	0.4002	0.0190	0.2931
定西	0.2677	0.6153	0.1235	0.2399	0.4447	0.0231	0.2909
四平	0.2676	0.5601	0.1440	0.2519	0.4513	0.0357	0.2755
白城	0.2650	0.5996	0.1352	0.2562	0.4016	0.0433	0.2793
葫芦岛	0.2644	0.5672	0.1830	0.2679	0.4106	0.0380	0.2333
抚顺	0.2628	0.5857	0.2180	0.2790	0.2815	0.0719	0.2545
松原	0.2581	0.5736	0.1457	0.2216	0.4355	0.0227	0.2839
鹤岗	0.2544	0.6233	0.2299	0.1873	0.3869	0.0176	0.3026
绥化	0.2513	0.5992	0.1064	0.2519	0.3987	0.0129	0.2515
陇南	0.2503	0.5851	0.1575	0.2713	0.3256	0.0213	0.2765
铁岭	0.2472	0.5677	0.1547	0.2346	0.3555	0.0506	0.2266
丹东	0.2459	0.5770	0.1951	0.2465	0.2814	0.0571	0.2539
乌兰察布	0.2411	0.4853	0.1741	0.2166	0.4350	0.0303	0.2184
辽源	0.2298	0.6032	0.1550	0.2312	0.2015	0.0324	0.2916

第五节　中国市域经济高质量发展聚类分析

从前述研究可以看出，无论是各市域经济高质量发展的总体状况还是各细分维度状况，全国各市域间发展极不平衡，存在一定差距。为认清差距，下文我们将对我国市域经济高质量发展的差异进行聚类分析。

一、市域经济高质量发展综合指数聚类

市域经济高质量发展综合指数聚类情况，如图 2－1 所示。

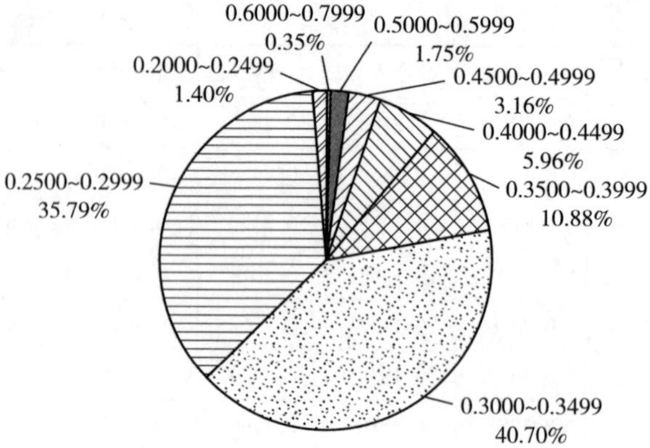

图 2－1　中国市域经济高质量发展总得分区间分布情况

中国 285 个市域经济高质量发展评价平均得分为 0.3270，184 个市域得分低于平均水平，其中 116 个市域（占比约 40.70%）得分集中在 0.3000～0.3499，这表明整体经济高质量发展水平为一般，有待改善；最高得分深圳为 0.7047，第 2 名苏州得分为 0.5638，第 3 名广州得分为 0.5477。另有 6 个市域得分超过 0.5000，得分排在前 10 位的依次是深圳、苏州、广州、东莞、杭州、珠海、南京、宁波、佛山、长沙，平均得分为 0.5332，明显高于全国平均水平，这 10 个市域经济相对发达，属于东部地区，其中 5 个市属于广东省，2 个市属于江苏省、2 个市属于浙江省、湖南省 1 个市入列。排在第 1 位的得分是排在最后一位的 1.51 倍；前 10 位平均得分为 0.5332，后 10 位平均得分为 0.2505，前 10 位平均分是后 10 位的 2.13 倍；前 50 位平均得分为 0.4313，后 50 位平均得分为 0.2707，前 50 位市域平均分是后 50 位市域的 1.59 倍，这表明本书分析的中国 285 个市域经济高质量发展水平存在较大差异。

经济高质量发展总得分位于区间 0.6000～0.7999 的仅有深圳市，具体情况如表 2－42 所示。

表 2－42　　深圳市经济高质量发展综合指数及各维度得分排名情况

市域		综合指数	绿色生态	社会人文	企业发展	经济效率	开放创新	民生共享
深圳	得分	0.7047	0.5547	0.6206	0.7178	0.8602	0.6000	0.5997
	排名（位）	1	243	1	1	1	1	4

注：排名是指该市域的某指标在全国 285 个市域的排名。

经济高质量发展总得分位于区间 0.5000 ~ 0.5999 的共有 5 个市域，分别是苏州市（0.5638）、广州市（0.5477）、东莞市（0.5461）、杭州市（0.5358）、珠海市（0.5249），与排名第 1 位的深圳市还有一定的差距。5 个市域有 3 个属于广东省，浙江省和江苏省各 1 个。经济高质量发展全国排名前四的市域中有 3 个属于广东省。这 5 个市域的经济高质量发展情况如表 2 – 43 所示。

表 2 – 43　经济高质量发展总得分位于区间 0.5000 ~ 0.5999 的市域得分排名情况

市域		综合指数	绿色生态	社会人文	企业发展	经济效率	开放创新	民生共享
苏州	得分	0.5638	0.6297	0.4076	0.5826	0.5564	0.4800	0.4964
	排名（位）	2	114	26	2	8	5	9
广州	得分	0.5477	0.5879	0.5026	0.4892	0.5687	0.4820	0.5274
	排名（位）	3	173	7	5	5	4	7
东莞	得分	0.5461	0.4650	0.4365	0.4216	0.5993	0.5608	0.6697
	排名（位）	4	281	16	13	2	3	1
杭州	得分	0.5358	0.6360	0.5210	0.5595	0.5404	0.3539	0.5472
	排名（位）	5	111	4	3	12	11	5
珠海	得分	0.5249	0.6174	0.3932	0.3418	0.5644	0.5992	0.4915
	排名（位）	6	134	31	38	6	2	11

注：排名是指该市域的某指标在全国 285 个市域的排名。

经济高质量发展总得分位于区间 0.4500 ~ 0.4999 的共 9 个市域，分别是南京市（0.4899）、宁波市（0.4817）、佛山市（0.4697）、长沙市（0.4677）、武汉市（0.4662）、成都市（0.4606）、厦门市（0.4603）、青岛市（04571）、无锡市（0.4533），平均得分为 0.4674。其中 6 个市域属于东部地区、2 个市域属于中部地区、1 个市域属于西部地区。9 个市域的经济高质量发展情况如表 2 – 44 所示。

表 2－44　经济高质量发展总得分位于区间 0. 4500～0. 4999 的市域得分排名情况

市域		综合指数	绿色生态	社会人文	企业发展	经济效率	开放创新	民生共享
南京	得分	0. 4899	0. 5699	0. 3957	0. 4420	0. 5551	0. 3955	0. 4915
	排名（位）	7	209	30	10	9	7	11
宁波	得分	0. 4817	0. 6287	0. 3755	0. 5162	0. 5271	0. 2979	0. 4634
	排名（位）	8	116	42	4	14	20	15
佛山	得分	0. 4697	0. 5662	0. 4344	0. 4574	0. 5341	0. 3283	0. 4605
	排名（位）	9	222	17	6	13	15	16
长沙	得分	0. 4677	0. 6501	0. 4781	0. 4388	0. 5140	0. 3042	0. 4446
	排名（位）	10	90	9	12	19	18	19
武汉	得分	0. 4662	0. 5628	0. 4228	0. 4562	0. 5214	0. 3455	0. 4400
	排名（位）	11	228	20	8	17	12	21
成都	得分	0. 4606	0. 5862	0. 4497	0. 4569	0. 5017	0. 3325	0. 4034
	排名（位）	12	175	13	7	25	14	39
厦门	得分	0. 4603	0. 4337	0. 5067	0. 3505	0. 5858	0. 4093	0. 4522
	排名（位）	13	285	6	32	3	6	18
青岛	得分	0. 4571	0. 7042	0. 3291	0. 4426	0. 4848	0. 2998	0. 4210
	排名（位）	14	24	72	9	32	19	28
无锡	得分	0. 4533	0. 5963	0. 2872	0. 4417	0. 5825	0. 2644	0. 4787
	排名（位）	15	167	136	11	4	28	13

注：排名是指该市域的某指标在全国 285 个市域的排名。

经济高质量发展总得分位于区间 0. 4000～0. 4499 的共 17 个市域，平均得分为 0. 4152。其中 9 个属于东部、5 个属于西部、3 个属于中部。

经济高质量发展总得分位于区间 0. 3500～0. 3599 的共 31 个市域，平均得分为 0. 3710。其中 17 个属于东部、4 个属于西部、6 个属于中部、4 个属于东北部。

经济高质量发展总得分位于区间 0.3000 ~ 0.3499 的共 116 个市域，平均得分为 0.3224。其中 50 个属于中部、25 个属于西部、39 个属于东部、2 个属于东北部。

经济高质量发展总得分位于区间 0.2500 ~ 0.2999 的共 102 个市域，平均得分为 0.2837。其中 50 个属于西部、25 个属于东北部、19 个属于中部、8 个属于东部。

经济高质量发展总得分位于区间 0.2000 ~ 0.2499 的共 4 个市域，平均得分为 0.2410。其中 3 个属于东北部、1 个属于西部。

二、绿色生态高质量发展指数聚类

绿色生态高质量发展指数聚类情况，如图 2 – 2 所示。

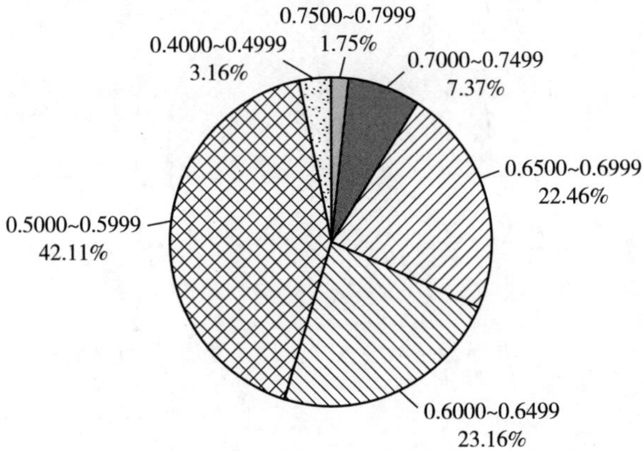

图 2 – 2　中国市域经济绿色生态高质量发展得分区间分布情况

得分位于区间 0.7500 ~ 0.7999 的有五个市域，平均得分为 0.7682，其中东部 3 个、中部 2 个。

得分位于区间 0.7000 ~ 0.7499 的有 21 个市域，平均得分为 0.7219，其中东部 6 个、西部 10 个、中部 5 个。

得分位于区间 0.6500 ~ 0.6999 的有 64 个市域，平均得分为 0.6711，其中西部 23 个、东部 22 个、中部 16 个、东北部 3 个。

得分位于区间 0. 6000 ~ 0. 6499 的有 66 个市域，平均得分为 0. 6249，其中中部 11 个、东部 17 个、西部 25 个、东北部 13 个。

得分位于区间 0. 5000 ~ 0. 5999 的有 120 个市域，平均得分为 0. 5651，其中中部 44 个、东部 32 个、西部 27 个、东北部 17 个。

得分位于区间 0. 4000 ~ 0. 4999 的有 9 个市域，平均得分为 0. 4710，其中中部 2 个、东部 3 个、西部 4 个。

三、社会人文高质量发展指数聚类

社会人文高质量发展指数聚类情况，如图 2 - 3 所示。

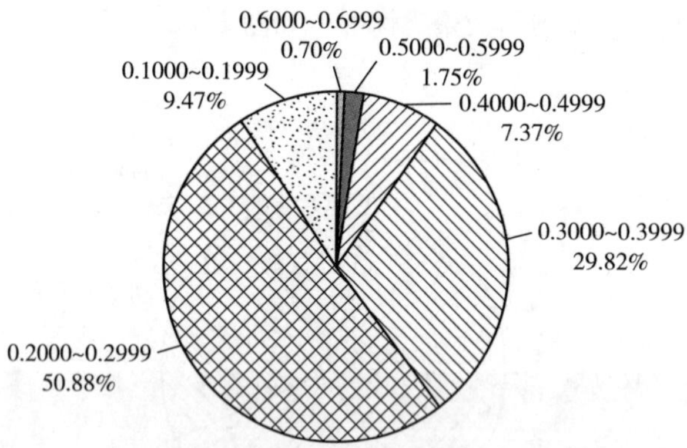

图 2 - 3　中国市域经济社会人文高质量发展得分区间分布情况

得分位于区间 0. 6000 ~ 0. 6999 的仅有深圳市和黄山市，分别为 0. 6206 和 0. 6094。

得分位于区间 0. 5000 ~ 0. 5999 的有 5 个市域，平均得分为 0. 4344，其中东部 4 个、中部 1 个。

得分位于区间 0. 4000 ~ 0. 4999 的有 21 个市域，平均得分为 0. 4409，其中东部 10 个、西部 3 个、中部 8 个。

得分位于区间 0. 3000 ~ 0. 3999 的有 85 个市域，平均得分为 0. 3385，其中东部 34 个、中部 29 个、西部 19 个、东北部 3 个。

得分位于区间0.2000～0.2999的有145个市域，平均得分为0.2558，其中中部41个、西部55个、东部35个、东北部14个。

得分位于区间0.1000～0.1999的有27个市域，平均得分为0.1681，其中东北部18个、西部9个。

四、企业发展高质量发展指数聚类

企业发展高质量发展指数聚类情况，如图2-4所示。

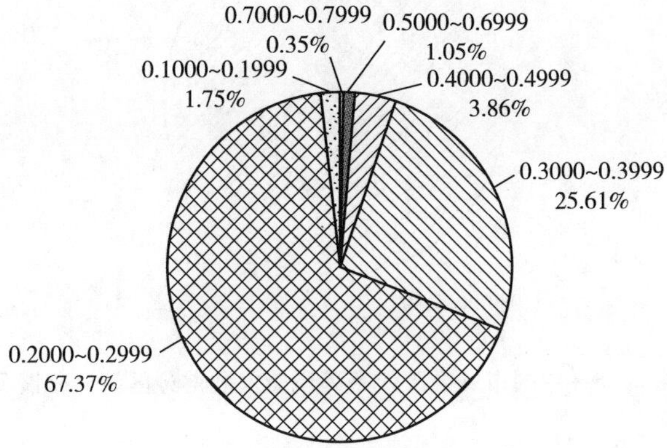

图2-4 中国市域经济企业发展高质量发展得分区间分布情况

得分位于区间0.7000～0.7999的仅有深圳市，得分为0.7178。

得分位于区间0.5000～0.6999的有3个市域，平均得分为0.5528，均为东部地区。

得分位于区间0.4000～0.4999的有11个市域，平均得分为0.4408，其中东部7个、西部2个、中部2个。

得分位于区间0.3000～0.3999的有73个市域，平均得分为0.3302，其中中部20个、西部14个、东部34个、东北部5个。

得分位于区间0.2000～0.2999的有192个市域，平均得分为0.2578，其中中部58个、西部68个、东部38个、东北部28个。

得分位于区间0.1000～0.1999的有5个市域，平均得分为0.1743，其中西部3个、东部1个、东北部1个。

五、经济效率高质量发展指数聚类

经济效率高质量发展指数聚类情况，如图2-5所示。

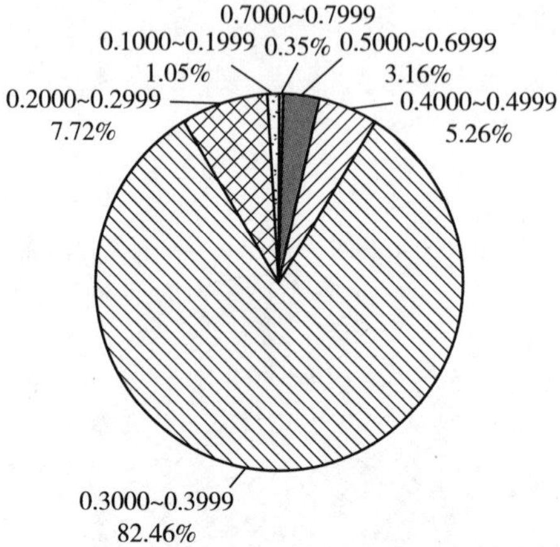

图2-5　中国市域经济效率高质量发展得分区间分布情况

得分位于区间0.8000~0.8999的仅有深圳市，得分为0.8603，居全国第1位。

得分位于区间0.5500~0.7999的有9个市域，平均得分为0.5693，其中东部7个、西部2个。

得分位于区间0.5000~0.5499的有15个市域，平均得分为0.5183，其中东部10个、中部2个、西部3个。

得分位于区间0.4000~0.4999的有235个市域，平均得分为0.4387，其中西部74个、东部61个、中部76个、东北部24个。

得分位于区间0.3000~0.3999的有22个市域，平均得分为0.3766，其中西部8个、东部5个、中部2个、东北部7个。

得分位于区间0.2000~0.2999的有3个市域，平均得分为0.2548，均在东北部。

六、开放创新高质量发展指数聚类

开放创新高质量发展指数聚类情况，如图 2－6 所示。

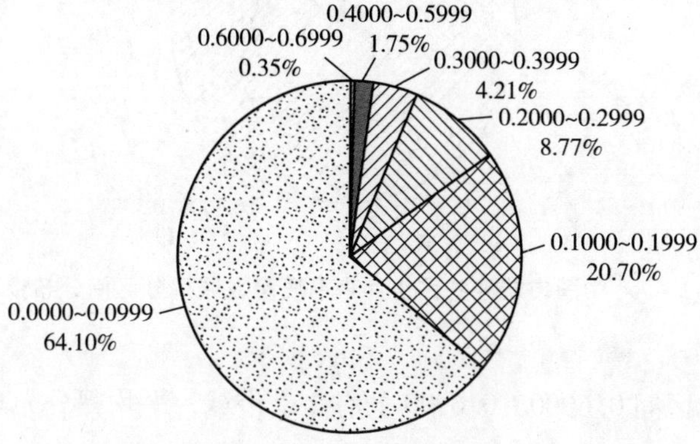

图 2－6　中国市域经济开放创新高质量发展得分区间分布情况

得分位于区间 0. 6000～0. 6999 的仅有深圳市，得分为 0. 6000，居全国第 1 位。

得分位于区间 0. 4000～0. 5999 的有 5 个市域，平均得分为 0. 5062，均属于东部。

开放创新高质量发展得分位于区间 0. 3000～0. 3999 的有 12 个市域，平均得分为 0. 4337、其中东部 6 个、西部 2 个、中部 4 个。

得分位于区间 0. 2000～0. 2999 的有 25 个市域，平均得分为 0. 2472，其中东部 14 个、西部 4 个、中部 4 个、东北部 3 个。

得分位于区间 0. 1000～0. 1999 的有 59 个市域，平均得分为 0. 1325，其中东部 27 个、西部 10 个、中部 20、东北部 2 个。

得分位于区间 0. 0000～0. 0999 的有 183 个市域，平均得分为 0. 0569，其中东部 31 个、西部 71 个、中部 52 个、东北部 29 个。

七、民生共享高质量发展指数聚类

民生共享高质量发展指数聚类情况，如图 2－7 所示。

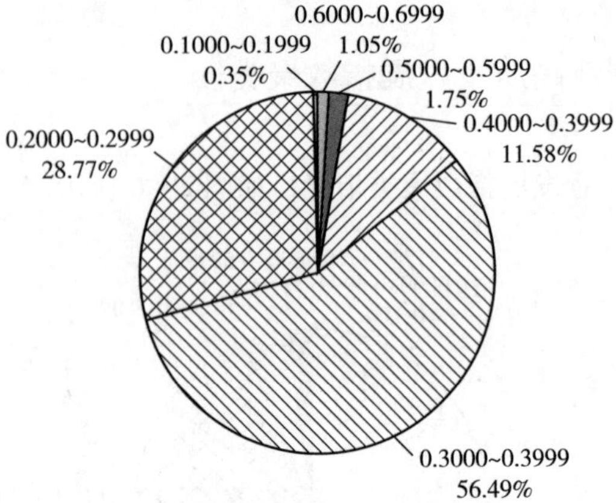

图 2－7　中国市域经济民生共享高质量发展得分区间分布情况

得分位于区间 0. 6000 ~ 0. 6999 的有 3 个市域，平均得分为 0. 6452，均属于东部。

得分位于区间 0. 5000 ~ 0. 5999 的有 5 个市域，平均得分为 0. 5438，其中东部 3 个、西部 2 个。

得分位于区间 0. 4000 ~ 0. 4999 的有 33 个市域，平均得分为 0. 4378，其中东部 23 个、西部 6 个、中部 4 个。

得分位于区间 0. 3000 ~ 0. 3999 的有 161 个市域，平均得分为 0. 3320，其中东部 55 个、西部 50 个、中部 47 个、东北部 9 个。

得分位于区间 0. 2000 ~ 0. 2999 的有 82 个市域，平均得分为 0. 2782，其中东部 1 个、西部 27 个、中部 29 个、东北部 25 个。

得分位于区间 0. 1000 ~ 0. 1999 的仅有德阳市，其得分为 0. 1581。

第六节　中国市域经济高质量发展六维度分析

对中国 285 个市域的六个维度高质量发展状况加以分析，一则有助于各市域廓清自身在经济高质量发展不同领域所处相对优势和劣势，二则对全国总体或部分市域进行纵向的比较，即将今年情况同往年情况比较，检讨在推进经济高质量发展进程中所取得的成就或出现的情况。在分析各维度高质量发展指数时我们绘制箱形图来了解指数分布情况。箱形图（box-plot）又称为盒须图、盒式图或箱线图，是一种用作显示一组数据分散情况资料的统计图，因形状如箱子而得名。它主要用于反映数据分布的特征，还可以进行多组数据分布特征的比较。箱线图的绘制方法是：先找出一组数据的最大值、最小值、中位数和两个四分位数；然后，连接两个四分位数画出箱子；最后，将最大值和最小值与箱子相连接，中位数在箱子中间。

一、绿色生态高质量维度评价

绿色生态高质量包括每平方公里废水、废气排放量、一般工业固体废物综合利用率、PM2.5 年平均浓度、污水处理厂集中处理率、环保督查、人均水资源量、森林覆盖率、万元 GDP 电耗八个评价指标，综合评价市域绿色生态高质量维度水平。

由图 2－8 可知，285 个市域绿色生态高质量维度指数总体得分较高，平均值为 0.6149 分，有 148 个市域（占比约 51.93%）得分高于平均值。最高指数为丽水市 0.7890 分，显著高于其他市域；另有 9 个市域指数得分低于 0.5000 分，超过四成的市域指数得分介于 0.50675～0.6599 分之间，最低指数得分为厦门市 0.4337 分。指数前 99 名情况如表 2－45 所示。

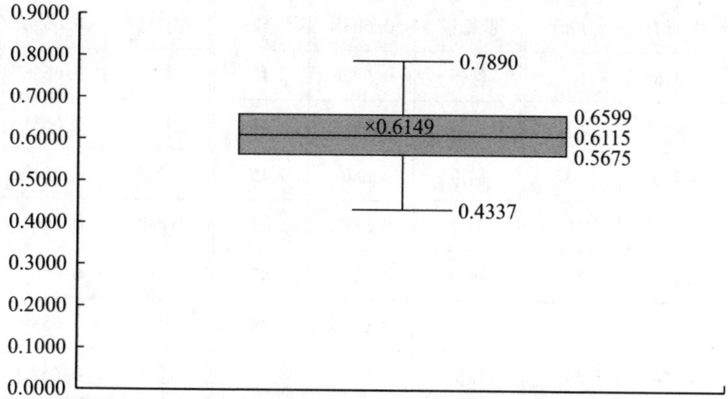

图 2－8　中国市域绿色生态高质量维度指数得分箱形图

表2－45　中国市域绿色生态高质量维度99强指数得分及排名

市域	绿色生态高质量	排名	市域	绿色生态高质量	排名	市域	绿色生态高质量	排名
丽水	0.7890	1	梅州	0.7008	26	南宁	0.6768	51
南平	0.7866	2	温州	0.6999	27	上饶	0.6763	52
三明	0.7592	3	广元	0.6966	28	萍乡	0.6736	53
黄山	0.7550	4	龙岩	0.6950	29	清远	0.6734	54
赣州	0.7512	5	普洱	0.6933	30	呼伦贝尔	0.6726	55
拉萨	0.7458	6	遵义	0.6923	31	阳江	0.6723	56
永州	0.7431	7	金华	0.6914	32	儋州	0.6722	57
张家界	0.7429	8	白山	0.6904	33	泉州	0.6712	58
威海	0.7397	9	郴州	0.6898	34	玉林	0.6710	59
桂林	0.7377	10	巴中	0.6890	35	宜春	0.6710	60
三亚	0.7373	11	防城港	0.6887	36	眉山	0.6707	61
伊春	0.7362	12	韶关	0.6876	37	舟山	0.6688	62
肇庆	0.7231	13	邵阳	0.6862	38	牡丹江	0.6676	63
抚州	0.7224	14	衢州	0.6860	39	汕尾	0.6664	64
河池	0.7223	15	十堰	0.6858	40	鹰潭	0.6655	65
丽江	0.7180	16	梧州	0.6858	41	咸宁	0.6653	66
怀化	0.7171	17	景德镇	0.6835	42	宁德	0.6650	67
吉安	0.7168	18	惠州	0.6826	43	资阳	0.6638	68
雅安	0.7158	19	绵阳	0.6813	44	来宾	0.6631	69
河源	0.7103	20	临沧	0.6809	45	湖州	0.6610	70
柳州	0.7092	21	云浮	0.6803	46	钦州	0.6606	71
保山	0.7090	22	海口	0.6776	47	江门	0.6591	72
贺州	0.7055	23	安康	0.6773	48	娄底	0.6589	73
青岛	0.7042	24	株洲	0.6771	49	通化	0.6582	74
台州	0.7032	25	福州	0.6768	50	绍兴	0.6578	75

续表

市域	绿色生态高质量	排名	市域	绿色生态高质量	排名	市域	绿色生态高质量	排名
泸州	0.6559	76	曲靖	0.6523	84	汉中	0.6493	92
茂名	0.6553	77	池州	0.6520	85	宣城	0.6477	93
达州	0.6553	78	乐山	0.6518	86	崇左	0.6469	94
铜仁	0.6540	79	潮州	0.6512	87	宜宾	0.6467	95
贵港	0.6535	80	常德	0.6511	88	双鸭山	0.6464	96
新余	0.6530	81	莆田	0.6503	89	毕节	0.6464	97
安顺	0.6529	82	长沙	0.6501	90	北海	0.6456	98
随州	0.6528	83	九江	0.6498	91	益阳	0.6443	99

由表2-45可知，排在前10位的依次为丽水、南平、三明、黄山、赣州、拉萨、永州、张家界、威海、桂林，其绿色生态高质量维度评价平均指数为0.7750分。排在后10位的依次为乌海、吕梁、临汾、乌兰察布、中卫、东莞、嘉峪关、滨州、石嘴山、厦门，其绿色生态高质量维度评价平均指数为0.4748分，排在前10位的绿色生态高质量维度评价平均指数是排在后10位的1.59倍。

各个具体指标的差异分析如下：

每平方公里废水、废气排放量指标，全国平均值为5547.56吨/平方公里，有219个市域（占比约76.84%）低于平均值。最好的是酒泉市该指标值为21.89吨/平方公里，最差的是厦门市该指标值为141325.24吨/平方公里，两市的极差值是141303.35吨/平方公里。

一般工业固体废物综合利用率指标，全国平均值为77.22%，有176个市域（占比约61.75%）高于平均值，最好的是九江市、常州市、湖州市、衢州市、丽水市、辽源市、漯河市、渭南市一般工业固体废物综合利用率并列第一为100%，最差的是拉萨市1.61%，两市的极差值是98.39%。

PM2.5年平均浓度指标，全国平均值为38.79微克/立方米，有153个市域（占比约53.68%）低于平均值，最好的是拉萨市PM2.5年平均浓度12微克/立方米，最差的是安阳市域71微克/立方米，两市的极差值是59微克/立方米。

污水处理厂集中处理率指标，全国平均值为93.71%，有199个市域（占比约69.82%）高于平均值，最好的是鄂州市、眉山市、晋城市、运城市、阜新市、东营市、漯河市、梅州市、海口市、儋州市污水处理厂集中处理率为100%，最差的是攀枝花市44.84%，两市的极差值是55.16%。

环保督查指标，全国平均值为1.6分，有143个市域（占比约50.18%）高于平均值，最好的是威海市环保督查为10分，最差的是临汾市、吕梁市、四平市、辽源市、广州市为-2分，两市的极差值是12分。

人均水资源量，全国平均值为1866.75立方米/人，有87个市域（占比约30.53%）高于平均值，最好的是拉萨市人均水资源量为26258.06立方米/人，最差的是沧州市53.76立方米/人，两市的极差值是26240.30立方米/人。

森林覆盖率指标，全国平均值为42.14%，有137个市域（占比约48.07%）高于平均值，最好的是伊春市森林覆盖率84.70%，最差的是乌鲁木齐市4.91%，两市的极差值是79.79%。

万元GDP电耗指标，全国平均值为0.07万千瓦时/万元，有212个市域（占比约74.39%）高于平均值，最好的是三亚市万元GDP电耗为0.0046千瓦时/元，最差的是嘉峪关市0.9851万千瓦时/万元，两市的极差值是0.9805万千瓦时/万元。

二、社会人文高质量维度评价

我们共选取了人口自然增长率、城市认可度、名村名镇传统村落数、建成区绿化率、城镇化率五个指标来综合评价社会人文高质量。

由图2-9可知，285个市域社会人文高质量维度指数得分总体较低，平均分为0.2925，有129个市域（占比约45.26%）得分高于平均值。最高得分为深圳市0.6206；另有6个市域得分介于0.4578~0.6206。超过半数市域得分低于0.3293，表明在评价维度七个维度整体差异较小，但水平也偏低。得分前99名情况如表2-46所示。

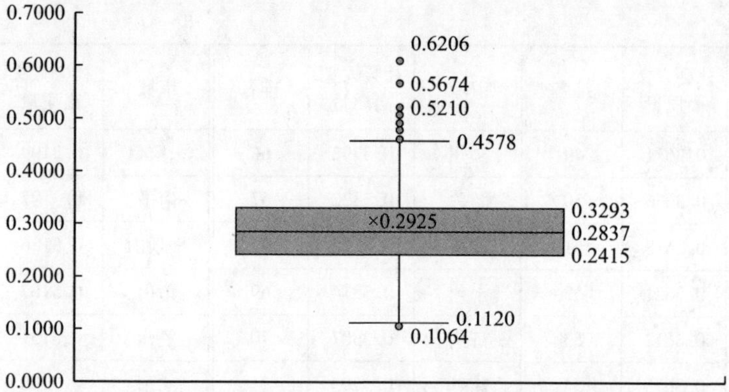

图 2－9　中国市域社会人文高质量维度指数得分箱形图

表 2－46　　中国市域社会人文高质量维度 99 强指数得分及排名

市域	社会人文高质量	排名	市域	社会人文高质量	排名	市域	社会人文高质量	排名
深圳	0.6206	1	佛山	0.4344	17	郴州	0.3915	33
黄山	0.6094	2	中山	0.4325	18	上饶	0.3903	34
丽水	0.5674	3	龙岩	0.4266	19	长治	0.3882	35
杭州	0.5210	4	武汉	0.4228	20	淄博	0.3851	36
晋城	0.5097	5	福州	0.4219	21	保定	0.3843	37
厦门	0.5067	6	三明	0.4216	22	邯郸	0.3790	38
广州	0.5026	7	梧州	0.4189	23	石家庄	0.3787	39
宁德	0.4911	8	怀化	0.4155	24	太原	0.3779	40
长沙	0.4781	9	吉安	0.4096	25	晋中	0.3778	41
金华	0.4617	10	苏州	0.4076	26	宁波	0.3755	42
银川	0.4578	11	景德镇	0.4060	27	贵阳	0.3737	43
合肥	0.4529	12	抚州	0.4011	28	昆明	0.3703	44
成都	0.4497	13	郑州	0.3978	29	温州	0.3702	45
泉州	0.4388	14	南京	0.3957	30	宣城	0.3694	46
赣州	0.4366	15	珠海	0.3932	31	台州	0.3689	47
东莞	0.4365	16	徐州	0.3923	32	漳州	0.3676	48

续表

市域	社会人文高质量	排名	市域	社会人文高质量	排名	市域	社会人文高质量	排名
洛阳	0.3671	49	柳州	0.3392	66	张家口	0.3199	83
湖州	0.3656	50	韶关	0.3322	67	南平	0.3197	84
汕尾	0.3638	51	潍坊	0.3318	68	平顶山	0.3186	85
南昌	0.3621	52	永州	0.3314	69	莆田	0.3167	86
铜仁	0.3612	53	济南	0.3307	70	兰州	0.3151	87
三亚	0.3603	54	鹤壁	0.3295	71	沈阳	0.3150	88
西安	0.3598	55	青岛	0.3291	72	汕头	0.3134	89
邢台	0.3595	56	克拉玛依	0.3287	73	滁州	0.3116	90
惠州	0.3559	57	湛江	0.3281	74	六盘水	0.3110	91
海口	0.3528	58	包头	0.3267	75	萍乡	0.3110	92
吕梁	0.3510	59	嘉峪关	0.3258	76	新余	0.3087	93
遵义	0.3493	60	乌海	0.3257	77	淮北	0.3084	94
乌鲁木齐	0.3475	61	延安	0.3242	78	芜湖	0.3076	95
湘潭	0.3464	62	宜昌	0.3224	79	南宁	0.3070	96
衢州	0.3454	63	茂名	0.3214	80	肇庆	0.3061	97
安顺	0.3427	64	大连	0.3211	81	西宁	0.3051	98
株洲	0.3423	65	九江	0.3210	82	焦作	0.3048	99

由表2－46可知，排在前10位的依次为深圳、黄山、丽水、杭州、晋城、厦门、广州、宁德、长沙和金华，其社会人文高质量维度评价平均得分为0.5268。排在后10位的依次为陇南、辽源、铁岭、松原、四平、白城、内江、定西、资阳、绥化，其社会人文高质量维度评价平均得分为0.1360，排在前10位的社会人文高质量评价平均得分是排在后10位的3.87倍。

各个具体指标的差异分析如下：

人口自然增长率指标，全国平均值为4.72‰，有139个市域（占比约48.77%）高于平均值，最好的是深圳市人口自然增长率19.41‰，最差的是资阳市－6.49‰，两市的极差值是25.90‰。

城市认可度指标，全国平均值为6.03分，有108个城市（占比约37.89%）高于平均值，最好的是长沙市城市认可度为29分，最差的是内江市、临沧市、辽源市0.20分，两市的极差值是28.80分。

名村名镇传统村落数指标，全国平均值为21.93个，有75个城市（占比约26.32%）高于平均值，最好的是黄山市名村名镇传统村落数292个，最差的是鄂州市、徐州市、连云港市、宿迁市、昭通市、蚌埠市、淮北市、阜阳市、宿州市、亳州市、沧州市、廊坊市、乌海市、大连市、本溪市、营口市、辽阳市、盘锦市、铁岭市、长春市、辽源市、松原市、白城市、鸡西市、鹤岗市、双鸭山市、七台河市、绥化市、厦门市、东营市、聊城市、滨州市、金昌市、白银市、石嘴山市、吴忠市、克拉玛依市0个，其极差值是292个。

建成区绿化率指标，全国平均值为41.22%，有154个城市（占比约54.04%）高于平均值，最好的是新余市建成区绿化率50.65%，最差的是海东市21.42%，两市的极差值是29.23%。

城镇化率指标，全国平均值为58.92%，有128个城市（占比约44.91%）高于平均值，最好的是深圳市城镇化率100%，最差的是绥化市27.60%，两市的极差值是72.40%。

三、企业发展高质量维度评价

我们共选取了高竞争力企业、高新技术企业、规模以上工业企业数、上市公司、规模以上工业企业企均主营业务税金及附加和增值税、规模以上工业企业企均利润额、规模以上工业企业投入产出率、在岗职工劳动生产率、单位工业产值污染物排放量、万元工业产值电耗十个指标来综合评价制造企业高质量。

由图2-10可知，285个市域企业发展高质量维度指数得分总体较低，平均分为0.2948，有99个市域（占比约34.74%）得分高于平均值。最高指数得分为深圳市0.7178，大幅领先于其他市域；另有18个市域指数得分高于0.3786，也显著高于其他市域。半数市域指数得分位于0.2639～0.3096，表明在评价市域企业发展高质量维度十个指标中大多数市域与领先梯队有较大的差距。得分前99名情况如表2-47所示。

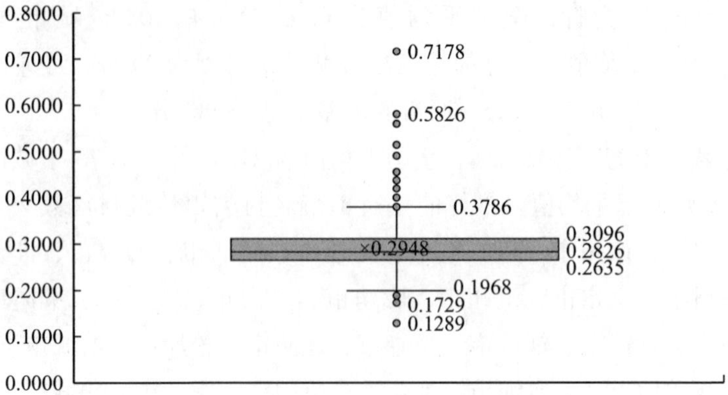

图 2－10　中国市域企业发展高质量维度指数得分箱形图

表 2－47　　中国市域企业发展高质量维度 99 强指数得分及排名

市域	社会人文高质量	排名	市域	社会人文高质量	排名	市域	社会人文高质量	排名
苏州	0. 5826	2	鄂尔多斯	0. 3791	18	郴州	0. 3915	33
杭州	0. 5595	3	泉州	0. 3786	19	玉溪	0. 3433	34
宁波	0. 5162	4	嘉兴	0. 3767	20	石家庄	0. 3433	35
广州	0. 4892	5	温州	0. 3749	21	遵义	0. 3426	36
佛山	0. 4574	6	南通	0. 3722	22	沈阳	0. 3418	37
成都	0. 4569	7	绍兴	0. 3654	23	珠海	0. 3418	38
武汉	0. 4562	8	郑州	0. 3648	24	台州	0. 3405	39
青岛	0. 4426	9	昆明	0. 3602	25	曲靖	0. 3403	40
南京	0. 4420	10	济南	0. 3580	26	大连	0. 3386	41
无锡	0. 4417	11	湖州	0. 3559	27	贵阳	0. 3361	42
长沙	0. 4388	12	延安	0. 3554	28	烟台	0. 3361	43
东莞	0. 4216	13	呼和浩特	0. 3544	29	南昌	0. 3336	44
福州	0. 4017	14	长春	0. 3539	30	大庆	0. 3336	45
克拉玛依	0. 4007	15	庆阳	0. 3525	31	常德	0. 3333	46
合肥	0. 3925	16	厦门	0. 3505	32	淄博	0. 3327	47
常州	0. 3833	17	临沂	0. 3447	33	北海	0. 3294	48

续表

市域	社会人文高质量	排名	市域	社会人文高质量	排名	市域	社会人文高质量	排名
榆林	0.3245	49	东营	0.3150	66	滁州	0.3017	83
哈尔滨	0.3237	50	荆门	0.3135	67	肇庆	0.3011	84
九江	0.3231	51	扬州	0.3123	68	沧州	0.3010	85
岳阳	0.3230	52	太原	0.3121	69	邯郸	0.3008	86
许昌	0.3220	53	乌鲁木齐	0.3115	70	宁德	0.3002	87
宜宾	0.3206	54	威海	0.3097	71	宜昌	0.3002	88
徐州	0.3202	55	宜春	0.3096	72	济宁	0.2988	89
汕头	0.3198	56	安庆	0.3070	73	株洲	0.2987	90
泰州	0.3192	57	泸州	0.3066	74	安康	0.2981	91
茂名	0.3182	58	周口	0.3065	75	淮安	0.2973	92
洛阳	0.3180	59	阜阳	0.3043	76	焦作	0.2968	93
芜湖	0.3179	60	龙岩	0.3040	77	咸宁	0.2966	94
唐山	0.3178	61	莆田	0.3027	78	南宁	0.2966	95
襄阳	0.3177	62	镇江	0.3027	79	绵阳	0.2964	96
中山	0.3177	63	连云港	0.3024	80	廊坊	0.2963	97
潍坊	0.3155	64	宣城	0.3018	81	西安	0.2949	98
金华	0.3154	65	吉安	0.3018	82	蚌埠	0.2949	99

由表2－47可知，排在前10位的依次为深圳、苏州、杭州、宁波、广州、佛山、成都、武汉、青岛、南京，其企业发展高质量维度评价平均得分为0.5120。排在后10位的依次为海口、海东、松原、乌兰察布、来宾、普洱、鹤岗、河池、三亚、西宁，其企业发展高质量维度评价平均得分为0.1969，排在前10位的企业发展高质量评价平均得分是排在后10位的2.60倍，差距较大。

各个具体指标的差异分析如下：

在高竞争力企业指标中，全国平均值为15.71个，有75个市域（占比约26.32%）高竞争力企业数高于平均值，其中宁波市高竞争力企业为165个，排名全国第1位，有25个市域暂无高竞争力企业，极差为165个。

在高新技术企业指标中，全国平均值为750.03个，有58个市域（占比约20.35%）高新技术企业数高于平均值，其中深圳市高新技术企业数为13551个，排名全国第1位，黑河市高新技术企业数为9个，排名最后，两市域的极差值为156个。

在规模以上工业企业数指标中，全国平均值为1210.59个，有84个市域（占比约29.47%）规模以上工业企业数高于平均值，其中苏州市规模以上工业企业数为11042个，排名全国第1位，三亚市规模以上工业企业数为25个，排名最后，两市域的极差值为11017个。

在上市公司指标中，全国平均值为10.32个，有52个市域（占比约18.25%）上市公司数高于平均值，其中深圳市上市公司数为289个，排名全国第1位，有41个市域暂无上市公司，极差值为289个。

在规模以上工业企业企均主营业务税金及附加和增值税指标中，全国平均值为1544.90万元，有77个市域（占比约27.02%）规模以上工业企业企均主营业务税金及附加和增值税高于平均值，其中克拉玛依规模以上工业企业企均主营业务税金及附加和增值税为22456.3370万元，排名全国第1位，张家界规模以上工业企业企均主营业务税金及附加和增值税为140.5000万元，排名最后，两市域的极差值为22315.8370万元。

规模以上工业企业企均利润额指标，全国平均值为1776.30万元，有102个市域（占比约35.79%）规模以上工业企业企均利润额高于平均值，其中鄂尔多斯规模以上工业企业企均利润额为16181.59万元，排名全国第1位，辽源规模以上工业企业企均利润额为－5484.4674万元，排名最后，两市域的极差值为21666.0574万元。

规模以上工业企业投入产出率指标，全国平均值为12.21%，有117个市域（占比约41.05%）规模以上工业企业投入产出率高于平均值，其中临沂规模以上工业企业投入产出率为41.20%，排名全国第1位，松原规模以上工业企业投入产出率为－15.22%，两市域的极差值为56.42%。

在岗职工劳动生产率指标，全国平均值为656730.25%，有115个市域（占比约40.35%）在岗职工劳动生产率高于平均值，其中曲靖在岗职工劳动生产率8793333.33%，排名全国第1位，鹤岗在岗职工劳动生产率为197647.06%，排名最后，两市域的极差值为459083.19%。

单位工业产值污染物排放量指标，全国平均值为1.66吨/万元，有203个市域（占比约71.23%）单位工业产值污染物排放量优于平均值，其中拉萨单位工业产值污染物排放量为0.0327吨/万元，排名全国第1位，漳州单位工业产值污染物排放量为15.0653吨/万元，排名最后，两市域的极差值为15.0326吨/万元。

万元工业产值电耗指标，全国平均值为700.19千瓦时/万元，有214个市域（占比约75.09%）万元工业产值电耗优于平均值，其中郴州万元工业产值电耗为20.09千瓦时/万元，排名全国第1位，西宁万元工业产值电耗为16566.66千瓦时/万元，排名最后，两市域的极差值为16545.57千瓦时/万元。

四、经济效率高质量维度评价

我们共选取了GDP增长率、通货膨胀率、GDP增长波动率、GDP密度、人均GDP、人均公共财政收入、公共财政收入增长率、第三产业占GDP比重八个指标来综合评价市域经济效率高质量维度。

由图2－11可知，285个市域经济效率高质量维度指数得分较低，平均分为0.4418，有132个市域（占比约46.32%）指数得分高于平均值。最高指数得分为深圳市0.8602，领先于其他市域；另有东莞市0.5993，厦门市0.5858，无锡市0.5825也显著高于其他市域。半数市域指数得分位于0.4205～0.4559，表明在评价市域经济效率高质量维度八个指标各市域有较大的差距。得分前99名情况如表2－48所示。

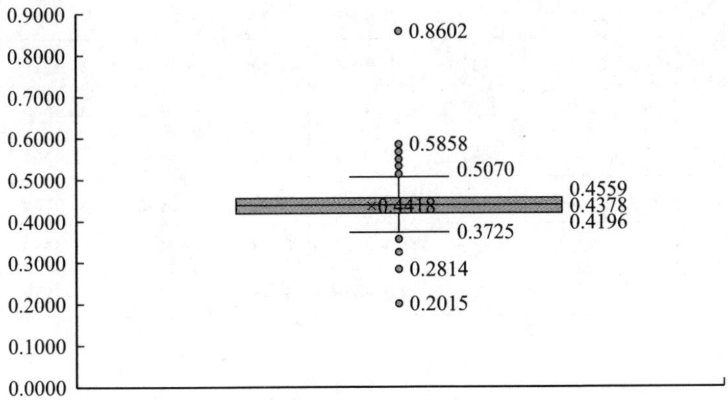

图2－11　中国市域经济效率高质量维度指数得分箱形图

表 2－48　中国市域经济效率高质量维度 99 强指数得分及排名

市域	社会人文高质量	排名	市域	社会人文高质量	排名	市域	社会人文高质量	排名
深圳	0.8602	1	成都	0.5017	25	鄂州	0.4648	49
东莞	0.5993	2	郑州	0.4978	26	日照	0.4645	50
厦门	0.5858	3	合肥	0.4886	27	三门峡	0.4643	51
无锡	0.5825	4	绍兴	0.4871	28	洛阳	0.4629	52
广州	0.5687	5	昆明	0.4868	29	景德镇	0.4625	53
珠海	0.5644	6	湖州	0.4863	30	滁州	0.4625	54
拉萨	0.5605	7	温州	0.4851	31	泉州	0.4620	55
苏州	0.5564	8	青岛	0.4848	32	宁德	0.4613	56
南京	0.5551	9	乌海	0.4845	33	张家界	0.4610	57
克拉玛依	0.5508	10	包头	0.4812	34	衡阳	0.4608	58
鄂尔多斯	0.5409	11	福州	0.4803	35	鹰潭	0.4608	59
杭州	0.5404	12	宿州	0.4770	36	大同	0.4604	60
佛山	0.5341	13	西安	0.4770	37	黄山	0.4602	61
宁波	0.5271	14	马鞍山	0.4744	38	宜宾	0.4602	62
廊坊	0.5245	15	大连	0.4740	39	九江	0.4597	63
乌鲁木齐	0.5230	16	南昌	0.4736	40	宜昌	0.4591	64
武汉	0.5214	17	太原	0.4727	41	金华	0.4582	65
常州	0.5153	18	西宁	0.4719	42	漯河	0.4581	66
长沙	0.5140	19	盘锦	0.4686	43	株洲	0.4574	67
舟山	0.5139	20	石家庄	0.4681	44	岳阳	0.4566	68
济南	0.5070	21	丽江	0.4681	45	贺州	0.4560	69
三亚	0.5055	22	贵阳	0.4680	46	南充	0.4559	70
嘉兴	0.5030	23	亳州	0.4666	47	秦皇岛	0.4559	71
海口	0.5030	24	芜湖	0.4659	48	唐山	0.4559	72

市域	社会人文高质量	排名	市域	社会人文高质量	排名	市域	社会人文高质量	排名
沈阳	0.4559	73	襄阳	0.4540	82	晋城	0.4522	91
宣城	0.4557	74	泰州	0.4540	83	赣州	0.4520	92
嘉峪关	0.4557	75	保山	0.4540	84	呼和浩特	0.4519	93
开封	0.4556	76	遵义	0.4537	85	四平	0.4513	94
扬州	0.4554	77	北海	0.4537	86	吴忠	0.4509	95
丽水	0.4551	78	许昌	0.4530	87	阜阳	0.4509	96
南通	0.4548	79	常德	0.4528	88	曲靖	0.4508	97
张家口	0.4546	80	榆林	0.4526	89	邵阳	0.4506	98
漳州	0.4542	81	平顶山	0.4524	90	兰州	0.4504	99

由表2－48可知，排在前10位的依次为深圳、东莞、厦门、无锡、广州、珠海、拉萨、苏州、南京、克拉玛依，其经济效率高质量评价平均得分为0.5984。排在后10位的依次为吉林、平凉、铜陵、梧州、铁岭、牡丹江、陇南、抚顺、丹东、辽源，其经济效率高质量维度评价平均得分为0.3246，排在前10位的经济效率高质量评价平均得分是排在后10位的1.84倍。

各个具体指标的差异分析如下：

GDP增长率指标，全国平均值为6.43%，有175个市域（占比约61.40%）GDP增长率优于平均值，其中贺州市的GDP增长率为11.80%，排名全国第1位，抚顺市GDP增长率为－3.60%，排名最后，两市域的极差值为15.4%。

通货膨胀率指标，全国平均值为2.75%，有129个市域（占比约48.78%）通货膨胀率优于平均值，其中廊坊市通货膨胀率为－0.1%，排名全国第1位，通辽市通货膨胀率为4.3%，排名最后，两市域的极差值为4.4%。

GDP增长波动率指标，全国平均值为24.77%，有215个市域（占比约75.44%）GDP增长波动率优于平均值，其中中卫、邢台、大连、平顶山、唐山、随州、荆州、内江、眉山GDP增长波动率为0%，排名并列全国第1位，辽源市GDP增长波动率为500.67%，排名最后，两市域的极差值为

541.90%。

GDP 密度指标，全国平均值为 3829.57 万元/平方公里，有 63 个市域（占比约 22.11%）GDP 密度优于平均值，其中深圳市 GDP 密度为 134837.26 万元/平方公里，排名全国第 1 位，酒泉市 GDP 密度为 36.77 万元/平方公里，排名最后，两市域的极差值为 3792.80 万元/平方公里。

人均 GDP 指标，全国平均值为 67992.68 元/人，有 90 个市域（占比约 31.58%）人均 GDP 优于平均值，其中深圳市人均 GDP 为 511920.15 元/人，排名全国第 1 位，定西市人均 GDP 为 13684.21 元/人，排名最后，两市域的极差值为 498235.94 元/人。

人均公共财政收入指标，全国平均值为 5658.60 元/人，有 79 个市域（占比约 27.72%）人均公共财政收入优于平均值，其中深圳市人均公共财政收入为 71737.32 元/人，排名全国第 1 位，定西市人均公共财政收入为 811.53 元/人，排名最后，两市域的极差值为 70925.79 元/人。

公共财政收入增长率指标，全国平均值为 3.68%，有 163 个市域（占比约 57.19%）公共财政收入增长率优于平均值，其中来宾市公共财政收入增长率为 23.63%，排名全国第 1 位，陇南市公共财政收入增长率为 -60.60%，排名最后，两市域的极差值为 84.23%。

第三产业占 GDP 比重指标，全国平均值为 48.89%，有 126 个市域（占比约 44.21%）第三产业占 GDP 比重优于平均值，其中海口市第三产业占 GDP 比重为 79.23%，排名全国第 1 位，金昌市第三产业占 GDP 比重为 28.33%，排名最后，两市域的极差值为 50.90%。

五、开放创新高质量维度评价

我们共选取了地方一般公共预算支出中科学技术支出占比、货物进出口总额占 GDP 比重、当年实际利用外资金额占 GDP 比重、规模以上工业企业数量中港澳台和外资企业占比、万人拥有 R&D 人员数、万人专利申请数、万人授权专利数、万人拥有高等和中等职业学校教师数、万人拥有高等和中等职业学校学生数、规模以上工业企业企均拥有 R&D 人员、新增企业数共 11 个指标来综合评价市域开放创新高质量维度。

由图2－12可知，285个市域开放创新高质量维度总体指数得分较低，平均分为0.1111，有86个市域（占比约30.16%）指数得分高于平均值。最高指数得分为深圳市0.6000，领先于其他市域；另有29个市域指数得分高于0.2445。半数市域指数得分位于0.0493～0.1318。得分前99名情况如表2－49所示。

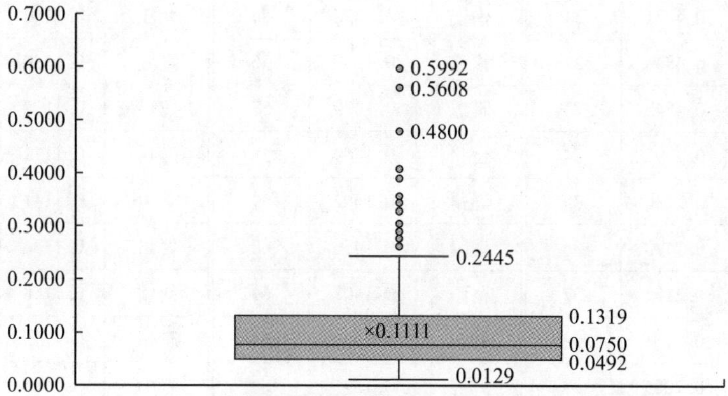

图2－12　中国市域开放创新高质量维度指数得分箱形图

表2－49　　　中国市域开放创新高质量维度99强指数得分及排名

市域	社会人文高质量	排名	市域	社会人文高质量	排名	市域	社会人文高质量	排名
深圳	0.6000	1	郑州	0.3580	10	青岛	0.2998	19
珠海	0.5992	2	杭州	0.3539	11	宁波	0.2979	20
东莞	0.5608	3	武汉	0.3455	12	贵阳	0.2945	21
广州	0.4820	4	合肥	0.3358	13	南昌	0.2898	22
苏州	0.4800	5	成都	0.3325	14	昆明	0.2855	23
厦门	0.4093	6	佛山	0.3283	15	太原	0.2800	24
南京	0.3955	7	三亚	0.3120	16	济南	0.2767	25
西安	0.3907	8	海口	0.3090	17	兰州	0.2732	26
中山	0.3584	9	长沙	0.3042	18	嘉兴	0.2702	27

续表

市域	社会人文高质量	排名	市域	社会人文高质量	排名	市域	社会人文高质量	排名
无锡	0.2644	28	湘潭	0.1688	52	日照	0.1238	76
大连	0.2631	29	崇左	0.1675	53	新乡	0.1235	77
惠州	0.2445	30	银川	0.1651	54	盐城	0.1203	78
温州	0.4851	31	南宁	0.1628	55	九江	0.1180	79
青岛	0.4848	32	徐州	0.1530	56	宣城	0.1180	80
乌海	0.4845	33	南通	0.1479	57	克拉玛依	0.1178	81
沈阳	0.2292	34	台州	0.1469	58	嘉峪关	0.1171	82
威海	0.2230	35	温州	0.1462	59	唐山	0.1141	83
绍兴	0.2183	36	铜陵	0.1456	60	赣州	0.1136	84
哈尔滨	0.2151	37	洛阳	0.1408	61	鹤壁	0.1118	85
金华	0.2131	38	泰州	0.1399	62	滁州	0.1115	86
常州	0.2085	39	蚌埠	0.1375	63	晋中	0.1095	87
镇江	0.2033	40	株洲	0.1371	64	淮安	0.1078	88
马鞍山	0.2032	41	肇庆	0.1348	65	宜昌	0.1071	89
烟台	0.2024	42	鹰潭	0.1344	66	焦作	0.1069	90
湖州	0.2017	43	廊坊	0.1335	67	泰安	0.1066	91
江门	0.1986	44	新余	0.1329	68	滨州	0.1062	92
乌鲁木齐	0.1845	45	淄博	0.1329	69	萍乡	0.1052	93
秦皇岛	0.1842	46	东营	0.1327	70	连云港	0.1052	94
泉州	0.1828	47	扬州	0.1320	71	漯河	0.1049	95
舟山	0.1779	48	绵阳	0.1318	72	三门峡	0.1033	96
石家庄	0.1767	49	潍坊	0.1316	73	柳州	0.1032	97
长春	0.1720	50	包头	0.1264	74	衢州	0.1029	98
拉萨	0.1705	51	漳州	0.1242	75	龙岩	0.1027	99

由表2-49可知，排在前10位的依次为深圳、珠海、东莞、广州、苏州、厦门、南京、西安、中山、郑州，其开放创新高质量维度评价平均得分

为0.4634。排在后10位的依次为松原、白山、铜川、陇南、昭通、鸡西、鹤岗、七台河、巴中、绥化，其开放创新高质量维度评价平均得分为0.0188，排在前10位的开放创新高质量评价平均得分是排在后10位的24.65倍。

各个具体指标的差异分析如下：

地方一般公共预算支出中科学技术支出占比指标，全国平均值为1.90%，有101个市域（占比约35.44%）地方一般公共预算支出中科学技术支出占比优于平均值，其中深圳市地方一般公共预算支出中科学技术支出占比为12.05%，排名全国第1位，绥化市地方一般公共预算支出中科学技术支出占比为0.06%，排名最后，两市域的极差值为11.99%。

货物进出口总额占GDP比重指标，全国平均值为15.73%，有79个市域（占比约27.72%）货物进出口总额占GDP比重优于平均值，其中崇左市货物进出口总额占GDP比重为249.13%，排名全国第1位，广安市货物进出口总额占GDP比重为0.00%，排名最后，两市域的极差值为249.13%。

当年实际利用外资金额占GDP比重指标，全国平均值为1.36%，有104个市域（占比约36.49%）当年实际利用外资金额占GDP比重优于平均值，其中马鞍山市当年实际利用外资金额占GDP比重为8.79%，排名全国第1位，白山、昭通、酒泉当年实际利用外资金额占GDP比重为0.00%，排名并列最后，极差值为8.79%。

规模以上工业企业数量中港澳台和外资企业占比指标，全国平均值为6.39%，有87个市域（占比约30.53%）规模以上工业企业数量中港澳台和外资企业占比优于平均值，其中苏州市规模以上工业企业数量中港澳台和外资企业占比为35.90%，排名全国第1位，嘉峪关、金昌、平凉市规模以上工业企业数量中港澳台和外资企业占比为0.00%，排名并列最后，极差值为35.90%。

万人拥有R&D人员数指标，全国平均值为36.91人，有77个市域（占比约27.02%）万人拥有R&D人员数优于平均值，其中深圳市万人拥有R&D人员数为574.22人，排名全国第1位，鸡西市万人拥有R&D人员数为0.02人，排名最后，两市域的极差值为574.20人。

万人专利申请数指标，全国平均值为25.34件/万人，有62个市域（占比约21.75%）万人专利申请数优于平均值，其中深圳市万人专利申请数为

497.1521 件/万人，排名全国第 1 位，黑河市万人专利申请数为 0.0316 件/万人，排名最后，两市域的极差值为 497.1205 件/万人。

万人拥有高等和中等职业学校教师数指标，全国平均值为 16.04 人，有 74 个市域（占比约 25.96%）万人拥有高等和中等职业学校教师数优于平均值，其中太原市万人拥有高等和中等职业学校教师数为 81.31 人，排名全国第 1 位，七台河市万人拥有高等和中等职业学校教师数为 2.08 人，排名最后，两市域的极差值为 79.23 人。

万人拥有高等和中等职业学校学生数指标，全国平均值为 294.66 人，有 79 个市域（占比约 27.72%）万人拥有高等和中等职业学校学生数优于平均值，其中郑州市万人拥有高等和中等职业学校学生数为 1614.03 人，排名全国第 1 位，松原市万人拥有高等和中等职业学校学生数为 41.48 人，排名最后，两市域的极差值为 1572.55 人。

规模以上工业企业企均拥有 R&D 人员指标，全国平均值为 12.28 人，有 107 个市域（占比约 37.54%）规模以上工业企业企均拥有 R&D 人员优于平均值，其中兰州市规模以上工业企业企均拥有 R&D 人员为 78.84 人，排名全国第 1 位，鸡西市规模以上工业企业企均拥有 R&D 人员为 0.02 人，排名最后，两市域的极差值为 78.82 人。

新增企业数量指标，全国平均值为 77305.28 个，有 85 个市域（占比约 29.82%）新增企业数量优于平均值，其中苏州市新增企业数量为 654254 个，排名全国第 1 位，嘉峪关市新增企业数量为 4366 个，排名最后，两市域的极差值为 649888 个。

六、民生共享高质量维度评价

我们共选取了城镇居民人均可支配收入、农村居民人均可支配收入、城乡居民收入比、万人拥有中小学教师数、万人拥有医院床位数、万人拥有执业医师（助理）数、城镇登记失业率、地方一般公共预算支出中教育支出占比、在岗职工平均工资共 9 个指标来综合评价市域民生共享高质量发展。

由图 2－13 可知，285 个市域民生共享高质量维度总体指数得分较低，平均分为 0.3352，有 103 个市域（占比约 36.14%）指数得分高于平均值。

最高指数得分为东莞市 0. 6697，领先于其他市域。半数城市指数得分位于 0. 2957 ~0. 3567，表明在评价民生共享高质量维度九个指标中多数市域与领先城市有较大的差距。得分前 99 名情况如表 2 – 50 所示。

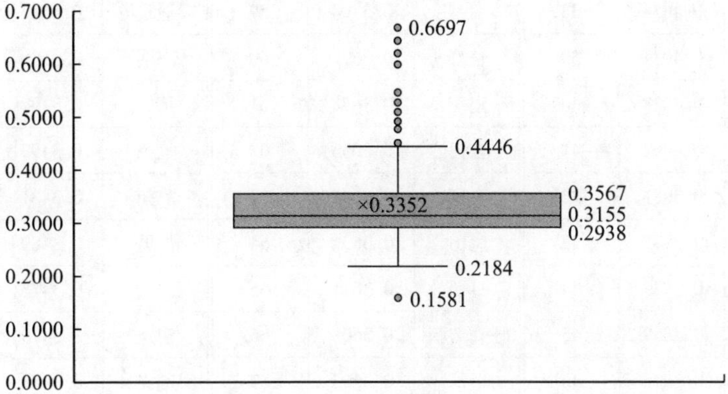

图 2 – 13　中国市域民生共享高质量维度指数得分箱形图

表 2 – 50　中国市域民生共享高质量维度 99 强指数得分及排名

市域	社会人文高质量	排名	市域	社会人文高质量	排名	市域	社会人文高质量	排名
东莞	0. 6697	1	无锡	0. 4787	13	金华	0. 4343	25
廊坊	0. 6453	2	郑州	0. 4634	14	昆明	0. 4319	26
拉萨	0. 6205	3	宁波	0. 4634	15	济南	0. 4310	27
深圳	0. 5997	4	佛山	0. 4605	16	青岛	0. 4210	28
杭州	0. 5472	5	海口	0. 4600	17	舟山	0. 4195	29
克拉玛依	0. 5336	6	厦门	0. 4522	18	三亚	0. 4190	30
广州	0. 5274	7	长沙	0. 4446	19	威海	0. 4189	31
乌鲁木齐	0. 5113	8	嘉兴	0. 4422	20	湖州	0. 4186	32
苏州	0. 4964	9	武汉	0. 4400	21	贵阳	0. 4176	33
中山	0. 4922	10	西宁	0. 4392	22	绍兴	0. 4142	34
南京	0. 4915	11	太原	0. 4363	23	温州	0. 4135	35
珠海	0. 4797	12	常州	0. 4344	24	东营	0. 4109	36

续表

市域	社会人文高质量	排名	市域	社会人文高质量	排名	市域	社会人文高质量	排名
攀枝花	0.4099	37	江门	0.3708	58	运城	0.3515	79
嘉峪关	0.4054	38	南昌	0.3704	59	通辽	0.3514	80
成都	0.4034	39	长春	0.3692	60	三明	0.3508	81
惠州	0.4028	40	南宁	0.3678	61	济宁	0.3497	82
台州	0.4002	41	莆田	0.3653	62	沧州	0.3492	83
淄博	0.3981	42	大庆	0.3644	63	滨州	0.3481	84
兰州	0.3977	43	唐山	0.3636	64	盐城	0.3480	85
泉州	0.3939	44	日照	0.3611	65	酒泉	0.3476	86
鄂尔多斯	0.3889	45	呼和浩特	0.3608	66	宿迁	0.3475	87
合肥	0.3878	46	金昌	0.3603	67	遵义	0.3473	88
丽水	0.3874	47	包头	0.3594	68	晋城	0.3469	89
衢州	0.3862	48	烟台	0.3575	69	汕头	0.3464	90
福州	0.3842	49	枣庄	0.3571	70	漳州	0.3451	91
潍坊	0.3836	50	临沂	0.3568	71	茂名	0.3446	92
镇江	0.3797	51	龙岩	0.3567	72	玉溪	0.3432	93
银川	0.3776	52	柳州	0.3565	73	淮安	0.3423	94
大连	0.3773	53	石家庄	0.3548	74	泰州	0.3414	95
沈阳	0.3759	54	张掖	0.3543	75	湛江	0.3397	96
西安	0.3757	55	扬州	0.3530	76	白银	0.3391	97
徐州	0.3740	56	泰安	0.3530	77	河源	0.3389	98
南通	0.3738	57	秦皇岛	0.3528	78	韶关	0.3388	99

由表 2－50 可知，排在前 10 位的依次为东莞、廊坊、拉萨、深圳、杭州、克拉玛依、广州、乌鲁木齐、苏州、中山，其民生共享高质量维度评价平均得分为 0.5643。排在后 10 位的依次为抚顺、丹东、绥化、伊春、阜新、锦州、葫芦岛、铁岭、乌兰察布、德阳，其民生共享高质量维度评价平均得分为 0.2333，排在前 10 位的民生共享高质量评价平均得分是排在后 10 位的

2.42 倍。

各个具体指标的差异分析如下：

城镇居民人均可支配收入指标，全国平均值为 37338.53 元，有 101 个市域（占比约 35.44%）城镇居民人均可支配收入优于平均值，其中苏州市城镇居民人均可支配收入为 68629.00 元，排名全国第 1 位，鹤岗市城镇居民人均可支配收入为 24149.00 元，排名最后，两市域的极差值为 44480.00 元。

农村居民人均可支配收入指标，全国平均值为 17527.09 元，有 105 个市域（占比约 36.84%）农村居民人均可支配收入优于平均值，其中深圳市农村居民人均可支配收入为 50700.30 元，排名全国第 1 位，德阳市农村居民人均可支配收入为 1824.00 元，排名最后，两市域的极差值为 48876.30 元。

城乡居民收入比指标，全国平均值为 2.28，有 177 个市域（占比约 62.11%）城乡居民收入比优于平均值，其中攀枝花、柳州、周口市城乡居民收入比为 1.00，排名并列全国第 1 位，德阳市城乡居民收入比为 20.41，排名最后，极差值为 19.41。

万人拥有中学、小学教师数指标，全国平均值为 84.91 人，有 125 个市域（占比约 43.86%）万人拥有中学、小学教师数优于平均值，其中东莞市万人拥有中学、小学教师数为 262.07 人，排名全国第 1 位，乌兰察布市万人拥有中学、小学教师数为 48.47 人，排名最后，两市域的极差值为 213.60 人。

万人拥有医院床位数指标，全国平均值为 50.02 张/万人，有 104 个市域（占比约 36.49%）万人拥有医院床位数优于平均值，其中东莞市万人拥有医院床位数为 133.53 张/万人，排名全国第 1 位，潮州市万人拥有医院床位数为 17.93 张/万人，排名最后，两市域的极差值为 115.60 张/万人。

万人拥有执业医师（助理）数指标，全国平均值为 27.65 人，有 102 个市域（占比约 35.79%）万人拥有执业医师（助理）数优于平均值，其中拉萨市万人拥有执业医师（助理）数为 99.26 人，排名全国第 1 位，广安市万人拥有执业医师（助理）数为 10.07 人，排名最后，两市域的极差值为 89.19 人。

城镇登记失业率指标，全国平均值为 2.80%，有 147 个市域（占比约 51.58%）城镇登记失业率优于平均值，其中克拉玛依市城镇登记失业率为 1.00%，排名全国第 1 位，葫芦岛市城镇登记失业率为 4.90%，排名最后，两市域的极差值为 3.90%。

地方一般公共预算支出中教育支出占比指标，全国平均值为 16.49%，有 147 个市域（占比约 51.58%）地方一般公共预算支出中教育支出占比优于平均值，其中茂名市地方一般公共预算支出中教育支出占比为 27.22%，排名全国第 1 位，七河台市地方一般公共预算支出中教育支出占比为 6.32%，排名最后，两市域的极差值为 20.90%。

在岗职工平均工资指标，全国平均值为 76610.79 元，有 128 个市域（占比约 44.91%）在岗职工平均工资优于平均值，其中南京市在岗职工平均工资为 129605 元，排名全国第 1 位，伊春市在岗职工平均工资为 44953 元，排名最后，两市域的极差值为 84652 元。

| 第三章 |

中国市域经济高质量发展差异分析

第一节 中国四大区域板块市域经济高质量发展的差异分析

一、中国四大区域板块市域经济高质量发展的差异分析

本研究将全国划分为东部、中部、西部和东北地区四个区域板块[①]，其中，东部地区是指河北、江苏、浙江、福建、山东、广东和海南 7 个省份；中部地区是指山西、安徽、江西、河南、

① 根据国家统计局 2011 年 6 月 13 号的划分办法，为科学反映我国不同区域的社会经济发展状况，为党中央、国务院制定区域发展政策提供依据，根据《中共中央、国务院关于促进中部地区崛起的若干意见》《国务院发布关于西部大开发若干政策措施的实施意见》以及党的十六大报告的精神，将我国的经济区域划分为东部、中部、西部和东北四大地区。东部包括北京、天津、河北、上海、江苏、浙江、福建、山东、广东和海南。中部包括山西、安徽、江西、河南、湖北和湖南。西部包括内蒙古、广西、重庆、四川、贵州、云南、西藏、陕西、甘肃、青海、宁夏和新疆。东北包括辽宁、吉林和黑龙江。版块分类不含港澳台地区。

湖北和湖南 6 个省份；西部地区是指内蒙古、广西、四川、贵州、云南、西藏、陕西、甘肃、青海、宁夏和新疆 11 个省份；东北地区是指辽宁、吉林和黑龙江 3 个省份。此种划分方式是广为接受的划分，那么在高质量发展问题上，四大区域的差异同样值得探讨，并在此基础上，寻找相应的发展对策。

按照上述四大区域板块划分标准，这里将全国 285 个市域分到四个板块，东部地区包括 84 个市域，中部地区包括 80 个市域，西部地区包括 87 个市域，东北地区包括 34 个市域。

从高质量发展综合指数看，全国 285 个市域（以下简称全国市域）高质量发展综合指数均值为 0.3270。东部地区市域高质量发展综合指数均值为 0.3685，比全国市域的均值高 0.0415，高出 12.69 个百分点；中部地区市域高质量发展综合指数均值为 0.3221，比全国市域的均值低 0.0049，比东部地区综合指数均值低 0.0464；西部地区市域高质量发展综合指数均值为 0.3077，比全国市域的均值低 0.0193，比东部地区综合指数均值低 0.0608，比中部地区综合指数均值低 0.0144；东北地区市域高质量发展综合指数均值为 0.2858，比全国市域的均值低 0.0412，比东部地区综合指数均值低 0.0827，比中部地区综合指数均值低 0.0363，比西部地区综合指数均值低 0.0219。具体如图 3－1 所示。

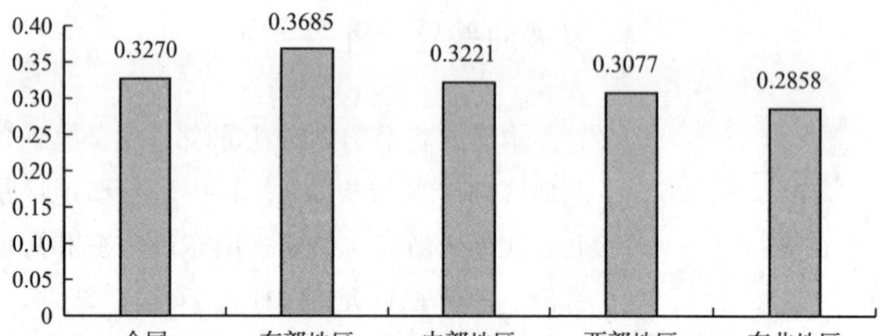

图 3－1　四大区域与全国的高质量发展综合指数

通过高质量发展综合指数的比较发现：四大区域高质量发展水平排名依次为东部地区、中部地区、西部地区和东北地区。四大区域中，只有东部地区高质量发展综合指数均值高于全国市域高质量发展综合指数均值，由此可见东部地区的高质量发展对于全国的高质量发展具有明显带动作用。中部地区略低于全国平均水平，应利用其承东启西、连接南北的地域优势和土地广阔、交通发达的资源优势，努力促进中部地区的崛起。西部地区位列第3位，这充分说明西部大开发政策卓有成效，但仍需继续坚持和改进，努力实现西部地区经济又好又快又高质量地发展。东北地区处于末位，说明东北地区在高质量发展水平很低，有待进一步加强。东北地区高质量发展要以习近平新时代中国特色社会主义思想为指导，以贯彻新发展理念为基本遵循，以建设现代化经济体系为基本目标，以供给侧结构性改革为主线，以质量第一、效益优先为导向，以技术创新和制度创新为动力，加快推动经济发展质量变革、效率变革和动力变革，建成创新引领、协同发展的产业体系，彰显优势、协调联动的城乡区域发展体系，资源节约、环境友好的绿色发展体系，多元平衡、安全高效的全面开放体系，体现效率、促进公平的收入分配体系，统一开放、竞争有序的市场体系，以及充分发挥市场作用、更好发挥政府作用的经济体制，推动经济实现更高质量、更有效率、更加公平、更可持续地发展。

从图3-2中的高质量发展六个细分维度来看，四大区域在全国的情形分析如下。

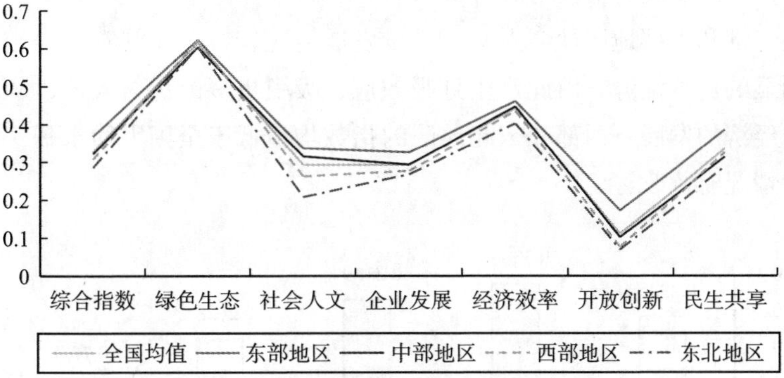

图3-2　四大区域分维度高质量发展指数

（1）绿色生态高质量发展指数。图3-3显示，东部地区的指数均值为0.6229，西部地区的指数均值为0.6217，均高于全国市域的均值0.6149；中部地区和东北地区的指数均值均低于全国市域的均值，由此可见这两大区域在绿色生态方面的形势尚为严峻，相较于东部地区，中部地区和东北地区属于欠发达区域，同样在推动我国全面建成小康社会进程中起到了重要的作用，由于急于发展经济，过度消耗了资源，破坏了生态环境，要追求绿色生态高质量发展，就应转变发展理念，改进发展方式，从经济高速增长转向高质量发展；提高资源利用率，重视环境保护，加强生态文明建设，始终将“绿水青山就是金山银山”的理念融入经济社会发展的决策中。

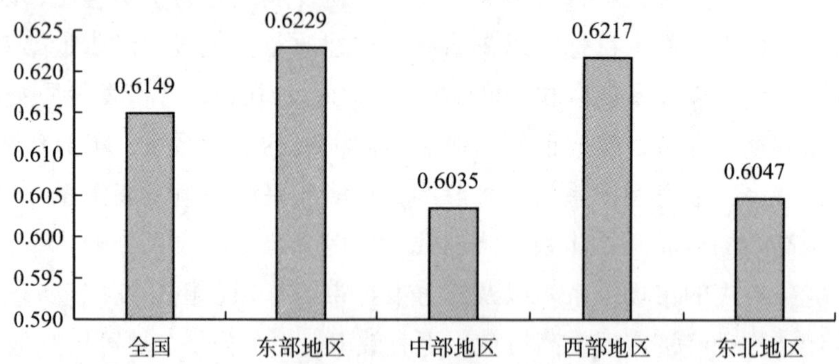

图 3－3　四大区域与全国的绿色生态高质量发展指数

（2）社会人文高质量发展指数。图 3－4 显示，东部地区的指数均值为 0.3368，中部地区的指数均值为 0.3149，均高于全国市域的均值 2.2925，由此可见东部和中部地区社会人文高质量发展情况较好，在软实力等相关方面具有明显的竞争优势，由此产生虹吸效应，吸引更多的优秀人才，从而带动区域内经济的发展。西部和东北地区的指数均值低于全国平均水平，社会人文发展情况有待改善。

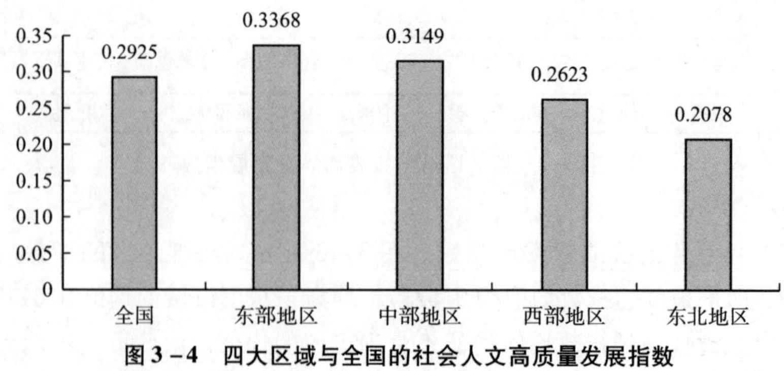

图 3－4　四大区域与全国的社会人文高质量发展指数

（3）企业发展高质量指数。图3－5显示，东部地区的指数均值为0.3258，高于全国市域的均值0.2948，中部地区的指数均值为0.2933，略低于全国平均水平，其次是西部地区（0.2769）和东北地区（0.2676）。评价区域经济高质量发展的重要内核之一就是企业发展高质量，因此东部地区确实能够引领和带动全国区域经济的高质量发展，而处于末位的东北地区应进一步发挥原有东北老工业基地优势，进行产业结构调整，带动区域内各市的企业高质量发展。

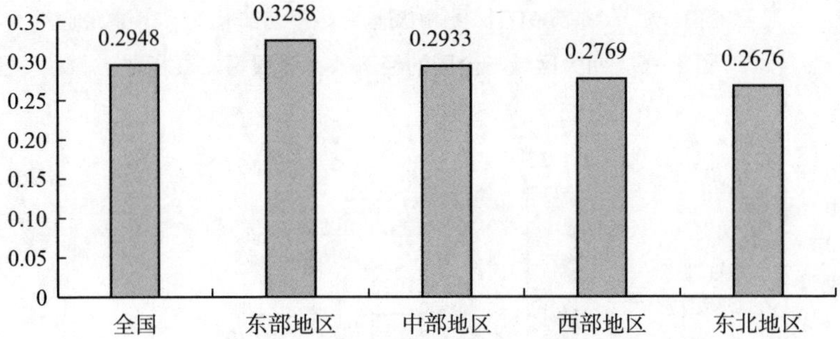

图3－5　四大区域与全国的企业发展高质量发展指数

（4）经济效率高质量发展指数。图3－6显示，东部地区的指数均值为0.4607，中部地区的指数均值为0.4466，均高于全国市域的均值0.4418；而西部和东北地区的指数均值分别为0.4345和0.4021，低于全国平均水平。在高质量发展阶段，关键是要实现动力变革、质量变革和效率变革，提高全要素生产率，经济效率高质量发展指数较为落后的西部地区和东北地区应加快产业结构升级和新旧动能转换，促进区域协调发展，提高人民生活质量，推进经济结构优化转型，既要速度，也要效率。

（5）开放创新高质量发展指数。图3－7显示，全国市域的均值为0.1111，东部地区的指数均值为0.1723，高于全国平均水平，处于首位。中部地区（0.1022）、西部地区（0.0766）和东北地区（0.0693）均低于全国平均水平。在我国当前现代化建设和全面对外开放格局下，东部地区充分发挥了国家政策优势和地理区位优势，开放创新已经达到较高的发展水平。而其他三个地区虽然也享受国家政策扶持和战略层面的普惠，但开放创新的发展还是差强人意，尚存在巨大的发展空间。

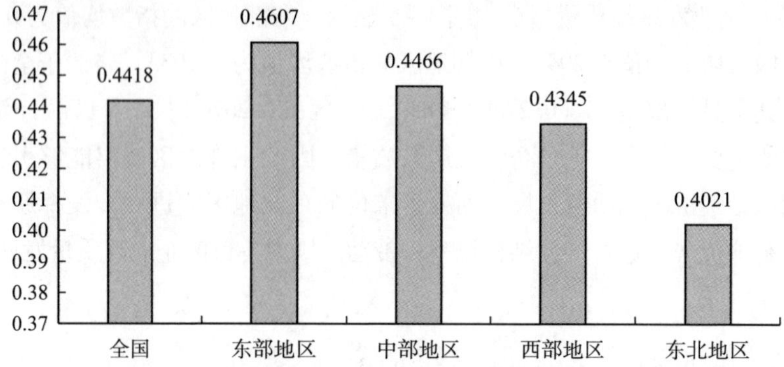

图 3－6　四大区域与全国的经济效率高质量发展指数

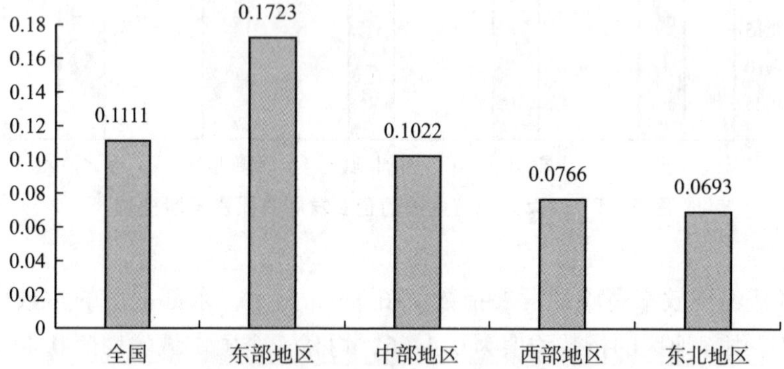

图 3－7　四大区域与全国的开放创新高质量发展指数

（6）民生共享高质量发展指数。图 3－8 显示，全国均值为 0. 3352，四大区域的均值排名依次是东部地区（0. 3853）、西部地区（0. 3254）、中部地区（0. 3134）、东北地区（0. 2879），仅有东部地区的指数均值高于全国市域的均值。高质量发展归根结底是为了全国人民生活水平和生活质量的提高，西部地区、中部地区和东北地区应加快社会惠民政策的实施，完善社会保障机制，通过教育、医疗、保险、就业等多方面政策的出台和完善，提高民众的满意度和幸福度，为高质量发展打好基础。

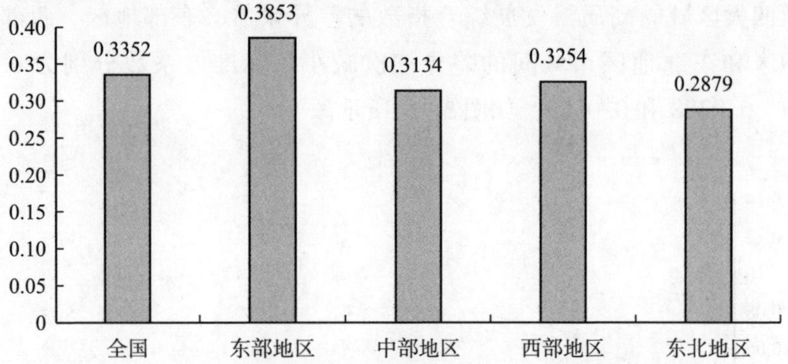

图 3-8 四大区域与全国的民生共享高质量发展指数

二、四大区域内市域间高质量发展差异测度及影响因素分析

(一) 四大区域内市域间高质量发展差异测度及影响因素分析

一个区域内部细分区域的协调、均衡发展是保障该区域全面、有效互动、持续高质量发展的基础，测度区域内市域间高质量发展差异有助于我们观察、判断一个具体区域可能的发展趋势。本书用极差和标准差系数来测度四大区域内市域高质量发展差异。具体如表 3-1 所示。

表 3-1 四大区域内市域间高质量发展指数的极差及标准差系数

区域	差异指标	综合指数	绿色生态	社会人文	企业发展	经济效率	开放创新	民生共享
东部地区	极差	0.4193	0.3553	0.3844	0.5449	0.4850	0.5572	0.3803
	标准差系数	0.0757	0.0678	0.0798	0.0819	0.0668	0.1288	0.0749
中部地区	极差	0.1977	0.2589	0.3993	0.2169	0.1638	0.3312	0.2078
	标准差系数	0.0388	0.0653	0.0702	0.0341	0.0237	0.0723	0.0380
西部地区	极差	0.2195	0.2899	0.3458	0.3280	0.2349	0.3762	0.4624
	标准差系数	0.0398	0.0617	0.0645	0.0462	0.0365	0.0729	0.0629
东北地区	极差	0.1679	0.2143	0.2147	0.1666	0.2725	0.2502	0.1508
	标准差系数	0.0365	0.0425	0.0498	0.0358	0.0556	0.0601	0.0389

从四大区域的高质量发展综合指数的差异来看，东部地区、西部地区、中部地区和东北地区市域间的差异依次减小，标准差系数分别为0.0757、0.0398、0.0388和0.0365，如图3-9所示。

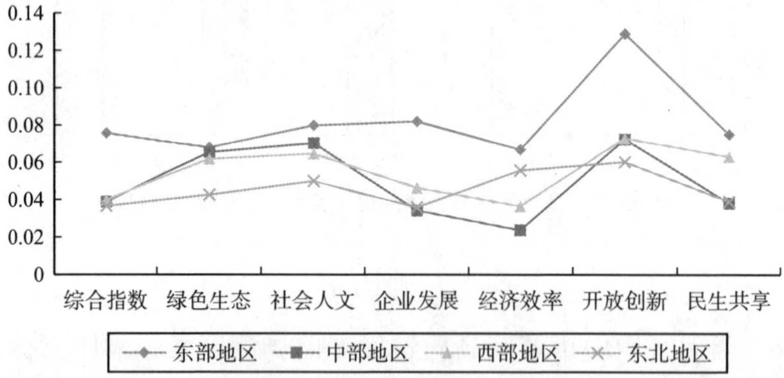

图3-9　四大区域市域间高质量发展综合指数标准差系数

东部地区市域高质量发展综合指数如深圳（0.7047）、苏州（0.5638）、广州（0.5477）、东莞（0.5461）、杭州（0.5358）和珠海（0.5249），高质量发展综合指数均在0.5以上，是全国市域平均水平（0.3270）的1.6倍以上，包揽全国前6位，尤其是深圳比位列全国第2位的苏州高出0.1409。高质量发展综合指数最低的揭阳（0.2855）只有深圳的40%左右，在全国排在第231位。由此分析可见，东部地区各市域的高质量发展水平有较大的差异，区域内高质量发展不平衡、差异大。东部地区有多个高质量发展水平极高的城市能够起到引领和带动作用，有效整合各类资源，充分发挥辐射效应。

中部地区市域高质量发展综合指数的极差为0.1977，标准差系数为0.0388。市域高质量发展差异大小在四大区域中位居第3位，区域内高质量发展相对平衡。

西部地区市域高质量发展综合指数的极差为0.2195，标准差系数为0.0398，市域高质量发展差异程度在四大区域中位居第2位，区域内高质量发展相对不平衡。

东北地区市域高质量发展综合指数的极差为0.1679，标准差系数为

0.0365。市域高质量发展差异在四大区域中是最小的，相对其他三个区域来说是较平衡的。东北地区高质量发展综合指数从省域层面来看，对黑龙江（0.2841）、吉林（0.2784）、辽宁（0.2916）进行比较，同样发现差距不大，由此可见虽然东北地区高质量发展综合指数偏低，但该地区省域和市域高质量发展的均衡度较高。

（二）四大区域内市域间高质量发展分维度差异分析

（1）从区域绿色生态高质量发展指数的差异看（见图3－10），东部地区市域间的差异最大，其标准差系数为0.0678，东部地区绿色生态指数最高的丽水（0.7890）比全国市域均值（0.6149）高出0.1741，位居全国第1位。东部地区绿色生态指数最低的厦门（0.4337），全国排名最后。由此可见，东部地区高质量发展整体水平较高的市域在绿色生态高质量发展方面较为落后，这反映出东部地区在追求经济发展效益的过程中存在严重破坏环境和浪费资源的问题。

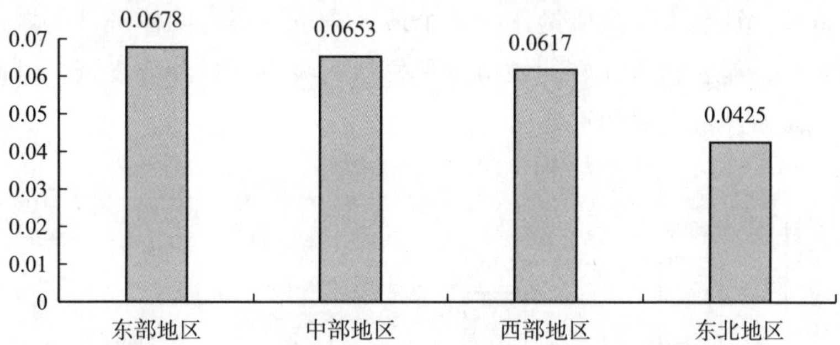

图3－10　四大区域绿色生态高质量发展标准差系数

中部地区市域间的差异程度位于第2位，标准差系数为0.0653。排名前3位的市域的绿色指数分别为黄山（0.7550）、赣州（0.7512）和永州（0.7431），全国排名分别为第4位、第5位和第7位；后3名分别为荆州（0.5161）、吕梁（0.4991）和临汾（0.4961），全国排名分别为第275位、第277位和第278位。中部地区80个市域中，67.5%位列全国100名之后，因此，尽管中部地区市域绿色生态高质量发展差异小于东部地区，但总体发展水平也相对较低。

西部地区市域间的差异程度位于第 3 位，标准差系数为 0. 0617，区域内绿色生态指数最高的拉萨（0. 7458）仅排在全国第 6 位，最低的石嘴山（0. 4560）却位于全国倒数第 2 位，整体绿色生态高质量发展水平还有很大提高的空间。

东北地区市域间的差异度最小，其标准差系数为 0. 0425，相较于其他区域，在绿色生态发展上市域间相对平衡，但无一市域进入全国前 10 位，相反，85% 的市域都在全国 100 名之后。这就说明东北地区绿色生态高质量发展水平均处于较低水平，且在全国范围内位于比较靠后的位置，绿色生态发展态势不容乐观。

（2）通过对比四大区域的社会人文高质量发展指数可见（见图 3 – 11），东部地区市域间的差异最大，标准差系数为 0. 0798，高于中部地区的标准差系数 0. 0702，西部地区的标准差系数 0. 0645 和东北地区的标准差系数 0. 0498。在四大区域中，东北地区市域的社会人文高质量发展指数的极差和标准差系数都最小，发展尤为均衡。高质量发展必须要有高质量的社会人文环境为依托，社会人文高质量作为某个地区竞争软实力的体现，是城市对外交流的名片，能够塑造良好的城市形象，从而吸引大量外部投资，进而成为拉动区域城市经济发展的重要引擎。

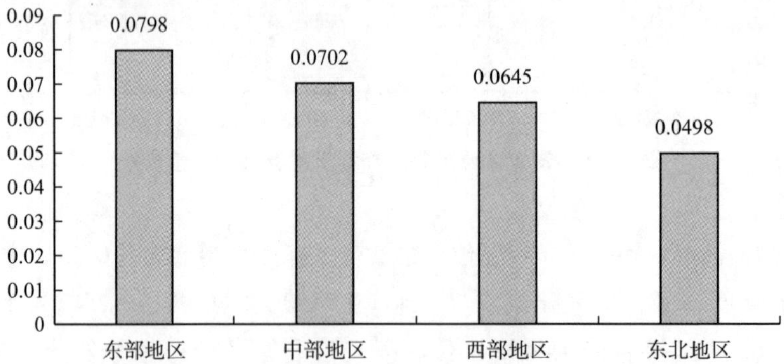

图 3 – 11　四大区域社会人文高质量发展标准差系数

（3）从区域企业发展高质量指数的差异来看（见图 3 – 12），中部地区市域间的差异最小，标准差系数仅为0.0341，区域内市域间企业发展高质量比较均衡。东部地区企业发展高质量指数的标准差系数（0.0819）最大，说明该区域内市域间企业发展差距最大、企业高质量发展不均衡。例如，东部地区企业发展高质量发展指数排名前3位的深圳（0.7178）、苏州（0.5826）、杭州（0.5595），同样是全国前3位；而排名最后的三亚（0.1729），位于全国倒数第2位，企业发展高质量发展指数仅占第1位的24%。

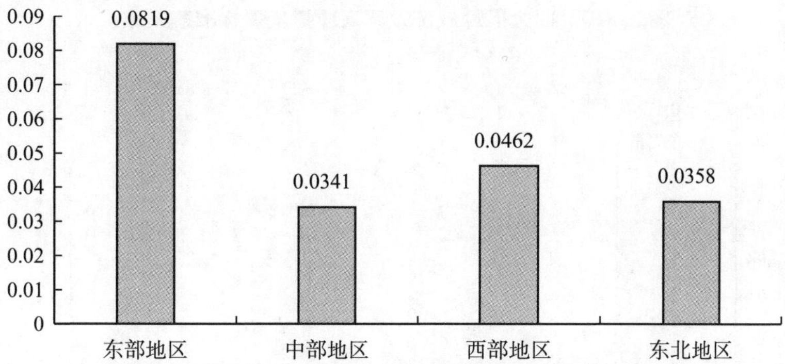

图3-12　四大区域企业发展高质量发展标准差系数

（4）从区域经济效率高质量发展指数的差异来看（见图3-13），中部地区市域间的差异同样最小，其标准差系数为0.0237，区域内市域间经济效率高质量发展比较均衡。东部地区经济效率高质量发展指数的标准差系数（0.0668）最大，东部地区市域间经济效率高质量发展的均衡性存在问题。例如，区域内经济效率高质量发展指数排名第1位的深圳（0.8602）同样位列全国第1位，而区域内经济效率高质量发展指数排名最后的梅州（0.3752），位列全国第275位，二者指数相差近2.3倍。可以得到结论，东部地区内市域间经济效率高质量发展差异较大，严重不均衡。

（5）从区域开放创新高质量发展指数的差异来看（见图3-14），四大区域由高到低排名依次是东部地区、西部地区、中部地区和东北地区，标准差系数分别为0.1288、0.0729、0.0723、0.0601，可以看到最大值是最小值的2倍多。

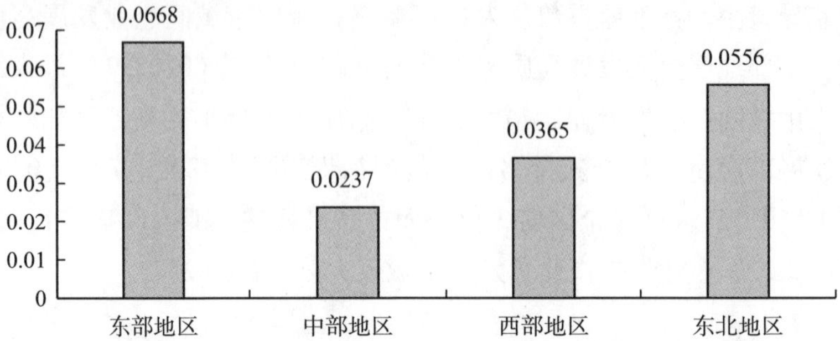

图3－13　四大区域经济效率高质量发展标准差系数

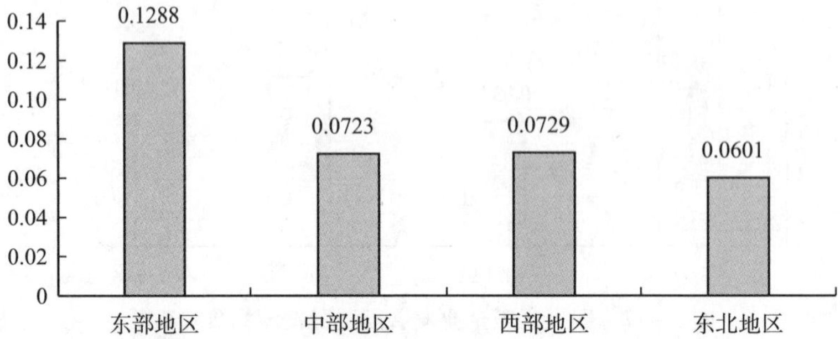

图3－14　四大区域开放创新高质量发展标准差系数

在西部大开发政策的大力支持和引导下，西部地区在开放创新高质量发展方面已取得了卓越成效，但市域间开放创新发展水平不均衡的问题也愈发凸显，成为亟待解决的重要问题。例如，区域内开放创新高质量发展指数最高的西安（0.3907）位列全国第8位，区域内开放创新高质量发展指数最低的巴中（0.0145）位列全国第284位；区域内87个市域中，只有16个市域的开放创新高质量发展指数进入全国前100名，其余71个市域排名均在全国100名以后，占比高达82%，其中，又有46个市域的开放创新高质量发展指数排名在全国200名之后，占比高达65%，由此可见，西部地区市域间的开放创新高质量发展不仅差异大而且整体水平相对较低，西部地区的开放创新高质量发展还有较大的提升空间。

（6）从区域民生共享高质量发展指数的差异来看（见图3－15），东部地区内市域间的民生共享高质量发展指数差异最大，标准差系数为0.0749，再依次是西部地区，标准差系数为0.0629；东北地区，标准差系数为0.0389，中部地区内市域间的差异最小，标准差系数为0.0380。

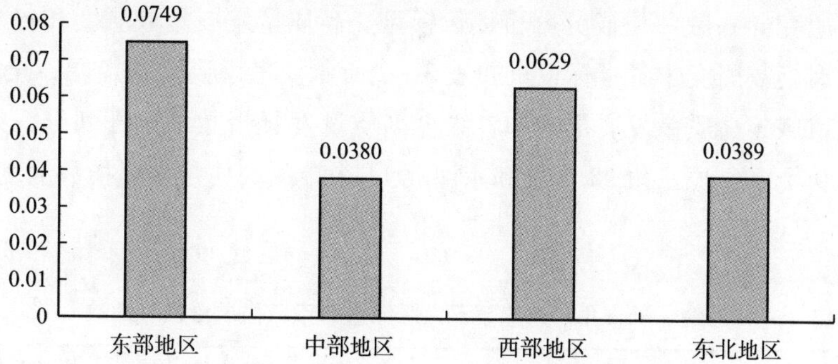

图3-15　四大区域民生共享高质量发展标准差系数

东部地区在经济快速发展的进程中，产生一些收入不均衡、机会不均等、保障不全面、基础设施不完善等民生共享方面的问题是不可避免的，这在某些层面符合“先富带动后富”的理念，另外，也要求我们必须充分释放“发展红利”，使高质量发展成果更多更公平地惠及每一个人。

第二节　粤港澳、长三角及京津冀三大区域经济高质量发展比较研究

一、三大区域内各市域高质量发展指数测度结果

本书将粤港澳、长三角和京津冀三大区域放到全国地级市域的比较中（不包括4个直辖市及港、澳、台），多角度深入探讨其高质量发展状况，分析其高质量发展的优势和劣势。粤港澳包括广州、深圳、珠海、佛山、惠州、东莞、中山、江门、肇庆9个市；长三角包括南京、无锡、常州、苏州、南通、盐城、扬州、镇江、泰州、杭州、宁波、嘉兴、湖州、绍兴、金华、舟

山、台州、合肥、芜湖、马鞍山、铜陵、安庆、滁州、池州、宣城25个市；京津冀包括保定、唐山、廊坊、沧州、秦皇岛、石家庄、张家口、承德、邯郸、邢台、衡水11个市。

运用变异系数－主成分分析评价模型，高质量发展指数测度和各维度高质量发展指数测度中各指标权重如表3－2所示。考虑到文章篇幅，全国285个地级市域年高质量发展指数和各维度高质量发展指数未全部列出，只列出粤港澳9个市、长三角25个市和京津冀11个市的高质量发展指数测度结果，如表3－2所示。

表3－2　粤港澳、长三角和京津冀三大区域内各市域高质量发展指数

区域		综合指数	绿色生态	社会人文	企业发展	经济效率	开放创新	民生共享
粤港澳	广州	0.5477	0.5879	0.5026	0.4892	0.5687	0.4820	0.5274
	深圳	0.7047	0.5547	0.6206	0.7178	0.8602	0.6000	0.5997
	珠海	0.5249	0.6174	0.3932	0.3418	0.5644	0.5992	0.4797
	佛山	0.4697	0.5662	0.4344	0.4574	0.5341	0.3283	0.4605
	惠州	0.3856	0.6826	0.3559	0.2800	0.4283	0.2445	0.4028
	东莞	0.5461	0.4650	0.4365	0.4216	0.5993	0.5608	0.6697
	中山	0.4299	0.5613	0.4325	0.3177	0.4197	0.3584	0.4922
	江门	0.3601	0.6591	0.3037	0.2869	0.4245	0.1986	0.3708
	肇庆	0.3478	0.7231	0.3061	0.3011	0.4261	0.1348	0.3306
长三角	南京	0.4899	0.5699	0.3957	0.4420	0.5551	0.3955	0.4915
	无锡	0.4533	0.5963	0.2872	0.4417	0.5825	0.2644	0.4787
	常州	0.4097	0.6200	0.2792	0.3833	0.5153	0.2085	0.4344
	苏州	0.5638	0.6297	0.4076	0.5826	0.5564	0.4800	0.4964
	南通	0.3729	0.6290	0.2995	0.3722	0.4548	0.1479	0.3738
	盐城	0.3286	0.6144	0.2510	0.2900	0.4207	0.1203	0.3480
	扬州	0.3418	0.5860	0.2747	0.3123	0.4554	0.1320	0.3530
	镇江	0.3633	0.6131	0.2467	0.3027	0.4469	0.2033	0.3797
	泰州	0.3471	0.6033	0.2751	0.3192	0.4540	0.1399	0.3414
	杭州	0.5358	0.6360	0.5210	0.5595	0.5404	0.3539	0.5472

续表

区域		综合指数	绿色生态	社会人文	企业发展	经济效率	开放创新	民生共享
长三角	宁波	0.4817	0.6287	0.3755	0.5162	0.5271	0.2979	0.4634
	嘉兴	0.4166	0.5577	0.2871	0.3767	0.5030	0.2702	0.4422
	湖州	0.4067	0.6610	0.3656	0.3559	0.4863	0.2017	0.4186
	绍兴	0.4082	0.6578	0.3038	0.3654	0.4871	0.2183	0.4142
	金华	0.4078	0.6914	0.4617	0.3154	0.4582	0.2131	0.4343
	舟山	0.3704	0.6688	0.2564	0.2506	0.5139	0.1779	0.4195
	台州	0.3817	0.7032	0.3689	0.3405	0.4328	0.1469	0.4002
	合肥	0.4415	0.5919	0.4529	0.3925	0.4886	0.3358	0.3878
	芜湖	0.3708	0.5727	0.3076	0.3179	0.4659	0.2421	0.3326
	马鞍山	0.3506	0.5634	0.2853	0.2769	0.4744	0.2032	0.3308
	铜陵	0.3074	0.5668	0.2863	0.2746	0.3576	0.1456	0.3079
	安庆	0.3087	0.6189	0.2774	0.3070	0.4293	0.0614	0.3061
	滁州	0.3224	0.5724	0.3116	0.3017	0.4625	0.1115	0.2969
	池州	0.3146	0.6520	0.2833	0.2837	0.4241	0.0834	0.3166
	宣城	0.3400	0.6477	0.3694	0.3018	0.4557	0.1180	0.3011
京津冀	石家庄	0.3691	0.5986	0.3787	0.3433	0.4681	0.1767	0.3548
	廊坊	0.3534	0.5849	0.3035	0.2963	0.5245	0.1335	0.6453
	秦皇岛	0.3483	0.6224	0.2709	0.2816	0.4559	0.1842	0.3528
	唐山	0.3332	0.5656	0.2687	0.3178	0.4559	0.1141	0.3636
	保定	0.3228	0.5773	0.3843	0.2928	0.4361	0.1016	0.3141
	邯郸	0.3151	0.5531	0.3790	0.3008	0.4441	0.0784	0.3058
	沧州	0.3095	0.5547	0.2394	0.3010	0.4459	0.0735	0.3492
	张家口	0.3082	0.6216	0.3199	0.2716	0.4546	0.0734	0.2894
	邢台	0.3034	0.5373	0.3595	0.2775	0.4393	0.0703	0.3136
	衡水	0.2976	0.5728	0.2415	0.2770	0.4466	0.0640	0.3087
	承德	0.2969	0.6179	0.2538	0.2739	0.4294	0.0552	0.3137

二、三大区域高质量发展水平在全国所处地位

表3－3和图3－16数据显示，全国285个地级市域（以下简称全国市域）高质量发展综合指数均值为0.3270，粤港澳高质量发展综合指数均值为0.4796，比全国市域均值高0.1526，是全国市域均值的近1.5倍。长三角的高质量发展综合指数均值（0.3934）比粤港澳均值低0.0862，但也比全国市域均值高0.0664。而京津冀的高质量发展综合指数均值（0.3234）略低于全国市域均值，分别比粤港澳和长三角低0.1562和0.0700。全国高质量发展综合指数排名前10市域中，5个位于粤港澳（深圳、广州、东莞、珠海、佛山），4个位于长三角（苏州、杭州、南京、宁波），0个位于京津冀。

表3－3　粤港澳、长三角和京津冀高质量发展指数

区域	综合指数	绿色生态	社会人文	企业发展	经济效率	开放创新	民生共享
全国均值	0.3270	0.6149	0.2925	0.2948	0.4418	0.1111	0.3352
粤港澳	0.4796	0.6019	0.4206	0.4015	0.5361	0.3896	0.4815
长三角	0.3934	0.6181	0.3292	0.3593	0.4779	0.2109	0.3927
京津冀	0.3234	0.5824	0.3090	0.2940	0.4546	0.1023	0.3555

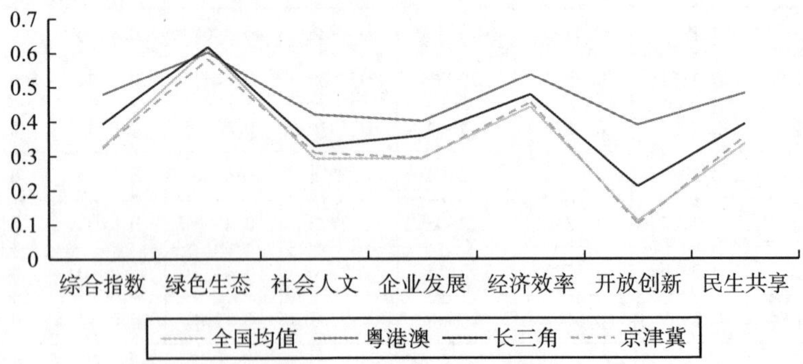

图3－16　粤港澳、长三角和京津冀高质量发展指数

因此，粤港澳和长三角的高质量发展总体水平远高于京津冀，在全国范围内也处于领先地位，且区域内均有多个市域的实力超强，能够对区域内其他城市起到极大的辐射和引领带动作用。京津冀 11 个市在高质量发展的诸多方面还有很大的提升空间，考虑到这些市域环围着北京、天津 2 个直辖城市，如果这 11 个市不加快高质量发展进程，可能会拖累北京、天津 2 个直辖市的高质量发展。

从六个细分维度看，三大区域在全国的情形分析如下：

（1）绿色生态高质量发展指数。全国市域的均值为 0. 6149，高于粤港澳（0. 6019）和京津冀（0. 5824），低于长三角（0. 6181）。可看出长三角在绿色生态文明建设中取得了一定成效，但粤港澳和京津冀两大区域在该方面的形势较为严峻，作为我国两大重要战略区域，在推动我国现代化建设进程中起着引领和示范作用，也是我国实现制造强国的主战场，要以解决当前资源环境面临的突出问题为前提，加强对生态环境保护的重视，加强对生态文明的建设，始终将“绿水青山就是金山银山”的理念融合到经济社会发展的决策中。

（2）社会人文高质量发展指数。全国市域的均值为 0. 2925，粤港澳的指数均值为 0. 4206，是全国市域均值的近 1. 44 倍，可以看出粤港澳人文高质量明显处于领先位置，说明粤港澳在软实力上具有明显的竞争优势，能够产生品牌效应，吸引更多的外部投资，从而带动区域内经济的发展。长三角的指数均值为 0. 3292，与粤港澳有一定的差距，但仍高出全国市域均值 0. 0367。京津冀的指数均值（0. 3090）同样高于全国市域均值，但与粤港澳和长三角相比存在一定的差距，说明京津冀除了北京和天津的知名度较高外，其他城市的人文质量有待提高。

（3）企业发展高质量发展指数。全国市域的均值为 0. 2948，粤港澳（0. 4015）和长三角（0. 3593）均高于全国平均水平。京津冀的指数均值为 0. 2940，略低于全国平均水平，与粤港澳和长三角的差距较大。企业发展高质量是我们评价区域经济高质量发展的重要内核，在六个维度权重中达 0. 1753，仅次于开放创新权重 0. 2431。因此从这点来看，粤港澳和长三角在全国高质量发展中是能够起到引领作用的，而京津冀各市域要继续深化区域协调发展，以北京、天津为核心，依靠东北老工业基地优势，带动区域内的制造业高质量发展。

（4）经济效率高质量发展指数。全国市域的均值为0.4418，粤港澳的指数均值为0.5361，比全国市域均值高出0.0943，长三角（0.4779）和京津冀（0.4546）均同样高于全国平均水平，但与粤港澳相比有一定差距。高质量发展是经济总量扩大到一定程度后，产业结构升级、新旧动能转换、区域协调发展、人民生活质量提高综合作用的结果。高质量发展阶段，关键是要实现动力变革、质量变革和效率变革，提高全要素生产率，因此，长三角和京津冀内各市域应加快经济转型，在保持一定的经济增长速度上加快经济发展方式和新旧动力的转换。

（5）开放创新高质量发展指数。全国市域的均值为0.1111，粤港澳的指数均值为0.3896，是全国市域均值的3.5倍多，长三角（0.2109）与粤港澳有一定差距，但高于全国平均水平。京津冀的指数均值为0.1023，低于全国市域的均值，约为粤港澳的指数均值的1/4。在我国当前现代化建设和全面对外开放格局下，作为定位为我国三大世界级城市群的三大区域，粤港澳和长三角充分发挥了两者各自的地理区位优势和国家政策优势，开放创新水平具有极高的优势和较好的发展态势。而京津冀作为与粤港澳和长三角同等级的地理区域，并且优先被纳入国家层面的战略规划，其开放创新水平明显偏低，同时也说明北京和天津应进一步发挥其在区域内的核心城市的引领带动作用。

（6）民生共享高质量发展指数。全国市域的均值为0.3352，粤港澳的指数均值为0.4815，是全国市域均值的近1.44倍，长三角的指数均值仅次于粤港澳，为0.3927，是全国市域均值的1.17倍多。京津冀的指数均值（0.3555）也略高于全国市域均值，但低于粤港澳和长三角的指数均值。高质量发展的最终落脚点在于提高人民的生活水平和质量，包括教育、医疗、保险、就业等方面政策的完善，三大区域应继续加快落实社会惠民政策，完善社会保障机制，为高质量发展筑牢基石。

三、三大区域内市域间高质量发展差异测度及影响因素分析

一个区域内部细分区域的协调、均衡发展是保障该区域全面有效互动、持续高质量发展的基础，测度区域内市域间高质量发展差异有助于我们观察、判

断一个具体区域可能的发展趋势。本书用极差和标准差系数来测度粤港澳、长三角和京津冀三个区域内市域高质量发展差异。具体如表3－4、图3－17所示。

表3－4　粤港澳、长三角及京津冀内市域间高质量发展指数的极差及标准差系数

区域	差异指标	综合指数	绿色生态	社会人文	企业发展	经济效率	开放创新	民生共享
粤港澳	极差	0.3569	0.2581	0.3169	0.4378	0.4405	0.4652	0.3391
	标准差系数	0.1079	0.0736	0.0937	0.1333	0.1336	0.1677	0.1018
长三角	极差	0.2564	0.1455	0.2742	0.332	0.2249	0.4186	0.2503
	标准差系数	0.0680	0.0397	0.0715	0.0865	0.0498	0.0996	0.0684
京津冀	极差	0.0721	0.0851	0.1449	0.0717	0.0951	0.1290	0.3560
	标准差系数	0.0233	0.0282	0.0553	0.0207	0.0244	0.0429	0.0946

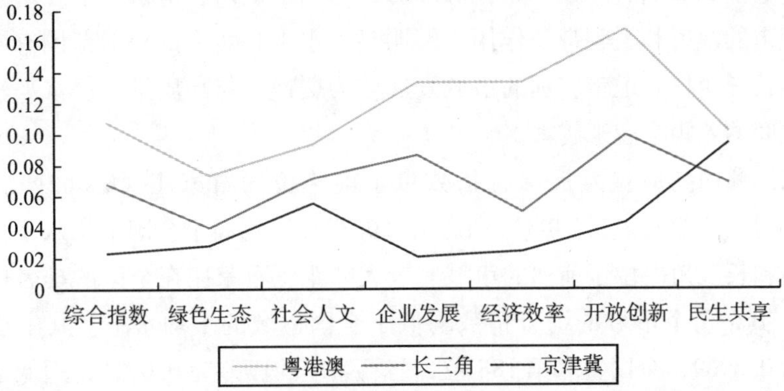

图3－17　粤港澳、长三角及京津冀内市域间高质量发展指数标准差系数

（1）从区域内高质量发展综合指数的差异看，粤港澳、长三角和京津冀内市域间的差异依次减小，标准差系数分别为0.1079、0.0680和0.0233。

粤港澳的深圳（0.7047）、广州（0.5477）、东莞（0.5461）和珠海（0.5249）高质量发展综合指数均在0.5以上，是全国市域平均水平的1.6倍以上，全国排名依次是第1位、第3位、第4位和第6位，尤其是深圳比位列粤港澳第2位的广州高出0.1570。高质量发展综合指数最低的肇庆（0.3478）略高于全国平均水平，但不到水平超强的深圳的1/2，在全国位于第65位。基于以上分析可发现，尽管粤港澳内各市域的高质量发展水平有较大的差异，但各市域均高于全国市域的平均水平。分析其原因，首先，可能是9个市都集中在珠三角沿岸，相互之间的地理位置较近，能够相互促进；其次，有深圳、广州、东莞和珠海等多个高质量发展水平极高的城市的引领和带动作用，对其他城市经济发展的辐射功能能够起到整合效应；最后，紧邻港澳，能够吸引大量外资，带动地区的经济发展。

长三角内高质量发展综合指数的极差为0.2564，低于粤港澳内的极差。长三角的苏州（0.5638）和杭州（0.5358）高质量发展综合指数也在0.5以上，但与深圳有较大差距，分别位列全国第2位、第5位。低于全国市域平均水平的市域有4个，分别为滁州（0.3224）、池州（0.3146）、安庆（0.3087）和铜陵（0.3074），全国排名分别为第113位、第128位、第152位和第159位。整体上看，尽管长三角有4个市域位列全国前10位，但是相对于粤港澳的深圳、广州、东莞和珠海，苏州、杭州、南京、宁波4个市对周边城市的辐射和引领带动作用不够明显，水平和实力的辐射范围有限，因此距离长三角核心地带较远的市域发展较为缓慢，与高质量发展水平较高的市域之间的差距会越来越大。

京津冀内高质量发展综合指数位于前4位的石家庄（0.3691）、廊坊（0.3534）、秦皇岛（0.3483）和唐山（0.3332）均高于全国平均水平，但与粤港澳和长三角内位于前列的市域有较大差距，石家庄在全国的排名仅为第50位。其余7个市域的综合指数均低于全国市域的平均水平，其中承德最低，为0.2969，全国排名第188位，与石家庄的极差为0.0721，远低于粤港澳和长三角内的极差。因此，尽管京津冀内市域的差异较小，但是各市域的高质量发展水平较低，说明作为区域内起核心和引领作用的北京和天津，尚未很好地发挥各自的优势，带动周边市域的经济发展。

（2）从区域内绿色生态高质量发展指数的差异看，粤港澳内市域间的差异最大，其标准差系数为0.0736，分别是长三角（0.0397）和京津冀（0.0282）标准差系数的1.8倍和2.6倍以上。

粤港澳内指数最高的肇庆（0.7231）比全国市域均值高0.1082，全国排名第13位。有5个市域低于全国市域平均水平，全国排名均在第170位之后，分别为广州、佛山、中山、深圳和东莞，指数最低的东莞（0.4650）与肇庆的极差为0.2581，全国排名第281位。可以看出，粤港澳内高质量发展整体水平非常高的市域在绿色生态高质量发展水平非常落后，表现出高质量发展综合水平与绿色生态高质量发展水平之间的非正式负相关性。这反映出粤港澳在追求经济发展效益的过程中受到了严重的环境恶化和资源利用效率低的瓶颈限制。

长三角位列前3位的市域分别为台州（0.7032）、金华（0.6914）和舟山（0.6688），全国排名分别为第25位、第32位和第62位。区域内25个市中有12个市域低于全国市域平均水平，全国排名均在第130位之后，其中最低的嘉兴（0.5577）与台州的极差为0.1455，全国排名为第240位。因此，尽管长三角内市域绿色生态高质量发展差异小于粤港澳，但大部分城市处于较低水平，全国位列第100名之后；另外，与粤港澳相似，少数市域的绿色生态状况与其高质量发展水平严重不匹配，如苏州、杭州、南京等。对于高质量发展整体水平与绿色生态高质量发展水平严重脱钩的城市，应牢固树立科学发展理念，将生态文明建设放在一切发展的突出位置，始终坚持"绿水青山就是金山银山"的理念，倡导和加强绿色发展、循环发展及低碳发展。

京津冀绿色生态高质量发展指数位列前3的秦皇岛（0.6224）、张家口（0.6216）和承德（0.6179）基本持平，均略高于全国市域平均水平，全国排名分别为第126位、第128位和第133位。其余8个市域均低于全国市域平均水平，其中有5个市域全国排名位于第200名之后，最低的邢台（0.5373）与张家口的极差为0.0851，全国排名为第259位。综合来看，京津冀各市域的绿色生态高质量发展水平均处于较低水平，且在全国位于比较靠后的位置，生态环境破坏较严重。

（3）从区域内社会人文高质量发展指数的差异看，粤港澳内市域间的差异最大，其标准差系数为0.0937，略高于长三角的标准差系数（0.0715），京津冀的标准系数为0.0553，差异为三大区域中的最小者。

粤港澳各市域的社会人文高质量发展指数均高于全国平均水平，有2个市域位列全国前10位，尤其是深圳的指数是全国平均水平的2倍以上，全国排名第1位，而且深圳表现出超强水平，比紧跟其后的广州仍高出0.1180。指数低于0.4的市域有珠海（0.3932）、惠州（0.3559）、肇庆（0.3061）和江门（0.3037），全国排名分别为第31位、第57位、第97位和第105位。江门与深圳的极差为0.3169，远高于另外两大区域内市域间的极差。综上分析，粤港澳内各市域的社会人文高质量发展水平尽管有较大的差异，但均高于全国市域的平均水平，且大部分城市远高于全国平均水平。社会人文高质量作为塑造一个城市品牌的体现，是城市对外交流的名片，粤港澳内各市域的知名度较高，如深圳作为创新名片，东莞作为质量名片等，这大大增强了粤港澳整体的竞争力，能够吸引大量外部投资，进而成为拉动区域内城市经济发展的新的引擎。另外，香港和澳门作为国际金融中心和旅游胜地，以及珠三角具有对外开放程度高、科技创新领先、人才和资金雄厚等优势，将带动包括湖南、江西和福建在内的泛珠三角区域经济高质量发展，甚至将推动粤港澳大湾区建设与长三角区域一体化发展进行整合对接，从而融入长江经济带发展战略成为长江中下游地区经济高质量发展的重要引擎。

长三角社会人文高质量发展指数最高的杭州（0.5210），全国排名第4位，但与粤港澳内位于第1位的深圳有较大差距。其余市域的指数均在0.5以下，其中有12个市域的指数在全国市域平均水平以下，镇江的指数最低，为0.2467，与杭州的极差为0.2742，全国排名第203位。可以发现，长三角区域内部分市域的社会人文高质量发展水平较高，但仍有部分市域在全国市域平均水平以下。

京津冀11个市域的社会人文高质量发展指数均在0.4以下，最高的保定（0.3843）高于全国市域平均水平，但远低于粤港澳和长三角内位于前列的市域，全国排名第37位。区域内有5个市域低于全国市域平均水平，其中最低的沧州仅为0.2394，远低于全国市域平均水平，与保定的极差为0.1449，在全国位于第219位。因此，京津冀社会人文高质量发展水平整体较低，大部分市域处于全国落后状况。京津冀应发挥北京和天津的知名度优势，深化区域协同发展，引领和带动周边市域发挥各自优势促进自身高质量发展。

（4）从区域内企业发展高质量发展指数的差异看，粤港澳内市域间的差异最大，其标准差系数为0.1333，其次为长三角，其市域间的标准系数为0.0865，京津冀内市域间的差异最小，其标准差系数为0.0207。

粤港澳内企业发展高质量发展指数位列前4位的市域分别为深圳（0.7178）、广州（0.4892）、佛山（0.4574）和东莞（0.4216），远高于全国市域平均水平，在全国排名分别为第1位、第5位、第6位和第13位。其余市域均在0.4以下，其中2个市域低于全国市域的平均水平，指数最低的惠州（0.2800）与深圳的极差为0.4378，全国排名第151位。可以看出粤港澳除了深圳、广州、佛山和东莞的企业发展高质量发展较强外，其他市域并不具有优势，我国亟待改变制造业“大而不强”、核心关键技术仍然是瓶颈的状况。

长三角企业发展高质量发展指数在0.5以上的市域有3个，分别为苏州（0.5826）、杭州（0.5595）和宁波（0.5162），全国排名依次是第2位、第3位、第4位。区域内有5个市域的指数低于全国市域平均水平，其中舟山（0.2506）全国排名第247位，与苏州的极差为0.3320。综上分析，长三角尽管有多个市域的企业发展高质量水平较高，但也有少数市域处于较低水平，出现了一定程度的分化现象。

京津冀企业发展高质量发展指数最高的石家庄（0.3433），高于全国市域平均水平，在全国排名第35位。其余市域的指数均集中在0.27～0.32，其中有6个市域低于全国市域平均水平，指数最低的张家口（0.2716）与石家庄的极差为0.0717，是三个区域中极差最小者。分析发现，尽管京津冀内所有市域其企业发展高质量水平差异较小，但均处于较低水平，大部分市域在全国比较靠后，且超过一半市域低于全国市域平均水平。

（5）从区域内经济效率高质量发展指数的差异看，粤港澳内市域间的差异最大，其标准差系数为0.1336，长三角和京津冀内市域间的差异均远低于粤港澳，其标准差系数分别为0.0498和0.0244。

粤港澳内经济效率高质量发展指数最高的深圳（0.8602）位列全国第1位，比区域内位于第2位的东莞（0.5993，全国排名第2位）高出0.2609，广州和珠海也位列全国前10位。区域内惠州（0.4283）、肇庆（0.4261）、江门（0.4245）和中山（0.4197）均低于全国市域平均水平。因此，粤港澳内差异最大的主要原因在于深圳和后4位城市的差值，粤港澳内经济效率高质量发展差异较大。

长三角内经济效率高质量发展指数最高的无锡（0.5825）与深圳的差距较大，全国排名第4位。区域内有5个市域的指数在全国市域平均水平以下，在全国排名的160位之后，其中指数最低的铜陵（0.3576）与无锡的极差为0.2249，全国排名第278位。整体来看，长三角大部分市域经济效率高质量处于较高水平，但不具备很强的优势，还有一部分市域在全国处在比较靠后的位置。

京津冀内经济效率高质量发展指数最高的廊坊（0.5245），全国排名第15位。其余市域的指数均集中在0.42~0.47，其中有3个市域低于全国市域平均水平，指数最低的承德（0.4294）与廊坊的极差为0.0951，远小于粤港澳和长三角的极差。因此，尽管京津冀内各市域间经济效率高质量发展差异较小，但尚处于较低水平。

（6）从区域内开放创新高质量发展指数的差异看，粤港澳内市域间的差异最大，其标准差系数为0.1677，其次为长三角，标准系数为0.0996，京津冀内市域间的差异最小，其标准差系数为0.0429。

粤港澳内全部市域的开放创新高质量发展指数均高于全国市域平均水平，全国排名均在第70位以内，其中有5个市域位列全国前10位，位于前3位的市域分别为深圳（0.6000）、珠海（0.5992）和东莞（0.5608），是全国市域均值的5倍以上，这足以说明深圳、珠海、东莞作为粤港澳核心城市的对外开放程度和创新能力之大。区域内后3位市域的指数均在0.3以下，与前3位有较大差距，其中肇庆的指数最低，为0.1348，略高于全国平均水平，在全国排名第65位，与东莞极差为0.4652。因此，粤港澳开放创新高质量发展整体实力非常强，而且有深圳、珠海、东莞、广州4个水平极高的市域的引领带动作用，对周边市域具有很强的辐射能力，发展潜力巨大。而惠州、江门、肇庆在地理位置上与粤港澳中心城市有较远距离，进而造成与区域内其他市域有较大差距。

长三角内开放创新高质量发展指数排名前3位的市域分别为苏州（0.4800）、南京（0.3955）和杭州（0.3539），全国排名分别为第5位、第7位和第11位，虽然在全国处于领先位置，但与粤港澳前3位有较大的差距。区域内有2个市域的指数低于全国市域平均水平，均在全国排名第120位之后，安庆的指数（0.0614）最低，全国排名第183位，与苏州的极差为0.4186。因此，长三角整体水平要低于粤港澳，各市域间的差异较大。另外，粤港澳和长三角均出现了两极分化的现象，表明在企业发展高质量发展维度区域内各市域极度不平衡。

京津冀内开放创新高质量发展指数只有秦皇岛（0.1842）、石家庄（0.1767）、廊坊（0.1335）和唐山（0.1141）高于全国市域平均水平，但与粤港澳和长三角前列的市域相差较大，在全国排名分别为第46位、第49位、第67位和第83位，其余市域均在第100位及以后。区域内排名最后的承德

(0.0552）不到全国市域平均水平的1/2，全国排名第200位。综上可看出，京津冀在开放创新高质量发展这一维度远不如粤港澳和长三角，大部分市域处于全国比较靠后的位置。

(7）从区域内民生共享高质量发展指数的差异看，粤港澳内市域间的差异最大，其标准差系数为0.1018，其次为京津冀，其标准差系数为0.0946，长三角内市域间的差异最小，其标准差系数为0.0684。

粤港澳有4个市域的民生共享高质量发展水平位于全国前10位（含第10位），位于前3位的市域分别为东莞（0.6697）、深圳（0.5997）和广州（0.5274），全国排名分别为第1位、第4位和第7位。区域内只有肇庆（0.3306）略低于全国市域平均水平，全国排名第113位，与东莞的极差为0.3391。因此，粤港澳在民生共享高质量发展维度整体上处于较高水平，但出现了两极分化现象，东莞的指数是肇庆的2倍以上。

长三角有6个市域的民生共享高质量发展水平位于全国前20位（含第20位），其中2个市域在全国位列前10位，杭州的指数最高，为0.5472，是全国市域平均水平的1.6倍以上，全国排名第5位，但与粤港澳的东莞和深圳有较大差距。区域内有7个市域低于全国市域平均水平，其中最低的滁州（0.2969）与杭州的极差为0.2503，全国排名第210位。因此，长三角在民生共享维度也表现出一定程度的两极分化现象，杭州的指数将近滁州的2倍，沪苏杭区域的民生共享高质量发展整体上优于远离此区域的市域。

京津冀民生共享高质量发展指数最高的廊坊（0.6453）与最低的张家口（0.2893）的极差为0.3560，高于粤港澳和长三角。其他市域均在0.28～0.37，6个市域在全国市域平均水平以下，全国排名在第150位之后。因此，京津冀内各市域在民生共享高质量发展这一维度均处于较低的水平，明显落后于粤港澳和长三角。京津冀应以北京和天津为依托，加快融入以北京和天津为核心的京津冀城市群，借鉴北京和天津的发展经验，不断完善社会保障等民生领域的政策和制度，促进区域经济高质量发展。

四、结论

粤港澳大湾区、长三角城市群和京津冀地区是我国经济最具活力、开放程度最高、科创能力最强、吸纳外来人口最多的三大战略区域，是“一带一路”的三大重要交汇地带，在国家当前全方位开放格局中具有举足轻重的战略地位，“世界级城市群”是国家对这三大区域的共同定位。作为我国经济最发达的三大地区，在高质量发展阶段起着重要的战略支撑作用。本书基于高质量发展的内涵和外延，在科学构建区域经济高质量发展评价指标体系和评价模型的基础上，在测度了全国285个地级市域高质量发展指数基础上，对粤港澳、长三角及京津冀高质量发展状况、水平和差异进行了系统全面的比较分析，得出的结论如下：

（1）基于粤港澳、长三角及京津冀高质量发展水平在全国范围所处地位的视角。粤港澳和长三角的高质量发展综合指数远高于全国市域平均水平，京津冀的高质量发展综合指数略低于全国市域平均水平。粤港澳内有多个市域高质量发展实力超强，对区域内其他市域具有很大的辐射和引领带动作用。从6个细分维度高质量发展指数看，在社会人文、经济效率和民生共享高质量发展维度，粤港澳、长三角和京津冀均高于全国市域平均水平；在企业发展和开放创新高质量发展维度，粤港澳和长三角均高于全国市域平均水平，京津冀低于全国市域平均水平；在绿色生态高质量发展维度，粤港澳和京津冀均低于全国市域平均水平，长三角高于全国市域平均水平。

（2）基于粤港澳、长三角及京津冀之间高质量发展水平比较的视角。从高质量发展综合指数来看，粤港澳高质量发展水平最高，长三角次之，京津冀最低。从6个细分维度高质量发展指数看，在绿色生态高质量发展维度中，长三角的水平最高，粤港澳次之，京津冀最低；在其余5个维度，粤港澳的水平最高，长三角次之，京津冀最低。

（3）基于粤港澳、长三角及京津冀内各市域间高质量发展水平差异的视角。从高质量发展综合指数来看，粤港澳内的差异程度最大，其次为长三角，京津冀内差异程度最小。从6个细分维度高质量发展指数看，在民生共享高质量发展维度中，粤港澳内的差异程度最大，其次为京津冀，长三角内差异程度最小；在其余5个维度，粤港澳内的差异程度最大，其次为长三角，京津冀内差异程度最小。

第三节 市域人口与市域经济高质量发展分析

根据2019年平均人口数量，我们将本书285个市域人口以50万人为一档进行划分，共分为21档。不同人口区间市域经济高质量发展综合指数得分情况具体如表3-5所示。

表3-5 不同人口区间市域经济高质量发展综合指数得分情况

市域人口区间（人）	市域数（个）	市域	高质量发展综合指数平均值
50万以下	4	拉萨、嘉峪关、金昌、克拉玛依	0.3538
50万~99万	9	舟山、乌海、鹤岗、七台河、三亚、儋州、铜川、酒泉、石嘴山	0.3071
100万~149万	20	鄂州、攀枝花、新余、鹰潭、丽江、黄山、阳泉、本溪、盘锦、辽源、白山、双鸭山、伊春、珠海、防城港、张掖、海东、吴忠、固原、中卫	0.3074
150万~199万	21	雅安、景德镇、张家界、铜陵、池州、朔州、鄂尔多斯、巴彦淖尔、阜新、辽阳、白城、鸡西、黑河、东营、鹤壁、中山、北海、海口、白银、武威、银川	0.3127
200万~249万	20	萍乡、玉溪、临沧、马鞍山、淮北、晋城、呼和浩特、包头、抚顺、丹东、营口、通化、佳木斯、三门峡、东莞、贺州、延安、平凉、西宁、乌鲁木齐	0.3210
250万~299万	29	黄石、荆门、随州、镇江、湘潭、湖州、衢州、丽水、保山、普洱、宣城、呼伦贝尔、乌兰察布、锦州、铁岭、葫芦岛、松原、大庆、牡丹江、厦门、三明、威海、漯河、潮州、来宾、崇左、商洛、庆阳、陇南	0.3122
300万~349万	26	安顺、十堰、咸宁、自贡、广元、眉山、资阳、秦皇岛、大同、长治、晋中、忻州、通辽、鞍山、朝阳、四平、南平、龙岩、日照、韶关、河源、阳江、云浮、安康、兰州、定西	0.3049
350万~399万	26	六盘水、宜昌、德阳、遂宁、乐山、巴中、常州、嘉兴、芜湖、蚌埠、淮南、承德、太原、吕梁、莆田、宁德、滨州、焦作、惠州、汕尾、柳州、梧州、宝鸡、汉中、榆林、天水	0.3210

续表

市域人口区间（人）	市域数（个）	市　域	高质量发展综合指数平均值
400万~449万	17	贵阳、铜仁、内江、抚州、株洲、绍兴、临汾、吉林、淄博、枣庄、濮阳、佛山、江门、清远、钦州、百色、河池	0.3285
450万~499万	12	广安、扬州、益阳、娄底、金华、滁州、张家口、廊坊、衡水、赤峰、肇庆、咸阳	0.3203
500万~549万	21	孝感、泸州、绵阳、南昌、九江、吉安、无锡、连云港、泰州、郴州、怀化、安庆、运城、齐齐哈尔、绥化、漳州、许昌、深圳、梅州、桂林、渭南	0.3432
550万~599万	15	襄阳、宜宾、达州、淮安、宿迁、岳阳、昆明、六安、大连、泰安、德州、开封、平顶山、汕头、贵港	0.3240
600万~649万	9	荆州、宜春、常德、永州、宁波、台州、昭通、聊城、安阳	0.3312
650万~699万	5	曲靖、宿州、亳州、烟台、新乡	0.3217
700万~749万	10	黄冈、南充、南京、苏州、长沙、长春、福州、洛阳、揭阳、玉林	0.3807
750万~799万	12	上饶、南通、衡阳、杭州、合肥、唐山、邢台、沧州、沈阳、泉州、济南、南宁	0.3737
800万~849万	6	遵义、盐城、邵阳、温州、青岛、茂名	0.3569
850万~899万	5	武汉、济宁、郑州、信阳、湛江	0.3632
900万~949万	4	毕节、潍坊、广州、西安	0.4012
950万~999万	3	赣州、哈尔滨、驻马店	0.3344
1000万以上	11	成都、徐州、阜阳、石家庄、邯郸、保定、临沂、菏泽、南阳、商丘、周口	0.3296

本书把不同人口区间市域经济高质量发展综合指数平均得分及趋势绘制如图3-18所示。

由图3-18可知，人口在700万~749万人的市域经济发展高质量平均水平最高，其次为750万~799万人和900万~999万人。在前10位的城市中，人口数量在100万~149万人的是珠海，在200万~249万人的是东莞，在400万～449万人的是佛山，在500万～549万人的是深圳，在600万～649万人的是宁波，在700万～749万人的是南京、苏州和长沙，在750万～799万人的是杭州，在900万～999万人的是广州。

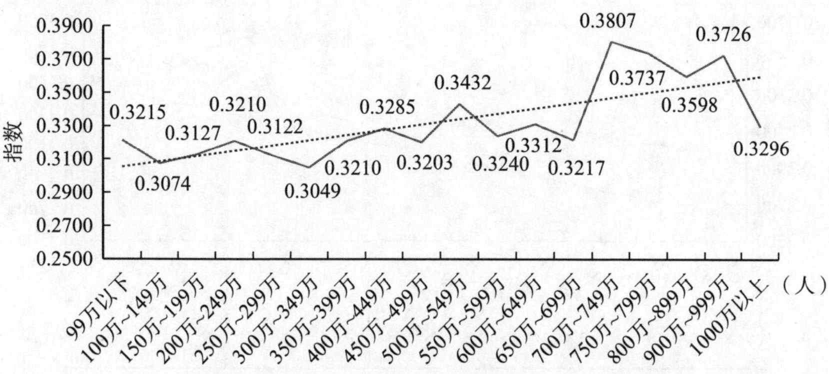

图3－18　不同人口区间市域经济高质量发展综合指数平均得分及趋势

我们把不同人口区间市域绿色生态高质量发展综合指数平均得分及趋势绘制如图3－19所示。

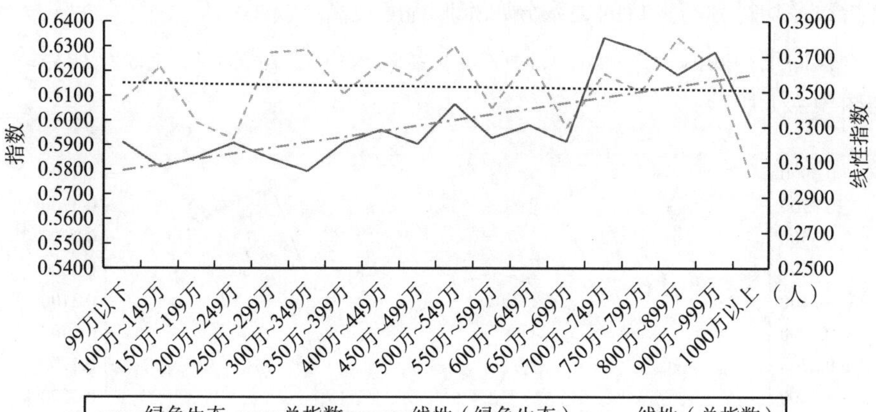

图3－19　不同人口区间市域绿色生态高质量发展综合指数平均得分及趋势

由图3－19可知，绿色生态高质量发展水平与人口的关联度较小，绿色生态维度平均得分与人口的关系分布和综合指数平均得分与人口的关系分布有一定的相似，但趋势相反。

我们把不同人口区间市域社会人文高质量发展综合指数平均得分及趋势绘制如图 3－20 所示。

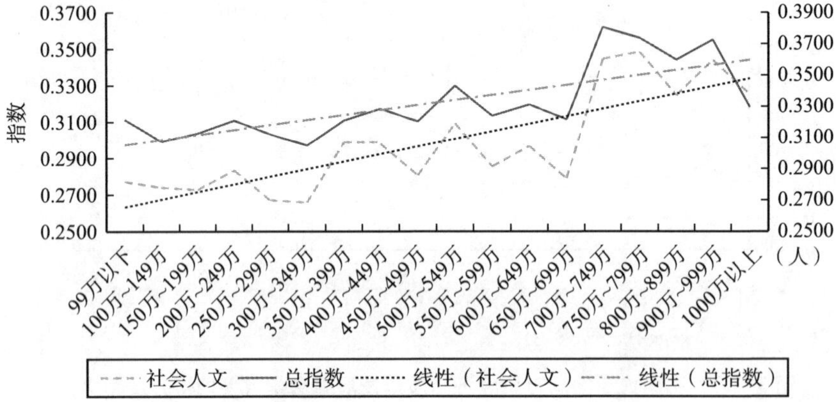

图 3－20　不同人口区间市域社会人文高质量发展综合指数平均得分及趋势

由图 3－20 可知，社会人文高质量发展平均得分与人口的关系分布和综合指数平均得分与人口的关系分布相似程度较高。

我们把不同人口区间市域企业高质量发展综合指数平均得分及趋势绘制如图 3－21 所示。

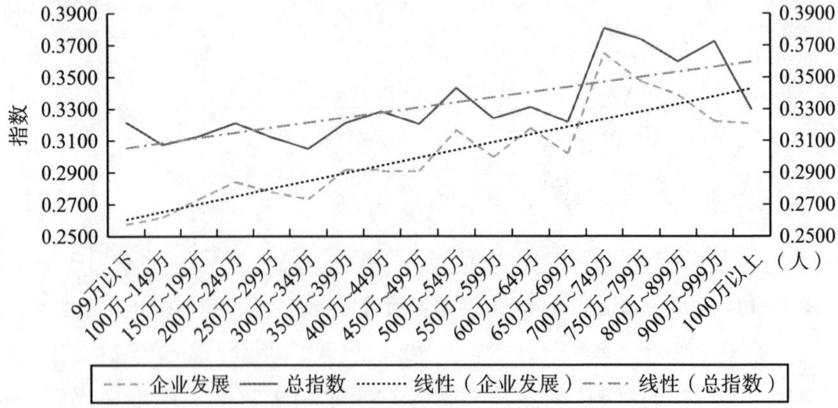

图 3－21　不同人口区间市域企业高质量发展综合指数平均得分及趋势

由图 3－21 可知，企业高质量发展维度平均得分与人口分布和综合指数平均得分与人口分布较为相似。

我们把不同人口区间市域经济效率高质量发展综合指数平均得分及趋势绘制如图 3－22 所示。

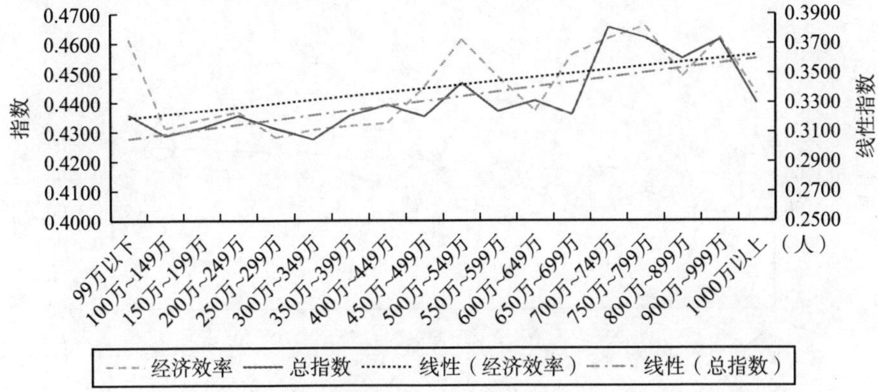

图 3－22　不同人口区间市域经济效率高质量综合指数平均得分及趋势

由图 3－22 可知，经济效率高质量维度得分与人口分布特征和综合指数得分与人口分布特征有一定程度的相似。

我们把不同人口区间市域开放创新高质量发展综合指数平均得分及趋势绘制如图 3－23 所示。

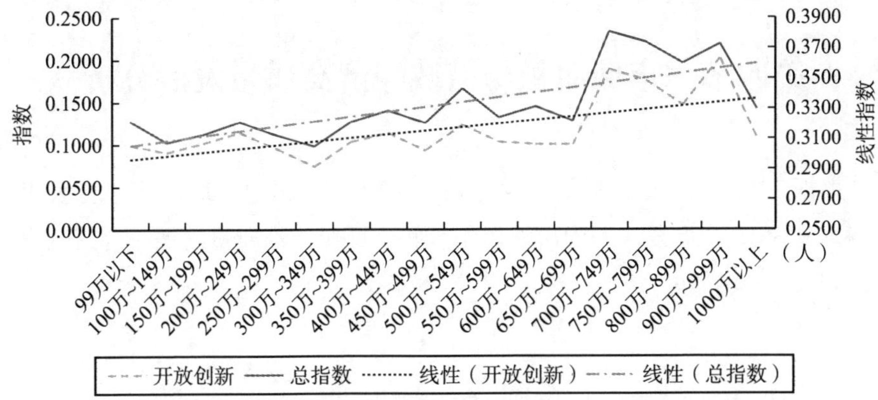

图 3－23　不同人口区间市域开放创新高质量综合指数平均得分及趋势

由图 3－23 可知，开放创新高质量发展维度得分与人口分布特征和综合指数得分与人口分布特征相似，主要原因是开放创新维度权重为 0. 2612，权重占比大，对综合指数得分影响较大。

我们把不同人口区间市域民生共享高质量发展综合指数平均得分及趋势绘制如图 3－24 所示。

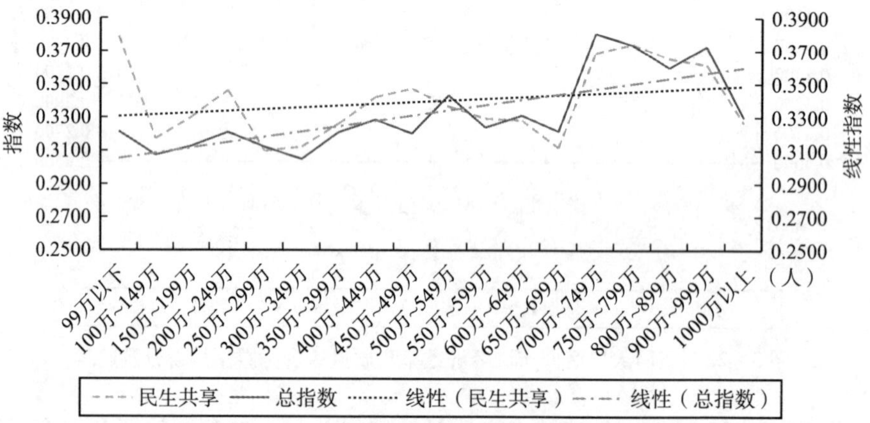

图 3－24　不同人口区间市域民生共享高质量发展综合指数平均得分及趋势

由图 3－24 可知，民生共享高质量维度得分与人口分布特征和综合指数与人口分布特征有一定程度的相似。

第四节　市域面积与市域经济高质量发展分析

根据 2019 年市域面积的大小，我们将 285 个市域按 0. 25 万平方公里为一档，分为 13 个区段。不同市域面积区间市域经济高质量发展综合指数得分情况如表 3－6 所示。

表3-6　不同市域面积区间市域经济高质量发展综合指数得分情况

市域土地面积区间（平方公里）	市域数（个）	市　域	高质量发展综合指数平均值
0.25万以下	12	鄂州、舟山、乌海、厦门、鹤壁、深圳、珠海、汕头、东莞、中山、海口、三亚	0.4232
0.25万~0.5万	28	黄石、自贡、萍乡、新余、鹰潭、无锡、常州、镇江、嘉兴、马鞍山、淮北、铜陵、阳泉、辽阳、盘锦、莆田、枣庄、焦作、濮阳、许昌、漯河、佛山、汕尾、潮州、北海、儋州、铜川、嘉峪关	0.3320
0.5万~0.75万	32	攀枝花、德阳、遂宁、内江、眉山、广安、资阳、南昌、景德镇、南京、扬州、泰州、湘潭、湖州、芜湖、蚌埠、淮南、廊坊、太原、营口、辽源、七台河、淄博、威海、日照、郑州、开封、安阳、广州、揭阳、防城港、石嘴山	0.3355
0.75万~1万	38	贵阳、六盘水、安顺、武汉、孝感、咸宁、随州、苏州、连云港、宿迁、张家界、娄底、宁波、绍兴、衢州、黄山、宿州、亳州、池州、秦皇岛、衡水、晋城、鞍山、本溪、东营、泰安、聊城、滨州、平顶山、新乡、江门、阳江、云浮、咸阳、金昌、西宁、银川、克拉玛依	0.3342
1万~1.25万	42	荆门、泸州、南充、巴中、徐州、南通、淮安、长沙、株洲、益阳、温州、金华、台州、合肥、阜阳、宣城、邯郸、邢台、朔州、抚顺、锦州、阜新、葫芦岛、福州、泉州、济南、青岛、济宁、德州、菏泽、三门峡、商丘、周口、茂名、惠州、钦州、贵港、贺州、西安、平凉、海东、固原	0.3324
1.25万~1.5万	29	荆州、成都、乐山、宜宾、玉溪、安庆、滁州、唐山、沧州、大同、长治、运城、沈阳、大连、铁岭、四平、鹤岗、漳州、宁德、烟台、湛江、肇庆、梧州、玉林、来宾、渭南、兰州、天水、乌鲁木齐	0.3199
1.5万~1.75万	23	黄冈、广元、达州、雅安、盐城、衡阳、岳阳、杭州、丽水、六安、石家庄、晋中、呼和浩特、丹东、通化、潍坊、临沂、洛阳、驻马店、梅州、河源、崇左、吴忠	0.3241
1.75万~2万	19	铜仁、襄阳、九江、宜春、抚州、常德、郴州、保山、朝阳、白山、龙岩、信阳、韶关、清远、柳州、宝鸡、商洛、定西、中卫	0.3089

续表

市域土地面积区间（平方公里）	市域数（个）	市　域	高质量发展综合指数平均值
2万~2.25万	15	宜昌、绵阳、邵阳、永州、昆明、昭通、丽江、保定、临汾、吕梁、长春、松原、大庆、南宁、白银	0.3176
2.25万~2.5万	7	十堰、上饶、临沧、鸡西、双鸭山、三明、安康	0.3017
2.5万~2.75万	8	毕节、吉安、忻州、白城、南平、南阳、汉中、庆阳	0.2994
2.75万~3万	7	怀化、曲靖、包头、桂林、吉林、拉萨、陇南	0.3197
3万以上	25	遵义、赣州、普洱、张家口、承德、赤峰、通辽、鄂尔多斯、呼伦贝尔、巴彦淖尔、乌兰察布、哈尔滨、齐齐哈尔、伊春、佳木斯、牡丹江、黑河、绥化、百色、河池、延安、榆林、武威、张掖、酒泉	0.2931

我们把不同面积区间市域经济高质量发展综合指数平均得分及趋势绘制如图3－25所示。

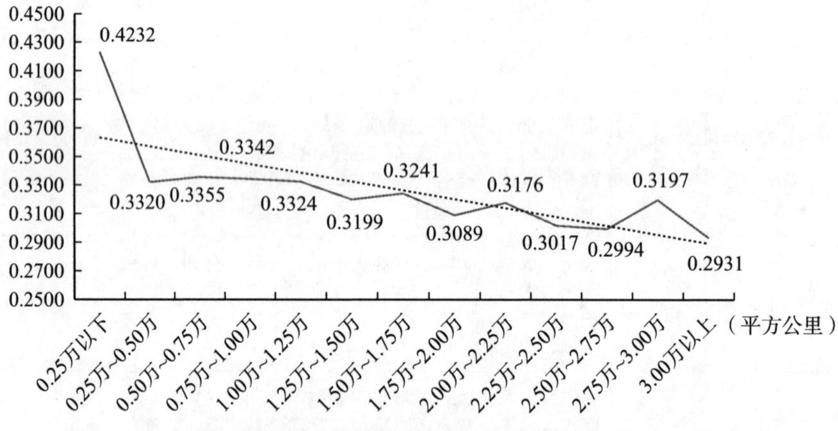

图3－25　不同面积区间市域经济高质量发展综合指数平均得分及趋势

由图3－25可以看出，随着市域土地面积的增大，经济高质量发展综合指数平均值有逐渐减小的趋势。其中，前10位的城市中，深圳、珠海和东莞3个市域土地面积均小于0.25万平方公里；佛山市域土地面积在0.25万~

0.50 万平方公里；广州、南京两个市域土地面积在 0.50 万～0.75 万平方公里；苏州、宁波两个市域土地面积在 0.75 万～1.00 万平方公里；长沙市域土地面积在 1.00 万～1.25 万平方公里；杭州市域土地面积在 1.50 万～1.75 万平方公里。

我们把不同面积区间市域绿色生态高质量发展综合指数平均得分及趋势绘制如图 3－26 所示。

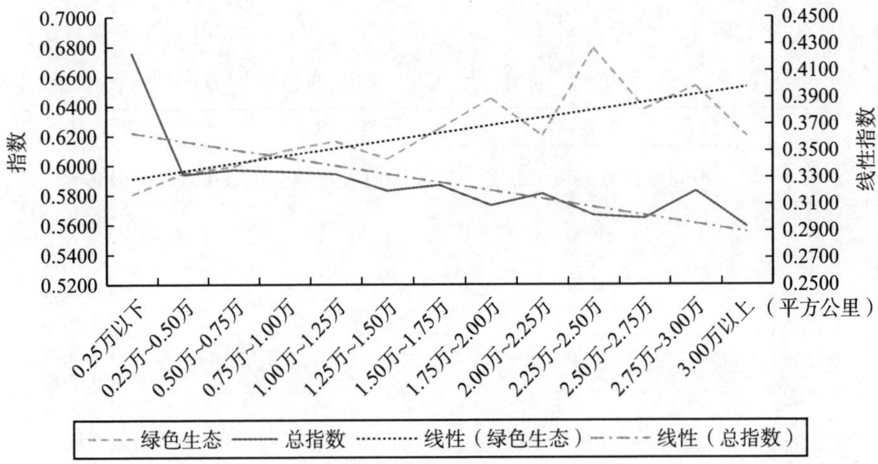

图 3－26　不同面积区间市域绿色生态高质量发展综合指数平均得分及趋势

由图 3－26 可知，绿色生态高质量发展维度得分与面积分布特征和综合指数得分与面积分布特征仅有一定程度的相似，但趋势相反。

我们把不同面积区间市域社会人文高质量发展综合指数平均得分及趋势绘制如图 3－27 所示。

由图 3－27 可知，社会人文维度得分随着面积变化的趋势与综合指数随着面积变化的趋势较为接近，面积大的市域其社会人文高质量发展得分相对较低。

我们把不同面积区间市域企业发展高质量综合指数平均得分及趋势绘制如图 3－28 所示。

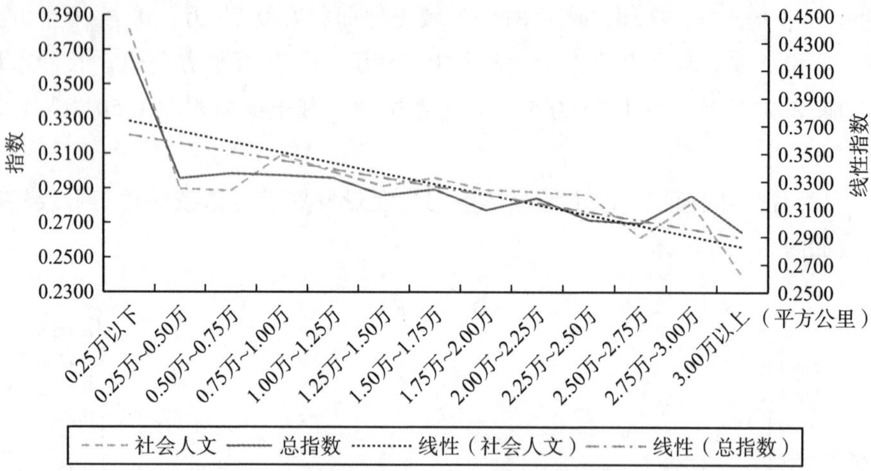

图3－27　不同面积区间市域社会人文高质量发展综合指数平均得分及趋势

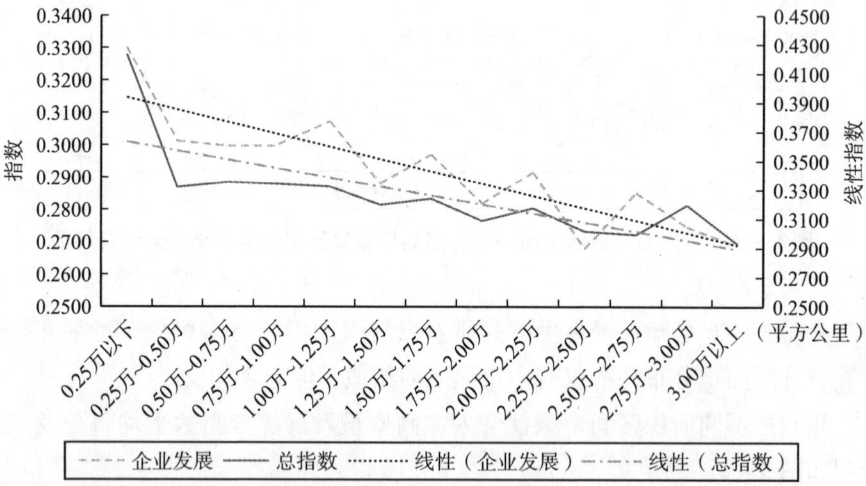

图3－28　不同面积区间市域企业发展高质量综合指数平均得分及趋势

由图3－28可知，企业发展维度得分随着面积变化的趋势与综合指数随着面积变化的趋势有一定程度的相似，面积大的市域其社会人文高质量发展得分相对较低。

我们把不同面积区间市域经济效率高质量发展综合指数平均得分及趋势绘制如图3－29所示。

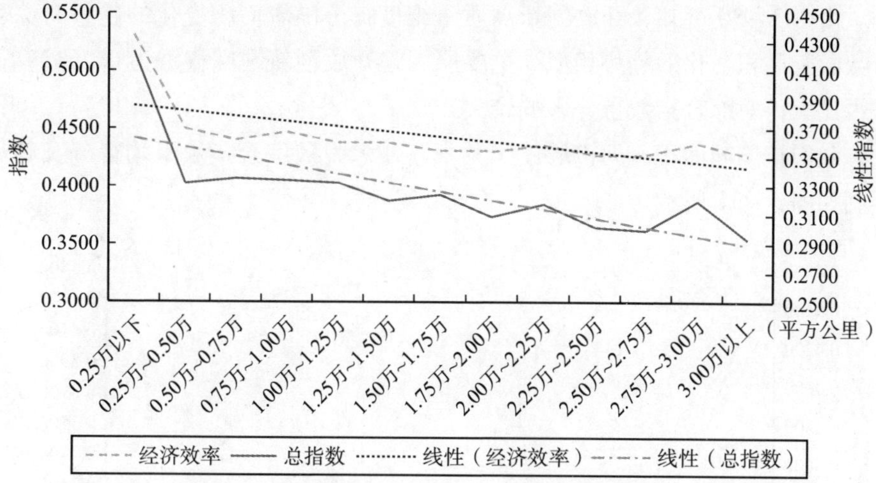

图 3－29　不同面积区间市域经济效率高质量发展综合指数平均得分及趋势

由图 3－29 可知，经济效率高质量发展维度得分随着面积变化的趋势与综合指数随着面积变化的趋势较为相似。

我们把不同面积区间市域开放创新高质量发展综合指数平均得分及趋势绘制如图 3－30 所示。

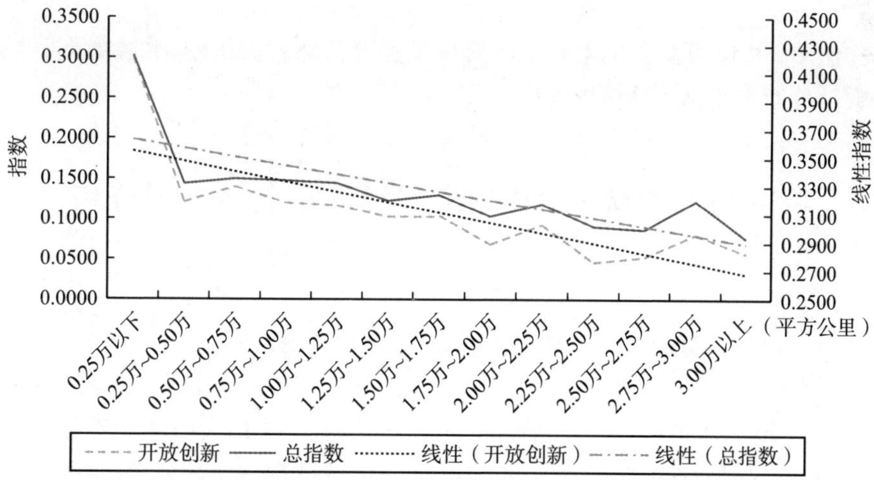

图 3－30　不同面积区间市域开放创新高质量发展综合指数平均得分及趋势

由图 3－30 可知，开放创新高质量维度得分随着面积变化的趋势与综合指数随着面积变化的趋势相似，主要原因是开放创新维度权重为 0.2612，权重占比大，对综合指数得分影响较大。

我们把不同面积区间市域民生共享高质量发展综合指数平均得分及趋势绘制如图 3－31 所示。

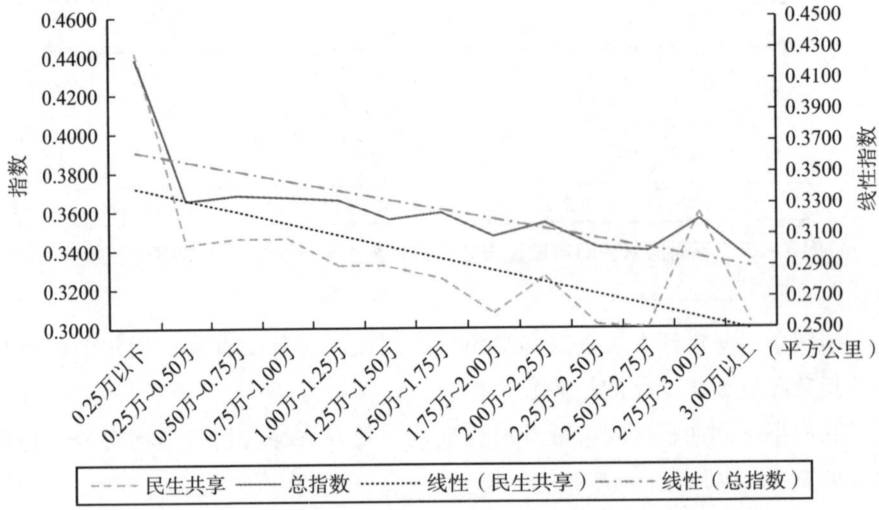

图 3－31　不同面积区间市域民生共享高质量发展综合指数平均得分及趋势

由图 3－31 可知，民生共享高质量维度得分随着面积变化的趋势与综合指数随着面积变化的趋势较为相似。

第五节　市域 GDP 与市域经济高质量发展分析

一、市域 GDP 总值与市域经济高质量发展分析

根据 2019 年市域 GDP 水平，本书将 285 个市域 GDP 以 1000 亿元为一档进行划分，分为 10 个区段。不同 GDP 区间市域经济高质量发展综合指数得分情况具体如表 3－7 所示。

表 3-7　　不同 GDP 区间市域经济高质量发展综合指数得分情况

市域 GDP（元）	市域数（个）	市　　域	高质量发展综合指数平均值
999 亿以下	73	丽江、阜新、辽源、白城、鹤岗、双鸭山、伊春、七台河、儋州、铜川、嘉峪关、金昌、白银、武威、张掖、平凉、定西、陇南、海东、固原、中卫、安顺、广元、雅安、巴中、资阳、景德镇、萍乡、新余、鹰潭、张家界、保山、普洱、临沧、铜陵、黄山、池州、阳泉、乌海、巴彦淖尔、乌兰察布、抚顺、本溪、丹东、辽阳、铁岭、朝阳、葫芦岛、四平、通化、白山、松原、鸡西、佳木斯、牡丹江、黑河、鹤壁、云浮、梧州、防城港、贺州、河池、来宾、崇左、三亚、拉萨、商洛、天水、酒泉、庆阳、石嘴山、吴忠、克拉玛依	0.2914
1000 亿~1999 亿	77	六盘水、铜仁、鄂州、随州、自贡、攀枝花、遂宁、内江、眉山、广安、舟山、丽水、昭通、淮南、淮北、承德、大同、晋城、朔州、晋中、忻州、临汾、通辽、呼伦贝尔、锦州、营口、盘锦、吉林、齐齐哈尔、绥化、三门峡、韶关、梅州、汕尾、河源、阳江、潮州、北海、钦州、贵港、百色、安康、西宁、毕节、黄石、咸宁、乐山、抚州、益阳、怀化、娄底、衢州、玉溪、宿州、六安、亳州、宣城、秦皇岛、张家口、衡水、长治、运城、吕梁、赤峰、鞍山、南平、枣庄、日照、濮阳、漯河、清远、玉林、海口、渭南、延安、汉中、银川	0.3051
2000 亿~2999 亿	53	十堰、荆门、孝感、黄冈、泸州、德阳、南充、达州、吉安、湘潭、邵阳、郴州、永州、蚌埠、马鞍山、安庆、邢台、宁德、聊城、滨州、开封、平顶山、安阳、肇庆、揭阳、桂林、宝鸡、咸阳、荆州、绵阳、宜宾、宜春、上饶、曲靖、滁州、阜阳、呼和浩特、包头、大庆、莆田、三明、龙岩、东营、泰安、威海、新乡、焦作、许昌、商丘、信阳、驻马店、汕头、兰州	0.3177
3000 亿~3999 亿	29	遵义、九江、赣州、连云港、宿迁、株洲、衡阳、湖州、邯郸、廊坊、德州、菏泽、周口、珠海、江门、湛江、茂名、中山、柳州、乌鲁木齐、淮安、岳阳、常德、芜湖、保定、沧州、鄂尔多斯、淄博、南阳	0.3423
4000 亿~4999 亿	12	贵阳、宜昌、镇江、太原、济宁、惠州、榆林、襄阳、金华、漳州、临沂、南宁	0.3512

续表

市域 GDP（元）	市域数（个）	市　　域	高质量发展综合指数平均值
5000 亿 ~ 5999 亿	13	泰州、嘉兴、台州、哈尔滨、洛阳、南昌、盐城、扬州、绍兴、石家庄、长春、厦门、潍坊	0. 3730
6000 亿 ~ 6999 亿	4	昆明、沈阳、温州、唐山	0. 3807
7000 亿 ~ 7999 亿	4	徐州、常州、大连、烟台	0. 3842
9000 亿 ~ 9999 亿	7	南通、合肥、福州、泉州、济南、东莞、西安	0. 4312
10000 亿以上	13	武汉、成都、南京、无锡、苏州、长沙、杭州、宁波、青岛、郑州、广州、深圳、佛山	0. 5030

注："市域 GDP"中"8000 亿 ~ 8999 亿元"无对应市域，因此表中省略此统计区间。图 3 – 32 至图 3 – 38 同。

我们把不同 GDP 区间市域经济高质量发展综合指数平均得分及趋势绘制如图 3 – 32 所示。

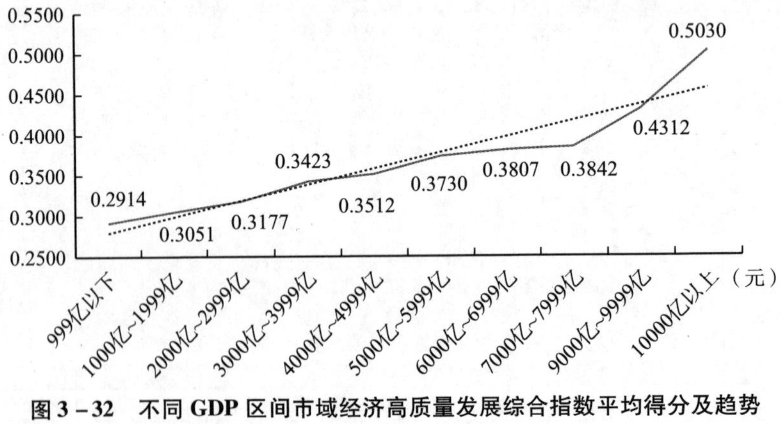

图 3 – 32　不同 GDP 区间市域经济高质量发展综合指数平均得分及趋势

由图 3－32 可知，GDP 在 10000 亿元以上的市域经济发展高质量平均水平最高，其次为 9000 亿～9999 亿元和 7000 亿～7999 亿元。在前 10 位的城市中，GDP 水平在 3000 亿～3499 亿元的是珠海，在 9000 亿～9999 亿元的是东莞，在 10000 亿元以上的市域有 8 个，分别是佛山（10751 亿元）、长沙（11574 亿元）、宁波（11985 亿元）、南京（14031 亿元）、杭州（15373 亿元）、苏州（19236 亿元）、广州（23629 亿元）、深圳（26927 亿元）。

我们把不同 GDP 区间市域绿色生态高质量发展综合指数平均得分及趋势绘制如图 3－33 所示。

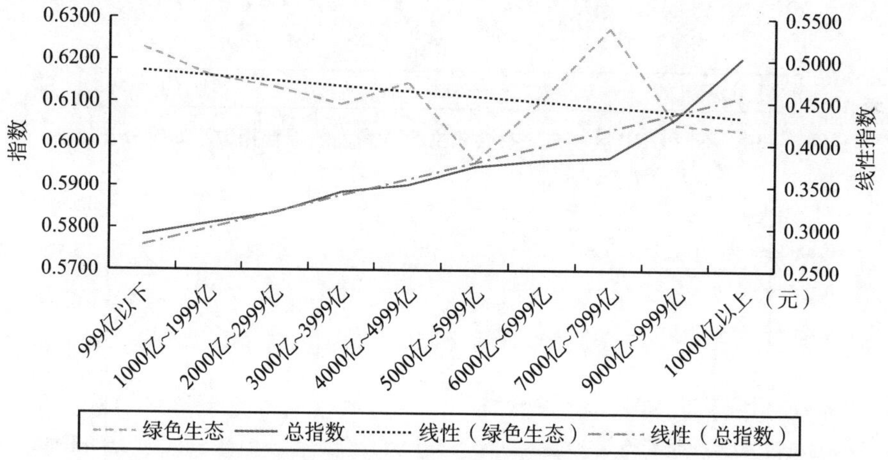

图 3－33　不同 GDP 区间市域绿色生态高质量发展综合指数平均得分及趋势

由图 3－33 可知，绿色生态高质量发展水平与 GDP 的关联度较小，绿色生态维度平均得分与 GDP 的关系分布和综合指数平均得分与 GDP 的关系分布相差较大，且趋势相反。

我们把不同 GDP 区间市域社会人文高质量发展综合指数平均得分及趋势绘制如图 3－34 所示。

由图 3－34 可知，社会人文高质量发展维度平均得分与 GDP 的关系分布和综合指数平均得分与 GDP 的关系分布较为相似，GDP 水平高的市域其社会人文高质量发展得分相对较高。

我们把不同 GDP 区间市域企业高质量发展综合指数平均得分及趋势绘制

如图 3－35 所示。

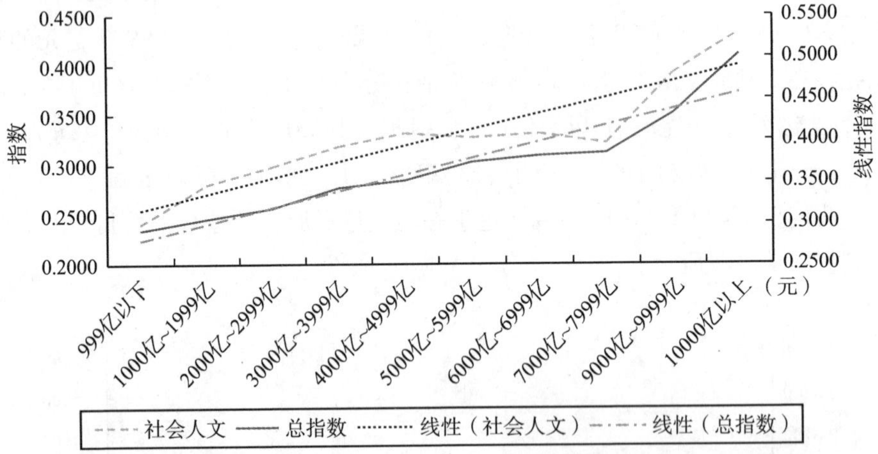

图 3－34　不同 GDP 区间市域社会人文高质量发展综合指数平均得分及趋势

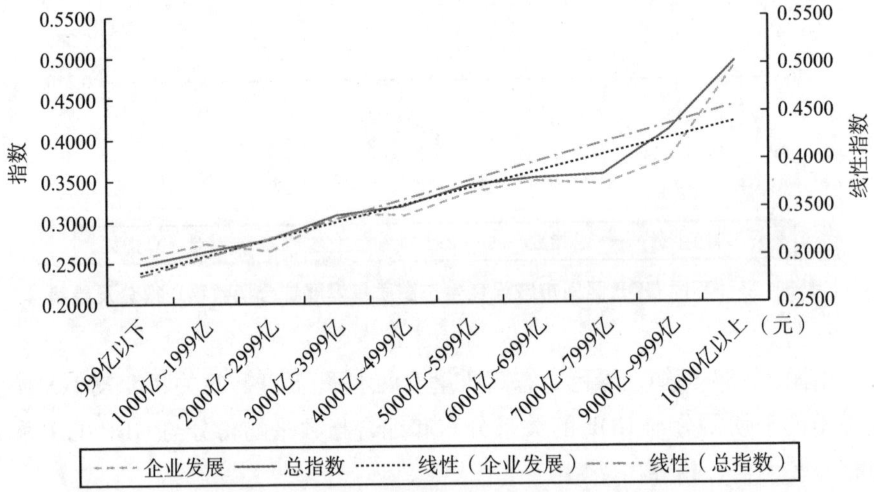

图 3－35　不同 GDP 区间市域企业发展高质量综合指数平均得分及趋势

由图 3－35 可知，企业高质量发展维度平均得分与 GDP 分布和综合指数平均得分与 GDP 分布相似程度较高。

我们把不同 GDP 区间市域经济效率高质量发展综合指数平均得分及趋势绘制如图 3－36 所示。

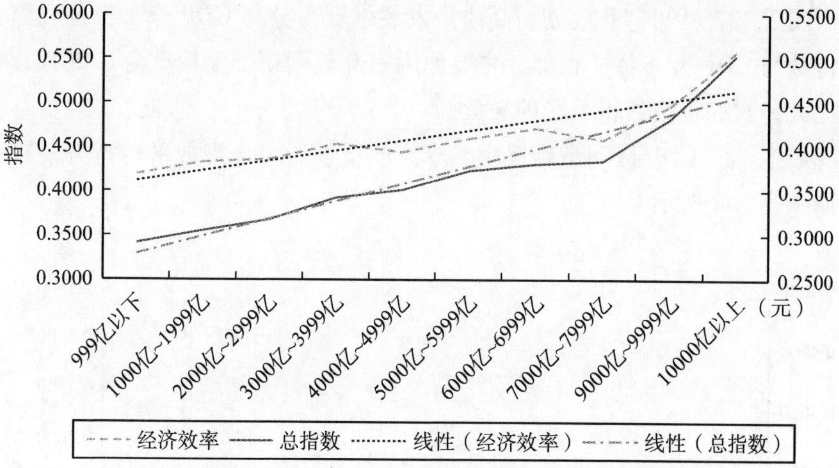

图 3－36　不同 GDP 区间市域经济效率高质量发展综合指数平均得分及趋势

由图 3－36 可知，经济效率高质量发展维度得分与 GDP 分布特征和综合指数得分与 GDP 分布特征较为相似。

我们把不同 GDP 区间市域开放创新高质量发展综合指数平均得分及趋势绘制如图 3－37 所示。

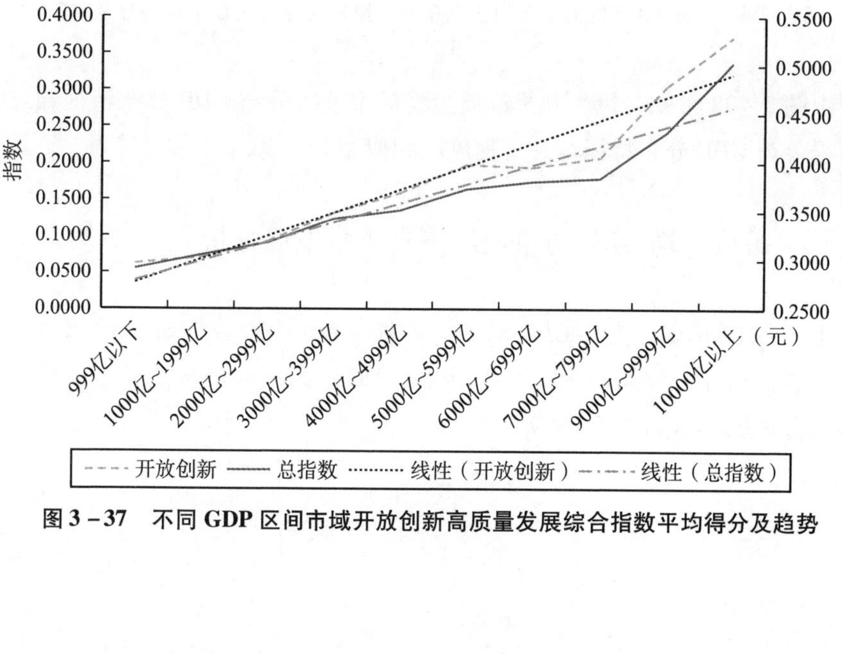

图 3－37　不同 GDP 区间市域开放创新高质量发展综合指数平均得分及趋势

由图 3 – 37 可知，开放创新高质量发展维度得分与 GDP 分布特征和综合指数得分与 GDP 分布特征相似，主要原因是开放创新维度权重为 0. 2612，权重占比大，对综合指数得分影响较大。

我们把不同 GDP 区间市域民生共享高质量发展综合指数平均得分及趋势绘制如图 3 – 38 所示。

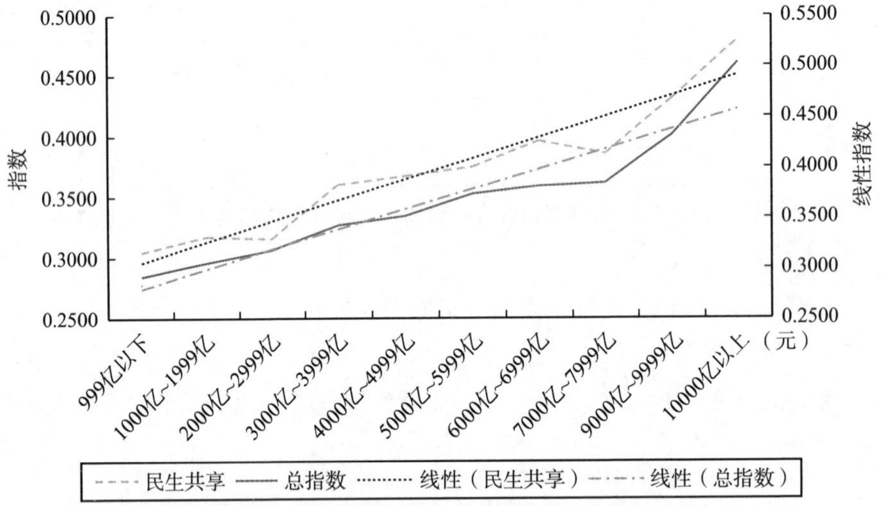

图 3 – 38　不同 GDP 区间市域民生共享高质量发展综合指数平均得分及趋势

由图 3 – 38 可知，民生共享高质量发展维度得分与 GDP 分布特征和综合指数得分与 GDP 分布特征有一定程度的相似。

二、市域人均 GDP 与市域经济高质量发展分析

根据 2019 年市域人均 GDP 水平，本书将 285 个市域人均 GDP 以 1 万元为一档进行划分，分为 15 档。不同人均 GDP 区间市域经济高质量发展综合指数得分情况具体如表 3 – 8 所示。

表3-8　不同人均GDP区间市域经济高质量发展综合指数得分情况

市域人均GDP（元）	市域数（个）	市　域	高质量发展综合指数平均值
1.00万～1.99万	5	昭通、天水、平凉、定西、陇南	0.2736
2.00万～2.99万	38	毕节、铜仁、广安、巴中、资阳、邵阳、阜阳、六安、亳州、邢台、运城、乌兰察布、阜新、铁岭、朝阳、葫芦岛、四平、松原、白城、齐齐哈尔、伊春、绥化、商丘、周口、驻马店、梅州、揭阳、梧州、贵港、玉林、百色、贺州、河池、来宾、白银、武威、庆阳、固原	0.2834
3.00万～3.99万	72	六盘水、安顺、荆州、黄冈、广元、遂宁、内江、南充、达州、赣州、吉安、抚州、上饶、张家界、益阳、永州、怀化、娄底、曲靖、保山、丽江、普洱、临沧、淮南、宿州、邯郸、保定、张家口、承德、衡水、忻州、临汾、吕梁、赤峰、通辽、丹东、锦州、吉林、辽源、通化、鸡西、鹤岗、双鸭山、佳木斯、七台河、牡丹江、黑河、临沂、聊城、菏泽、安阳、濮阳、南阳、信阳、韶关、湛江、茂名、汕尾、河源、清远、潮州、云浮、桂林、钦州、崇左、儋州、渭南、安康、商洛、张掖、海东、中卫	0.2961
4.00万～4.99万	36	遵义、孝感、随州、自贡、泸州、眉山、宜宾、雅安、萍乡、宜春、衡阳、郴州、淮北、安庆、沧州、大同、长治、晋中、呼伦贝尔、巴彦淖尔、抚顺、辽阳、白山、枣庄、济宁、泰安、开封、平顶山、新乡、汕头、肇庆、阳江、铜川、咸阳、汉中、吴忠	0.3057
5.00万～5.99万	28	十堰、咸宁、绵阳、乐山、景德镇、九江、连云港、宿迁、常德、丽水、蚌埠、铜陵、黄山、池州、宣城、石家庄、秦皇岛、阳泉、鞍山、本溪、营口、哈尔滨、德州、鹤壁、许昌、漯河、南宁、宝鸡	0.3223
6.00万～6.99万	22	黄石、荆门、德阳、徐州、淮安、盐城、岳阳、衢州、滁州、廊坊、晋城、朔州、南平、宁德、潍坊、日照、滨州、洛阳、三门峡、酒泉、西宁、石嘴山	0.3176
7.00万～7.99万	13	鹰潭、株洲、湘潭、温州、长春、莆田、焦作、江门、柳州、北海、防城港、延安、金昌	0.3372
8.00万～9.00万	8	襄阳、新余、台州、玉溪、沈阳、龙岩、淄博、兰州	0.3503
9.00万～9.99万	14	贵阳、攀枝花、金华、芜湖、马鞍山、唐山、乌海、盘锦、大庆、三明、漳州、海口、西安、银川	0.3534

续表

市域人均GDP（元）	市域数（个）	市　域	高质量发展综合指数平均值
10.00万~10.99万	6	鄂州、南昌、泰州、太原、惠州、三亚	0.3703
11.00万~11.99万	10	宜昌、成都、湖州、昆明、呼和浩特、大连、济南、烟台、威海、榆林	0.3862
12.00万~12.99万	5	南通、扬州、绍兴、合肥、包头	0.3783
13.00万~13.99万	4	福州、泉州、郑州、嘉峪关	0.3934
14.00万~14.99万	4	嘉兴、舟山、青岛、东营	0.3970
15.00万以上	20	武汉、南京、无锡、常州、苏州、镇江、长沙、杭州、宁波、鄂尔多斯、厦门、广州、深圳、珠海、佛山、东莞、中山、拉萨、乌鲁木齐、克拉玛依	0.4734

我们把不同人均GDP区间市域经济高质量发展综合指数平均得分及趋势绘制如图3－39所示。

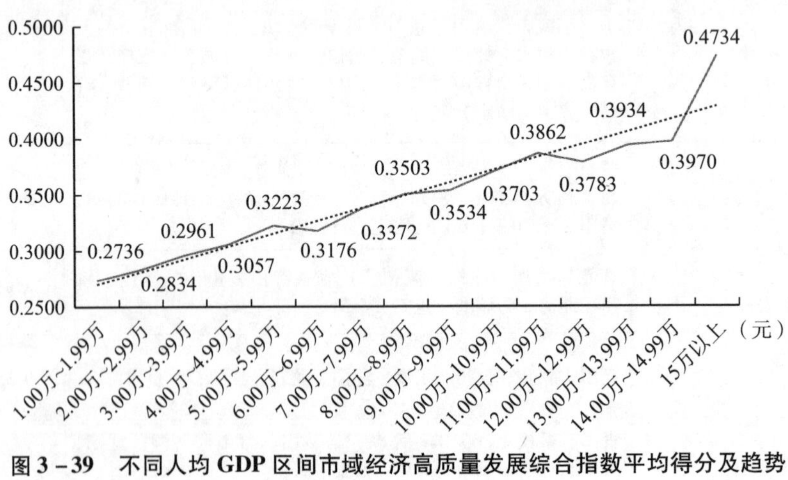

图3－39　不同人均GDP区间市域经济高质量发展综合指数平均得分及趋势

由图 3 - 39 可知，人均 GDP 在 15 万元以上的市域经济发展高质量平均水平最高，其次为 14.00 万 ~ 14.99 万元和 13.00 万 ~ 13.99 万元。在前 10 位的城市中，人均 GDP 水平均在 15 万元以上，在 15 万 ~ 15.99 万元的是长沙，在 19.00 万 ~ 19.99 万元的是南京、杭州和宁波，在 20.00 万 ~ 20.99 万元的是苏州、广州、珠海和佛山，在 30.00 万元以上的是东莞和深圳。

我们把不同人均 GDP 区间市域绿色生态高质量发展综合指数平均得分及趋势绘制如图 3 - 40 所示。

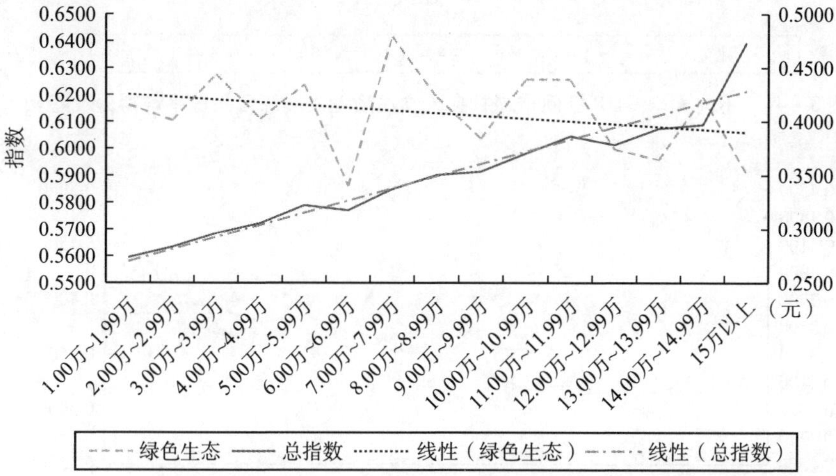

图 3 - 40　不同人均 GDP 区间市域绿色生态高质量发展综合指数平均得分及趋势

由图 3 - 40 可知，绿色生态高质量发展水平与人均 GDP 的关联度较小，绿色生态维度平均得分与人均 GDP 的关系分布和综合指数平均得分与人均 GDP 的关系分布相差较大，且趋势相反。

我们把不同人均 GDP 区间市域社会人文高质量发展综合指数平均得分及趋势绘制如图 3 - 41 所示。

由图 3 - 41 可知，社会人文高质量发展维度平均得分与人均 GDP 的关系分布和综合指数平均得分与人均 GDP 的关系分布较为相似。

我们把不同人均 GDP 区间市域企业高质量发展综合指数平均得分及趋势绘制如图 3 - 42 所示。

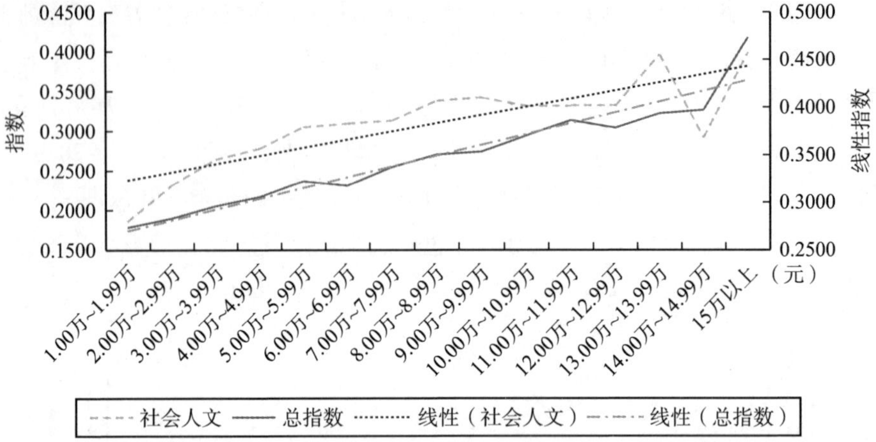

图 3-41　不同人均 GDP 区间市域社会人文高质量发展综合指数平均得分及趋势

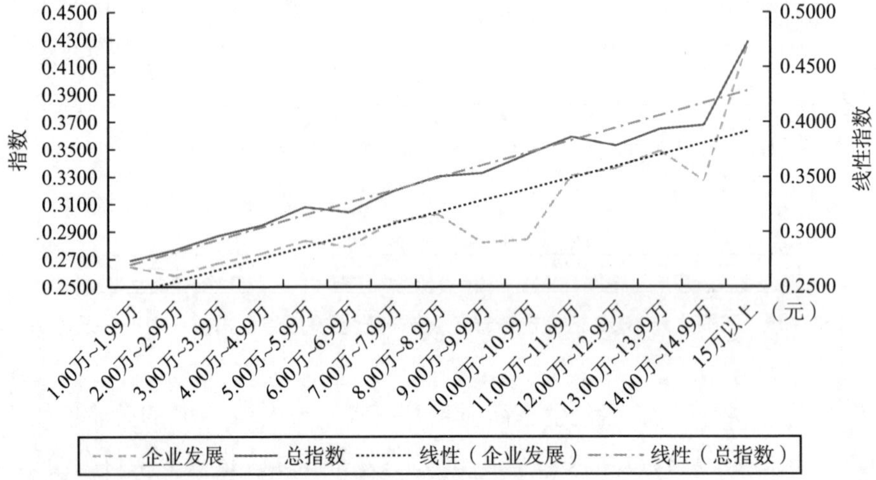

图 3-42　不同人均 GDP 区间市域企业高质量发展综合指数平均得分及趋势

由图 3-42 可知，企业高质量发展维度平均得分与人均 GDP 分布和综合指数平均得分与人均 GDP 分布有一定程度的相似。

我们把不同人均 GDP 区间市域经济效率高质量发展综合指数平均得分及趋势绘制如图 3-43 所示。

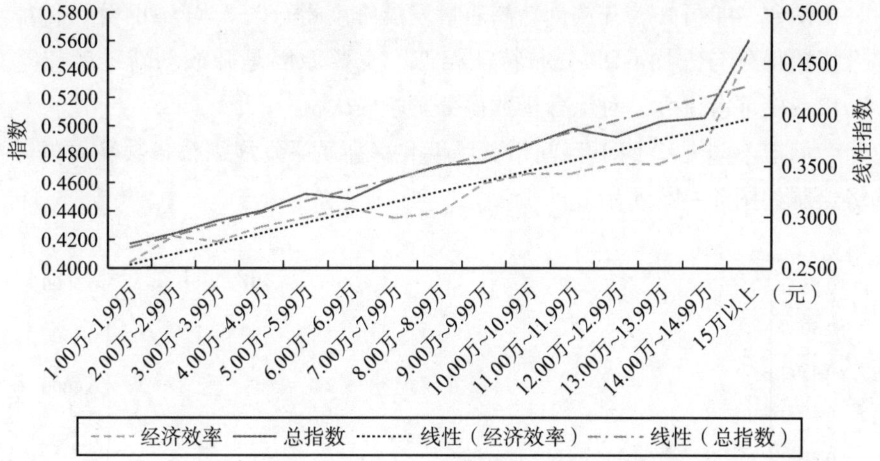

图 3-43　不同人均 GDP 区间市域经济效率高质量发展综合指数平均得分及趋势

由图 3-43 可知，经济效率高质量发展维度得分与人均 GDP 分布特征和综合指数得分与人均 GDP 分布特征较为相似，人均 GDP 水平高的市域经济效率高质量发展得分相对较高。

我们把不同人均 GDP 区间市域开放创新高质量发展综合指数平均得分及趋势绘制如图 3-44 所示。

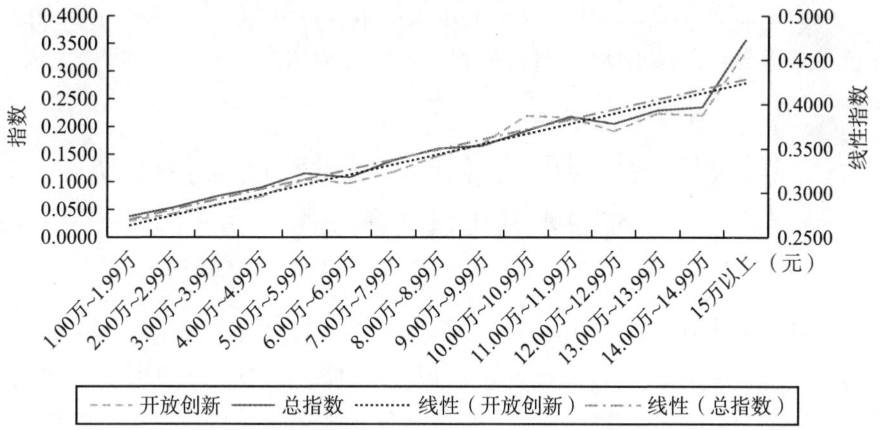

图 3-44　不同人均 GDP 区间市域开放创新高质量发展综合指数平均得分及趋势

由图 3-44 可知，开放创新高质量发展维度得分与人均 GDP 分布特征和综合指数得分与人均 GDP 分布特征相似，主要原因是开放创新维度权重为 0.2612，权重占比大，对综合指数得分影响较大。

我们把不同人均 GDP 区间市域民生共享高质量发展综合指数平均得分及趋势绘制如图 3-45 所示。

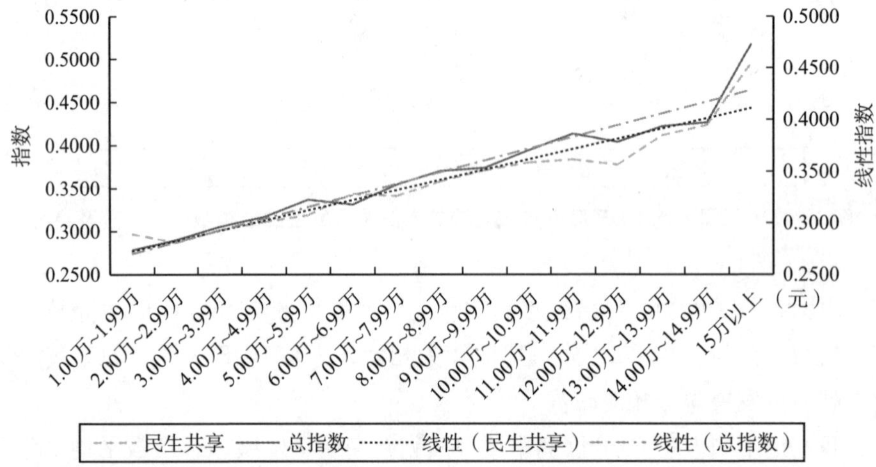

图 3-45　不同人均 GDP 区间市域民生共享高质量发展综合指数平均得分及趋势

由图 3-45 可知，民生共享高质量发展维度得分与人均 GDP 分布特征和综合指数得分与人均 GDP 分布特征有一定程度的相似。

第六节　中国市域经济高质量发展综合指数前 100 名市域失衡分析

中共十九大指出："中国特色社会主义进入新时代，我国社会主要矛盾已经转化为人民日益增长的美好生活需要和不平衡不充分的发展之间的矛盾"，推动经济高质量发展是适应我国社会主要矛盾变化的需要。随着高质量发展战略的持续推进，高质量发展已成为中国经济建设的主旋律，但是在这一过程中仍存在许多问题和挑战。例如，经济高质量发展失衡问题，总体上中国经济高质量发展水平差异显著，东部、中部、西部、东北四大区域经济高质量发展水平明显存在“东强、中平、西弱、东北差”的格局；各省域差异也不尽相同，东部省域水平明显偏高，东北地区省域明显偏低；市域差异也不相同，如深圳、苏州等市域经济高质量发展水平约是东北地区辽源市域的3倍；等等。然而，不论是国家、省域、市域，乃至县域经济高质量发展的失衡问题，主要还是归结于各省域、市域甚至县域经济高质量发展各维度发展不平衡不充分。因此，我们在观测市域经济高质量发展时，有必要对市域经济高质量发展的内部各维度的平衡性进行分析，如果内部六维度间存在较严重的失衡，就会出现众所周知的木桶理论所揭示的结果，势必会影响该市域经济高质量发展的可持续性。

当前，不少学者研究了有关收入分配（李实等，2013）、产品贸易（尹伟华，2020）、民族地区经济社会发展（李德伟等，2007）、人才供需（谢作渺等，2010）等等的失衡分析，以及黄顺春等（2020）在《中国市域经济高质量发展研究报告（2019）》剖析了省会市域高质量发展失衡问题，等等。以上学者的研究主要聚焦于研究高质量发展中某一要素或某一些要素的失衡问题，为本研究深入研究高质量发展内部各维度的失衡问题提供了基础。

一、中国市域经济高质量发展综合指数前100名市域失衡类型界定

本书为度量市域经济高质量发展内部六维度的平衡性，首先，运用前文测算方式测算出中国市域经济高质量发展综合指数、绿色生态高质量指数、社会人文高质量指数、企业发展高质量指数、经济效率高质量指数、开放创新高质量指数和民生共享高质量指数，并根据经济高质量发展综合指数挑出前100强市域；其次，对前100强市域六维度指数分别由高到低进行排序，并根据排名按前25%、25%~50%、50%~75%和75%~100%（后25%）市域进行分类，分别以A、B、C、D表示；最后，根据中国市域经济高质量发展综合指数前100强之六维度指数的实际分类情况定义市域是否存在失衡情况及相应程度，如表3-9所示。

表 3 – 9　　市域经济高质量发展失衡类型

失衡类型	表现形式
重度失衡	5A1D、4A2D
中度失衡	5A1C、4A1B1D、4A1C1D、4A2C、3A2B1D、2A2B1C1D、3A1B1C1D、2A3B1D、2A2B2D、1A3B1D
轻度失衡	5A1B、4A1B1C、4A2B、3A3B、3A2B1C、2A3B1C、2A4B、2A2B2C、1A4B1C、1A5B、1A2B3C、4B2C

表 3 – 9 中的表现形式指绿色生态高质量指数、社会人文高质量指数、企业发展高质量指数、经济效率高质量指数、开放创新高质量指数和民生共享高质量指数中各指数的排名实际市域情况按前 25%、25% ~50%、50% ~75% 和 75% ~100%（后 25%）市域进行分类，分别以 A、B、C、D 表示。失衡类型则是根据表现形式定义，大致分为重度失衡、中度失衡、轻度失衡 3 种类型。

5A1D 指的是在绿色生态高质量、社会人文高质量、企业发展高质量、经济效率高质量、开放创新高质量和民生共享高质量 6 个维度中存在 5 个维度指数排名属于前 25% 市域，1 个维度指数排名属于后 25% 市域，则表现为重度失衡类型，如深圳、东莞、佛山等。同理，4A2D 指的是在绿色生态高质量、社会人文高质量、企业发展高质量、经济效率高质量、开放创新高质量和民生共享高质量 6 个维度中存在 4 个维度指数排名属于前 25% 市域，2 个维度指数排名属于后 25% 市域，仍表现为重度失衡类型，如淄博。

5A1C 指的是在绿色生态高质量、社会人文高质量、企业发展高质量、经济效率高质量、开放创新高质量和民生共享高质量 6 个维度中存在 5 个维度指数排名属于前 25% 市域，1 个维度指数排名均属于 50% ~75% 市域，表现为中度失衡类型，如广州、南京等。3A1B1C1D 指的是在绿色生态高质量、社会人文高质量、企业发展高质量、经济效率高质量、开放创新高质量和民生共享高质量 6 个维度中存在 3 个维度指数排名属于前 25% 市域，1 个维度指数排名属于 25% ~50% 市域，1 个维度指数排名属于 50% ~75% 市域，1

个维度指数排名属于75%～100%市域，仍表现为中度失衡类型，如长春、银川等。以此类推 A1B1D、4A1C1D、4A2C、3A2B1D、2A2B1C1D、2A3B1D、2A2B2D、1A3B1D表现为中度失衡类型。

5A1B指的是在绿色生态高质量、社会人文高质量、企业发展高质量、经济效率高质量、开放创新高质量和民生共享高质量6个维度中存在5个维度指数排名属于前25%市域，1个维度指数排名均属于25%～50%市域，表现为轻度失衡类型，如苏州、杭州等。1A4B1C指的是在绿色生态高质量、社会人文高质量、企业发展高质量、经济效率高质量、开放创新高质量和民生共享高质量6个维度中存在1个维度指数排名属于前25%市域，4个维度指数排名均属于25%～50%市域，1个维度指数排名均属于50%～75%市域，仍表现为轻度失衡类型。如宜昌、萍乡等。以此类推 4A1B1C、4A2B、3A3B、3A2B1C、2A3B1C、2A4B、2A2B2C、1A5B、1A2B3C、4B2C表现为轻度失衡类型。

二、中国市域经济高质量发展综合指数前100名市域失衡程度分析

根据上述方式，测算中国市域经济高质量发展综合指数与6个维度（绿色生态高质量、社会人文高质量、企业发展高质量、经济效率高质量、开放创新高质量和民生共享高质量）指数，并排序挑选出前100名，依据其6个维度在全国所有市域排名按前25%、25%～50%、50%～75%和75%～100%进行分类，分别以A、B、C、D表示，最终分为重度失衡、中度失衡、轻度失衡3种类型，具体如表3－10所示。

表3－10　　中国前100强市域失衡类型

市域	类型	绿色生态	社会人文	企业发展	经济效率	开放创新	民生共享
深圳	重度失衡	243	1	1	1	1	4
东莞	重度失衡	281	16	13	2	3	1
佛山	重度失衡	222	17	6	13	15	16

续表

市域	类型	绿色生态	社会人文	企业发展	经济效率	开放创新	民生共享
武汉	重度失衡	228	20	8	17	12	21
厦门	重度失衡	285	6	32	3	6	18
中山	重度失衡	233	18	63	214	9	10
海口	重度失衡	47	58	276	24	17	17
三亚	重度失衡	11	54	284	22	16	30
太原	重度失衡	269	40	69	41	24	23
乌鲁木齐	重度失衡	215	61	70	16	45	8
淄博	重度失衡	270	36	47	239	69	42
广州	中度失衡	173	7	5	5	4	7
南京	中度失衡	209	30	10	9	7	11
成都	中度失衡	175	13	7	25	14	39
合肥	中度失衡	172	12	16	27	13	46
郑州	中度失衡	204	29	24	26	10	14
济南	中度失衡	155	70	26	21	25	27
嘉兴	中度失衡	240	137	20	23	27	20
昆明	中度失衡	146	44	25	29	23	26
拉萨	中度失衡	6	197	246	7	51	3
威海	中度失衡	9	111	71	232	35	31
惠州	中度失衡	43	57	151	183	30	40
台州	中度失衡	25	47	39	166	58	41
呼和浩特	中度失衡	237	125	29	93	31	66
舟山	中度失衡	62	185	247	20	48	29
哈尔滨	中度失衡	120	214	50	181	37	109
鄂尔多斯	中度失衡	220	100	18	11	128	45
徐州	中度失衡	137	32	55	245	56	56
黄山	中度失衡	4	2	204	61	120	187

续表

市域	类型	绿色生态	社会人文	企业发展	经济效率	开放创新	民生共享
赣州	中度失衡	5	15	101	92	84	216
长春	中度失衡	143	101	30	272	50	60
马鞍山	中度失衡	226	141	174	38	41	111
银川	中度失衡	262	11	111	143	54	60
东营	中度失衡	253	126	66	116	70	36
衢州	中度失衡	39	63	234	101	98	48
潍坊	中度失衡	194	68	64	218	73	50
湘潭	中度失衡	123	62	103	186	52	235
洛阳	中度失衡	252	49	59	52	61	149
柳州	中度失衡	21	66	233	221	97	73
唐山	中度失衡	224	166	61	72	83	64
景德镇	中度失衡	42	27	227	53	116	193
永州	中度失衡	7	69	127	185	114	249
宜春	中度失衡	60	107	72	137	112	217
上饶	中度失衡	52	34	105	121	151	214
苏州	轻度失衡	114	26	2	8	5	9
杭州	轻度失衡	111	4	3	12	11	5
珠海	轻度失衡	134	31	38	6	2	12
宁波	轻度失衡	116	42	4	14	20	15
长沙	轻度失衡	90	9	12	19	18	19
青岛	轻度失衡	24	72	9	32	19	28
无锡	轻度失衡	167	136	11	4	28	13
西安	轻度失衡	162	55	98	37	8	55
常州	轻度失衡	129	151	17	18	39	24
贵阳	轻度失衡	102	43	42	46	21	33
绍兴	轻度失衡	75	104	23	28	36	34

续表

市域	类型	绿色生态	社会人文	企业发展	经济效率	开放创新	民生共享
克拉玛依	轻度失衡	101	73	15	10	81	6
南昌	轻度失衡	119	52	44	40	22	59
大连	轻度失衡	108	81	41	39	29	53
沈阳	轻度失衡	212	88	37	73	34	54
丽水	轻度失衡	1	3	189	78	103	47
南通	轻度失衡	115	115	22	79	57	57
兰州	轻度失衡	178	87	122	99	26	43
烟台	轻度失衡	107	123	43	147	42	69
芜湖	轻度失衡	202	95	60	48	32	108
石家庄	轻度失衡	160	39	35	44	49	74
镇江	轻度失衡	140	203	79	111	40	51
江门	轻度失衡	72	105	131	197	44	58
株洲	轻度失衡	49	65	90	67	64	118
南宁	轻度失衡	51	96	95	154	55	61
廊坊	轻度失衡	182	108	97	15	67	2
龙岩	轻度失衡	29	19	77	142	99	72
秦皇岛	轻度失衡	126	164	147	71	46	78
肇庆	轻度失衡	13	97	84	189	65	113
泰州	轻度失衡	151	157	57	83	62	95
三明	轻度失衡	3	22	113	161	159	81
吉安	轻度失衡	18	25	82	110	101	212
扬州	轻度失衡	176	158	68	77	71	76
九江	轻度失衡	91	82	51	63	7	197
宣城	轻度失衡	93	46	81	74	80	199
郴州	轻度失衡	34	33	120	140	104	105
鹰潭	轻度失衡	65	148	126	59	66	125

续表

市域	类型	绿色生态	社会人文	企业发展	经济效率	开放创新	民生共享
遵义	轻度失衡	31	60	36	85	194	88
绵阳	轻度失衡	44	179	96	158	72	115
宁德	轻度失衡	67	8	87	56	164	146
南平	轻度失衡	2	84	102	162	181	123
北海	轻度失衡	98	114	48	86	108	134
新余	轻度失衡	81	93	206	109	68	156
宜昌	轻度失衡	109	79	88	64	89	145
萍乡	轻度失衡	53	92	114	130	93	181
汕头	轻度失衡	118	89	56	124	126	90
韶关	轻度失衡	37	67	133	190	106	99
莆田	轻度失衡	89	86	78	134	139	62
蚌埠	轻度失衡	195	112	99	146	63	110
盐城	轻度失衡	138	195	118	213	78	85
桂林	轻度失衡	10	129	185	208	113	178

由表3-10可知，中国市域经济高质量发展综合指数前100名市域中有95个市域经济高质量发展存在失衡现象，其中有11.58%的市域为重度失衡，34.74%的市域为中度失衡，53.68%的市域为轻度失衡。具体来看：

第一，重度失衡。中国前100强市域中有11个市域6个维度指数排名中存在1~2个维度属于后25%市域，即存在1~2个D，另外4~5个维度均属于前25%市域，即存在4~5个A。深入市域，深圳、东莞、佛山、武汉、厦门、海口、三亚、太原、乌鲁木齐等9个市域属于重度失衡5A1D表现形式；淄博、中山市域属于重度失衡4A2D表现形式。

第二，中度失衡。中国前100强市域中有33个市域6个维度指数排名中存在1~2个维度属于50%~75%市域，另外4~5个维度均属于前25%市域；或存在1~2个维度属于后25%市域，1~3个维度属于25%~50%市域，1~4个维度属于前25%市域；或存在1个维度属于后25%市域，1

个维度属于50% ~75%市域，4个维度属于前25%市域；或存在1个维度属于后25%市域，1个维度属于50% ~75%市域，1~2个维度属于25% ~50%市域，2~3个维度属于前25%市域等。深入市域，广州、南京、成都、合肥、郑州、济南、昆明、台州等8个市域属于中度失衡5A1C表现形式；惠州市域属于中度失衡4A2C表现形式。嘉兴、威海、呼和浩特、鄂尔多斯、徐州、赣州、东营、衢州、柳州、宜春等10个市域属于中度失衡存在A、B、D的表现形式。拉萨、舟山、洛阳等3个市域属于中度失衡存在A、C、D的表现形式。哈尔滨、黄山、长春、马鞍山、银川、潍坊、湘潭、唐山、景德镇、永州、上饶等11个市域属于中度失衡存在A、B、C、D的表现形式。

第三，轻度失衡。中国前100强市域中有51个市域6个维度指数排名中存在1~5个维度属于25% ~50%市域，1~5个维度属于前25%市域；或1~3个维度属于50% ~75%市域，1~4个维度属于25% ~50%市域，1~4个维度属于前25%市域；或2个维度属于50% ~75%市域，4个维度属于25% ~50%市域。深入市域，苏州、杭州、珠海、宁波、长沙、青岛、贵阳、绍兴、克拉玛依、南昌、大连、南通、株洲、龙岩、郴州、北海、汕头、莆田等18个市域属于轻度失衡存在A、B的表现形式。无锡、西安、常州、沈阳、丽水、兰州、烟台、芜湖、石家庄、镇江、江门、南宁、廊坊、秦皇岛、肇庆、泰州、三明、吉安、扬州、九江、宣城、鹰潭、遵义、绵阳、宁德、南平、新余、宜昌、萍乡、韶关、蚌埠、桂林等32个市域属于轻度失衡存在A、B、C的表现形式。盐城市域属于轻度失衡4B2C表现形式。

三、中国市域经济高质量发展综合指数前100名市域失衡举例分析

为深入分析中国市域经济高质量发展综合指数前100名失衡类型，选取了重度失衡、中度失衡、轻度失衡3种类型中经济高质量发展综合指数最高（深圳、苏州、广州）的市域做举例分析，可以发现，深圳、苏州、广州也是中国285个市域中经济高质量发展综合指数前3位市域。

（一）深圳市

考察深圳市域经济高质量发展的6个维度：绿色生态高质量、社会人文高质量、企业发展高质量、经济效率高质量、开放创新高质量和民生共享高质量，6个维度间彼此差异很大，所以深圳市域经济高质量发展属于重度失衡5A1D的市域之一。以深圳市经济高质量发展6个维度指数、中国285个市域经济高质量发展6个维度指数最大值及平均值绘制雷达图（如图3－46所示）。

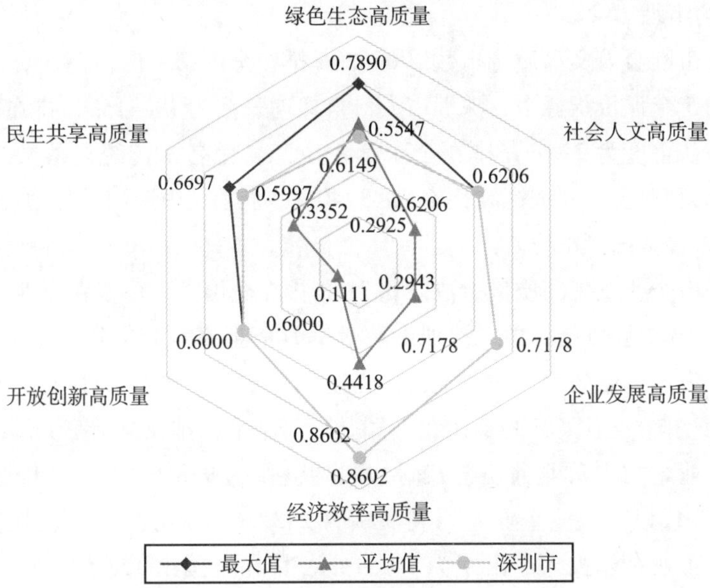

图3－46　深圳市经济高质量发展六维度指数雷达

由图3－46可知，深圳市域经济高质量发展水平之所以位列第1名，得益于社会人文高质量、企业发展高质量、经济效率高质量、开放创新高质量和民生共享高质量5个维度发展均衡。其中社会人文高质量、企业发展高质量、经济效率高质量、开放创新高质量等4个维度均排在第1位，民生共享高质量维度排在第4位，但另一维度绿色生态高质量，排在第243位，与深圳市经济高质量发展实属不符，严重拖累了深圳市经济高质量发展水平，具体来看：

深圳市绿色生态高质量指数以 0.5547 排在全国第 243 位，落后第 1 位的丽水 0.2343。在绿色生态高质量维度的 8 个评价指标中，深圳市每平方公里废水、废气排放量为 36723.40 吨/平方公里，排在全国第 277 位；一般工业固体废物综合利用率 56.63%，排在全国第 233 位；PM2.5 年平均浓度为 24 微克/立方米，排在全国第 28 位；污水处理厂集中处理率为 97.72%，排在全国第 50 位；环保督查为 0 分，排全国第 210 位；人均水资源量 431.20 立方米/人，排在全国第 187 位；森林覆盖率 40.11%，排在全国第 148 位；万元 GDP 电耗 0.0187 千瓦/元，排全国第 22 位。除 PM2.5 年平均浓度、森林覆盖率和万元 GDP 电耗外，其他指标排名均属于后 25% 的市域。

深圳市社会人文高质量指数以 0.6206 排在全国第 1 位。在社会人文高质量维度的 5 个评价指标中，深圳市人口自然增长率为 19.41%，排在全国第 1 位；城市认可度为 24 分，排在全国第 3 位；名村名镇传统村落数为 15 个，排在全国第 95 位；建成区绿化率为 43.40%，排在全国第 1 位；城镇化率为 100%，排在全国第 1 位。

深圳市企业发展高质量指数以 0.7178 排在全国第 1 位。在企业发展高质量维度的 10 个评价指标中，深圳市高竞争力企业数为 156 个，排在全国第 2 位；高新技术企业数为 13551 个，排在全国第 1 位；规模以上工业企业数为 10337 个，排在全国第 3 位；上市公司数有 289 个，排在全国第 1 位；规模以上工业企业企均主营业务税金及附加和增值税为 928.04 万元，排在全国第 132 位；规模以上工业企业企均利润额为 2439.67 万元，排在全国第 58 位；规模以上工业企业投入产出率为 10.51%，排在全国第 158 位；在岗职工劳动生产率为 563326.36 元/人，排在全国第 173 位；单位工业产值污染物排放量为 1.58 吨/万元，排在全国第 202 位；万元工业产值电耗 1083.90 千瓦时/万元，排在全国第 234 位。

深圳市经济效率高质量指数以 0.8602 排在全国第 1 位。在经济效率高质量维度的 8 个评价指标中，深圳市 GDP 增长率为 6.7%，排在全国第 147 位；通货膨胀率为 3.4%，排在全国第 252 位；GDP 增长波动率为 11.84%，排在全国第 151 位；GDP 密度为 134837.26 万元/平方公里，排在全国第 1 位；人均 GDP 为 511920.15 元，排在全国第 1 位；人均公共财政收入为 71737.32

元/人，排在全国第 1 位；公共财政收入增长率 6.64%，排在全国第 91 位；第三产业占 GDP 比重为 60.93%，排在全国第 22 位。

深圳市开放创新高质量指数以 0.6000 排在全国第 1 位。在开放创新高质量维度的 11 个评价指标中，深圳市地方一般公共预算支出中科学技术支出占比为 12.05%，排在全国第 1 位；货物进出口总额占 GDP 比重为 110.57%，排在全国第 6 位；当年实际利用外资金额占 GDP 比重为 2.02%，排在全国第 71 位；规模以上工业企业数量中港澳台和外资企业占比为 22.66%，排在全国第 14 位；万人拥有 R&D 人员数为 574.22 个，排在全国第 1 位；万人专利申请数为 497.1521 件，排在全国第 1 位；万人授权专利数为 316.75 件，排在全国第 1 位；万人拥有高等和中等职业学校教师数为 18.53 个，排在全国第 64 位；万人拥有高等和中等职业学校学生数为 290.22 个，排在全国第 81 位；规模以上工业企业企均拥有 R&D 人员为 29.22 个，排在全国第 24 位；新增企业数量为 44153 个，排在全国第 149 位。

深圳市民生共享高质量指数以 0.5997 排在全国第 4 位，落后第 1 位的东莞 0.0700。在民生共享高质量维度的 9 个评价指标中，深圳市城镇居民人均可支配收入为 61836.37 元，排在全国第 9 位；农村居民人均可支配收入为 50700.30 元，排在全国第 1 位；城乡居民收入比为 1.220，排在全国第 4 位；万人拥有中学、小学教师数为 184.17 个，排在全国第 3 位；万人拥有医院床位数为 90.0494 张，排在全国第 12 位；万人拥有执业医师（助理）数为 76.64 个，排在全国第 3 位；城镇登记失业率为 2.18%，排在全国第 60 位；地方一般公共预算支出中教育支出占比为 15.74%，排在全国第 174 位；在岗职工平均工资为 127757 元，排在全国第 2 位。

从各维度细分指标来看，深圳市有 74.50% 的指标排名属于前 50% 市域，25.50% 的指标排名属于后 50% 市域。其中在人口自然增长率、城市认可度、建成区绿化覆盖率、城镇化率、高竞争力企业数、高新技术企业数、规模以上工业企业数、上市企业数、GDP 密度、人均 GDP、人均公共财政收入、地方一般公共预算支出中科学技术支出占比、货物进出口总额占 GDP 比重、万人拥有 R&D 人员数、万人专利申请数、万人授权专利数、城镇居民人均可支配收入、农村居民人均可支配收入、城乡居民收入比、万人拥有中学、小学教师数、万人拥有执业医师（助理）数、在岗职工平均工资属于排名前 10 位的市域。

（二）苏州市

苏州市属于绿色生态高质量、社会人文高质量、企业发展高质量、经济效率高质量、开放创新高质量和民生共享高质量6个维度发展轻度失衡5A1B的市域之一。以苏州市经济高质量发展6个维度指数、中国285个市域经济高质量发展6个维度指数最大值及平均值绘制雷达图（见图3－47）。

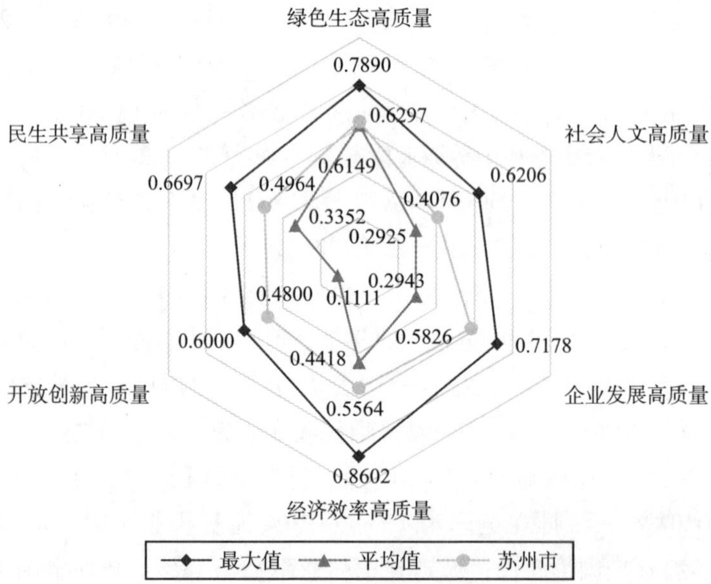

图3－47　苏州市经济高质量发展六维度指数雷达图

由图3－47可知，苏州市域经济高质量发展水平之所以位列第2名，得益于绿色生态高质量、社会人文高质量、企业发展高质量、经济效率高质量、开放创新高质量和民生共享高质量6个维度发展较为均衡。其中企业发展高质量维度排在第2位，开放创新高质量维度排在第5位，经济效率高质量维度排在第8位，民生共享高质量维度排在第9位，社会人文高质量维度排在第26位，绿色生态高质量维度相对较差，排在第114位。

苏州市绿色生态高质量指数以0.6297排在全国第114位，落后第1位的丽水0.1593。在绿色生态高质量维度的8个评价指标中，苏州市每平方公里废水、废气排放量为42280.58吨/平方公里；一般工业固体废物综合利用率92.06%；PM2.5年平均浓度为36微克/立方米，排在全国第133位；污水处理厂集中处理率为92%，排在全国第184位；环保督查为9分，排全国第2位；人均水资源量534.36立方米/人；森林覆盖率30%；万元GDP电耗0.0624千瓦/元，排全国第94位。

苏州市社会人文高质量指数以0.4076排在全国第26位，落后第1位的深圳0.2130。在社会人文高质量维度的5个评价指标中，苏州市人口自然增长率为2.34‰；城市认可度为17分，排在全国第10位；名村名镇传统村落数为36个，排在全国第43位；建成区绿化率为42.1%；城镇化率为77%，排在全国第26位。

苏州市企业发展高质量指数以0.5826排在全国第2位，落后第1位的深圳0.1352。在企业发展高质量维度的10个评价指标中，苏州市高竞争力企业数为121个，排在全国第6位；高新技术企业数为9668个，排在全国第3位；规模以上工业企业数为11042个，排在全国第1位；上市公司数有111个，排在全国第4位；规模以上工业企业企均主营业务税金及附加和增值税为511.86万元；规模以上工业企业企均利润额为1768.74万元；规模以上工业企业投入产出率为8.83%；在岗职工劳动生产率为8793333.33元/人，位于全国第108位；单位工业产值污染物排放量为1.09吨/万元；万元工业产值电耗357.94千瓦时/万元。

苏州市经济效率高质量指数以0.5564排在全国第8位，落后第1位的深圳0.3058分。在经济效率高质量维度的8个评价指标中，苏州市GDP增长率为5.6%；通货膨胀率为3.00%；GDP增长波动率为20%；GDP密度为22220.17万元/平方公里，排在全国第7位；人均GDP为269789.62元，排在全国第4位；人均公共财政收入为31161.43元/人，排在全国第4位；公共财政收入增长率为4.8%；第三产业占GDP比重为51.51%，排在全国第84位。

苏州市开放创新高质量指数以0.4800排在全国第5位，落后第1位的深圳0.1200分。在开放创新高质量维度的11个评价指标中，苏州市地方一般公共预算支出中科学技术支出占比为8.48%，排在全国第6位；货物进出口总额占GDP比重为114.30%，排在全国第5位；当年实际利用外资金额占GDP比重为1.68%；规模以上工业企业数量中港澳台和外资企业占比为

35.90%，排在全国第1位；万人拥有R&D人员数为291.65，排在全国第4位；万人专利申请数为228.60件，排在全国第5位；万人授权专利数为113.81件，排在全国第6位；万人拥有高等和中等职业学校教师数为25.89个，排在全国第43位；万人拥有高等和中等职业学校学生数为431.12个，排在全国第47位；规模以上工业企业企均拥有R&D人员数为18.83个，排在全国第45位；新增企业数量为654254个，排在全国第52位。

苏州市民生共享高质量指数以0.4964排在全国第9位，落后第1位的东莞0.1733。在民生共享高质量维度的9个评价指标中，苏州市城镇居民人均可支配收入为68629元，排在全国第1位；农村居民人均可支配收入为35152元，排在全国第10位；城乡居民收入比为1.95；万人拥有中学、小学教师数为110.31个，排在全国第17位；万人拥有医院床位数为85.06张，排在全国第18位；万人拥有执业医师（助理）数为49.85个，排在全国第18位；城镇登记失业率为1.8%，排在全国第26位；地方一般公共预算支出中教育支出占比为16.31%；在岗职工平均工资为105572元，排在全国第12位。

从各维度细分指标来看，苏州市有72.55%的指标排名属于前50%市域，27.45%的指标排名属于后50%市域。其中在环保督查、城市认可度、高竞争力企业数、高新技术企业数、规模以上工业企业数、上市公司数、GDP密度、人均GDP、人均公共财政收入、一般公共预算支出中科学技术支出占比、货物进出口总额占GDP比重、规模以上工业企业数量中港澳台和外资企业占比、万人授权专利数、万人专利申请数、城镇居民人均可支配收入、农村居民人均可支配收入属于排名前10位的市域。

（三）广州市

广州市属于绿色生态高质量、社会人文高质量、企业发展高质量、经济效率高质量、开放创新高质量和民生共享高质量6个维度发展中度失衡5A1C的市域之一。以广州市经济高质量发展6个维度指数、中国285个市域经济高质量发展6个维度指数最大值及平均值绘制雷达图（见图3-48）。

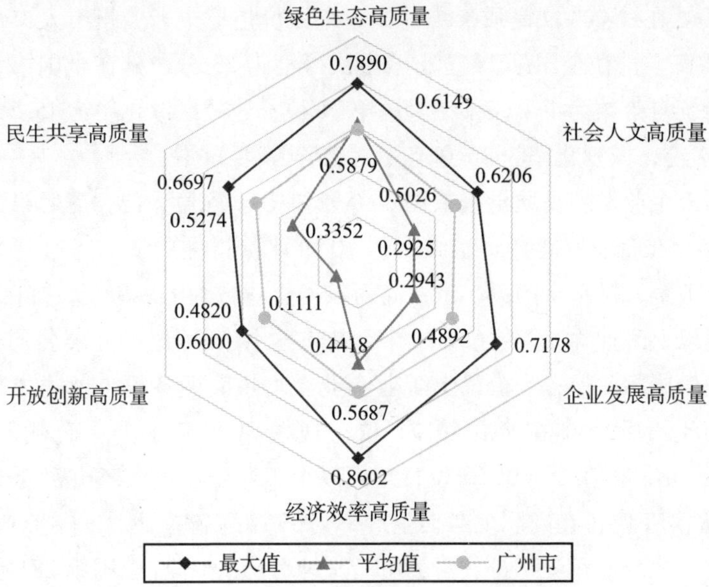

图 3-48　广州市经济高质量发展六维度指数雷达图

由图3-48可知，广州市域经济高质量发展水平之所以位列第3名，得益于绿色生态高质量、社会人文高质量、企业发展高质量、经济效率高质量、开放创新高质量和民生共享高质量6个维度发展相对均衡。其中开放创新高质量维度排在第4位，企业发展高质量和经济效率高质量维度排在第5位，民生共享高质量和社会人文高质量维度排在第7位，绿色生态高质量维度较差，排在第173位。

广州市绿色生态高质量指数以0.5879排在全国第173位，落后第1位的丽水0.2011。在绿色生态高质量维度的8个评价指标中，广州市每平方公里废水、废气排放量为18862.06吨/平方公里，排在全国第269位；一般工业固体废物综合利用率95%，排在全国第32位；PM2.5年平均浓度为30微克/立方米，排在全国第30位；污水处理厂集中处理率为97%，排在全国第63位；环保督查为-2分，排在全国最后一位；人均水资源量1055.26立方米/人，排在全国第133位；森林覆盖率42.31%，排在全国第135位；万元GDP电耗0.0192千瓦/元，排在全国第26位。

广州市社会人文高质量指数以0.5026排在全国第7位，落后第1位的深圳0.1180。在社会人文高质量维度的5个评价指标中，广州市人口自然增长率为9.59%，排在全国第29位；城市认可度为23分，排在全国第5位；名村名镇传统村落数为4个，排在全国第71位；建成区绿化率为45.5%，排在全国第24位；城镇化率为86.06%，排在全国第11位。

广州市企业发展高质量指数以0.4892排在全国第5位，落后第1位的深圳0.2286。在企业发展高质量维度的10个评价指标中，广州市高竞争力企业数为131个，排在全国第5位；高新技术企业数为11749个，排在全国第2位；规模以上工业企业数为5804个，排在全国第9位；上市公司数有113个，排在全国第3位；规模以上工业企业企均主营业务税金及附加和增值税为1625.08万元，排在全国第71位；规模以上工业企业企均利润额为2296.77万元，排在全国第65位；规模以上工业企业投入产出率为15.12%，排在全国第75位；在岗职工劳动生产率为636900.27元/人，排在全国第126位；单位工业产值污染物排放量为11.59吨/万元，排在全国第281位；万元工业产值电耗3749.65千瓦时/万元。

广州市经济效率高质量指数以0.5687排在全国第5位，落后第1位的深圳0.2915。在经济效率高质量维度的8个评价指标中，广州市GDP增长率为6.80%，排在全国第143位；通货膨胀率为3.0%；GDP增长波动率为9.68%；GDP密度为31785.04万元/平方公里，排在全国第4位；人均GDP为251105.21元，排在全国第6位；人均公共财政收入为18055.67元/人，排在全国第14位；公共财政收入增长率3.97%；第三产业占GDP比重为71.62%，排在全国第5位。

广州市开放创新高质量指数以0.4820排在全国第4位，落后第1位深圳0.1180。在开放创新高质量维度的11个评价指标中，广州市地方一般公共预算支出中科学技术支出占比为8.51%，排在全国第5位；货物进出口总额占GDP比重为114.30%，排在全国第5位；当年实际利用外资金额占GDP比重为2.11%，排在全国第66位；规模以上工业企业数量中港澳台和外资企业占比为22.88%，排在全国第13位；万人拥有R&D人员数为106.25，排在全国第20位；万人专利申请数为188.33件，排在全国第6位；万人授权专利数为111.38件，排在全国第7位；万人拥有高等和中等职业学校教师数为79.93个，排在全国第3位；万人拥有高等和中等职业学校学生数为1416.84

个，排在全国第 3 位；规模以上工业企业企均拥有 R&D 人员数为 17.23 个，排在全国第 55 位；新增企业数量为 511316 个，排在全国第 3 位。

广州市民生共享高质量指数以 0.5274 排在全国第 7 位，落后第 1 位的东莞 0.0723。在民生共享高质量维度的 9 个评价指标中，广州市城镇居民人均可支配收入为 65052 元，排在全国第 3 位；农村居民人均可支配收入为 28868 元，排在全国第 20 位；城乡居民收入比为 2.25，排在全国第 168 位；万人拥有中学、小学教师数为 110.75 个，排在全国第 16 位；万人拥有医院床位数为 96.64 张，排在全国第 9 位；万人拥有执业医师（助理）数为 62.35 个，排在全国第 8 位；城镇登记失业率为 2.4%，排在全国第 99 位；地方一般公共预算支出中教育支出占比为 18.29%，排在全国第 89 位；在岗职工平均工资为 123489 元，排在全国第 5 位。

从各维度细分指标来看，广州市有 82.35% 的指标排名属于前 50% 市域，17.65% 的指标排名属于后 50% 市域。其中城市认可度、高竞争力企业数、高新技术企业数、规模以上工业企业数、上市公司数、GDP 密度、人均 GDP、人均 GDP、第三产业占 GDP 比重、城镇居民人均可支配收入、货物进出口总额占 GDP 比重、万人专利申请数、万人授权专利数、万人拥有高等和中等职业学校教师数、新增企业数量、万人拥有医院床位数、万人拥有执业医师（助理）数、在岗职工平均工资等属于排名前 10 位的市域。

| 第四章 |

中国市域经济高质量发展专题研究

第一节 中国市域经济高质量发展第一方阵讨论

市域经济高质量发展第一方阵指那些在当年度市域经济高质量发展评价中，依据高质量发展评价的初心、出发点，表现优异，堪称典范，可以作为全国其他市域学习榜样的市域。这是经济高质量发展评价研究的一个基本的且重要的研究课题，也是学术界践行落实 2017 年中央经济工作会议“必须加快形成推动高质量发展的指标体系……绩效评价”等精神的体现。

在本书导论中我们提出了区域经济高质量发展评价创新的问题，指出现有研究基本上是在运用数理模型测度后，按照测度结果的前后确定所研究对象高质量发展状况的好差，即排序前的为好，排序后的为差。

如果按照这样的思维来明确市域高质量发展第一方阵，则根据前述第二章的测度结果，深圳、苏州、广州、东莞、杭州等市域当属于第一方阵。而前面我们的市域高质量发展失衡分析表明，这些市域都为经济高质量发展失衡市域，有的还是重度失衡市域。如果把这些市域作为第一方阵，作为全国市域经济高质量发展学习的榜样，那某种意义上就是还在朝着更不平衡不充分发展的方向走，还在怂恿地方放纵自己的短板和弱项，还在弱化底线思维和底线约束，这些都是与经济高质量发展的初心和出发点相悖的。

本书认为在区域经济高质量发展评价中，要运用数理模型，但更要将定性探讨与定量测度相结合，促使评价更科学合理。总的思维是在运用数理模型测度的基础上糅合若干指标（维度）门槛值，例如，A 区域虽然在模型测度得出的综合指数顺序中排在前面，但如果其某一个或几个关键指标（维度）相对靠后，则该 A 区域不能成为所评价区域中经济高质量发展的前列或榜样。这个门槛可以只设一级门槛，也可以设若干门槛。这样的结果将督促那些在许多方面有优势的区域想方设法去弥补其经济高质量发展的短板，落实习近平总书记关于经济高质量发展补短板的指示精神。

本书具体的市域经济高质量发展第一方阵认定程序是：首先，该市域的经济高质量发展综合指数必须在前 100 名；其次，该市域六个细分维度高质量发展指数没有任一维度在前 100 之外，即 100：100。事实上，全国 285 个市域能够够得上这个标准的并不多，其中既体现了平衡，即某市域经济高质量发展综合指数与六维度指数的基本平衡，也充分地体现，能够排名前 100 位，表明该市域在相应评价维度的表现超过了全国的平均值（程度），这在目前的生产力水平下应该达到了充分发展的程度。所以，这样的界定就能彰显经济高质量发展评价旨在破解新时代社会基本矛盾，彰显经济高质量发展在扬长的同时牢记补短。

比照第一方阵的界定设计，第二方阵则为 150：150，第三方阵为 100：200，第四方阵为 200：250，第五方阵为其他。具体方阵如表 4－1～表 4－5 所示。

表 4－1　2020 年版中国市域经济高质量发展第一方阵市域

长沙	青岛	福州	金华	湖州
温州	泉州			

表 4-2　　2020 年版中国市域经济高质量发展第二方阵市域

苏州	杭州	珠海	宁波	昆明
贵阳	绍兴	克拉玛依	南昌	大连
南通	烟台	株洲	龙岩	郴州
鹰潭	北海	宜昌	汕头	莆田

表 4-3　　2020 年版中国市域经济高质量发展第三方阵市域

广州	成都	无锡	合肥	西安
济南	常州	惠州	台州	丽水
兰州	石家庄	江门	南宁	廊坊
秦皇岛	肇庆	泰州	三明	扬州
九江	宣城	遵义	绵阳	宁德
南平	萍乡	韶关	蚌埠	

表 4-4　　2020 年版中国市域经济高质量发展第四方阵市域

深圳	广州	南京	佛山	武汉
郑州	中山	嘉兴	拉萨	威海
乌鲁木齐	沈阳	呼和浩特	芜湖	舟山
镇江	哈尔滨	鄂尔多斯	徐州	黄山
赣州	马鞍山	吉安	衢州	潍坊
湘潭	柳州	唐山	新余	景德镇
永州	盐城	宜春	上饶	桂林
淮安	抚州	晋城	常德	怀化
玉溪	清远	河源	保定	曲靖
滁州	日照	连云港	泰安	防城港
襄阳	大庆	宜宾	盘锦	丽江
泸州	岳阳	邯郸	池州	宿迁

续表

衡阳	许昌	汕尾	咸宁	儋州
漯河	十堰	张家界	淮北	沧州
三门峡	延安	安庆	张家口	黄石
平顶山	娄底	六安	攀枝花	钦州
南阳	益阳	开封	云浮	玉林
自贡	潮州	鄂州	亳州	宿州
阜阳	安顺	德州	衡水	承德
濮阳	毕节	金昌	南充	酒泉
商丘				

表 4-5　　2020 年版中国市域经济高质量发展第五方阵市域

厦门	海口	三亚	太原	长春
银川	淄博	东营	洛阳	包头
临沂	漳州	茂名	焦作	新乡
晋中	嘉峪关	鹤壁	雅安	崇左
济宁	湛江	梧州	眉山	阳江
铜陵	长治	邢台	荆门	邵阳
梅州	保山	榆林	贺州	铜仁
贵港	庆阳	乌海	西宁	安康
枣庄	孝感	遂宁	宝鸡	营口
牡丹江	大同	咸阳	乐山	淮南
随州	运城	广元	菏泽	聊城
驻马店	六盘水	黄冈	周口	滨州
张掖	本溪	鞍山	临沧	铜川
达州	安阳	信阳	白山	汉中
渭南	天水	伊春	揭阳	呼伦贝尔

续表

巴中	吕梁	通化	昭通	广安
德阳	阳泉	吴忠	吉林	百色
辽阳	石嘴山	朔州	平凉	白银
齐齐哈尔	普洱	赤峰	河池	佳木斯
内江	商洛	临汾	双鸭山	锦州
固原	巴彦淖尔	资阳	荆州	黑河
阜新	通辽	武威	朝阳	七台河
来宾	忻州	海东	中卫	鸡西
定西	四平	白城	葫芦岛	抚顺
松原	鹤岗	绥化	陇南	铁岭
丹东	乌兰察布	辽源		

第二节　数说中国市域经济高质量发展

数说中国市域经济高质量发展旨在用具体的数字刻画市域经济高质量发展的情况，希望大家循着具体的数字去剖析相关市域经济高质量发展的优劣势。

一、中国市域经济高质量发展评价指标变化趋势

这部分主要分析就全国285个市域总体而言，经济高质量发展评价指标体系中各指标值的变化情况，鉴于每年的具体指标会有所调整，因此，表4－6列举的是2017年、2018年和2019年可比较的主要指标值的变化情况。限于篇幅，我们这里没有对典型市域具体指标的进步或退步进行分析，如果感兴趣的可以联系我们获取具体市域相关指标的变化情况。

表4－6　　中国市域经济高质量发展主要指标全国市域均值变化情况

指标序号	指标名称及单位	性质	2017年市域均值	2018年市域均值	2019年市域均值
1	每平方公里废水、废气（吨/平方公里）	逆	5577.56	5803.71	5547.56
2	一般工业固体废物综合利用率（%）	正	75.693	74.417	77.22
3	PM2.5浓度（微克/立方米）	逆	45.766	41.084	38.99
4	污水处理厂集中处理率（%）	正	90.47	91.65	93.71
6	人均水资源量（立方米）	正	1806.97	1778.42	2006.05
7	森林覆盖率（%）	正			42.14
8	万元GDP电耗（万千瓦时/万元）	逆			0.07
9	人口自然增长率（‰）	正	2.213	6.118	4.72
10	名村名镇传统村落（个）	正			21.93
11	建成区绿化率（%）	正	40.21	40.86	41.22
12	城镇化率（%）	正			58.92
13	高竞争力企业（个）	正	5.189	16.477	15.71
14	高新技术企业（个）	正			750.28
15	规模以上工业企业（个）	正			1210.59
16	上市企业（个）	正			21.12
17	规模以上工业企业企均主营业务税金及附加和增值税（万元）	正	1769.06	1683	1544.90
18	规模以上工业企业企均利润额（万元）	正	1984.53	2103.43	1776.30
19	规模以上工业企业投入产出率（%）	正	14.106	12.58	12.21
20	在岗职工劳动生产率（%）	正			656730.25
21	单位工业产值污染物排放量（吨/万元）	逆			1.66
22	万元工业产值电耗（万千瓦时/万元）	逆	615.84	671.16	700.19
23	GDP增长率（%）	正	7.124	6.928	6.43
24	通货膨胀率（%）	逆	1.434	2.013	2.75
25	GDP增长波动率（%）	逆	36.76	46.95	24.77
26	GDP密度（万元/平方公里）	正	3374.24	3591.49	3829.57
27	人均GDP（元/人）	正	62487	65275.5	67992.68

续表

指标序号	指标名称及单位	性质	2017 年市域均值	2018 年市域均值	2019 年市域均值
28	人均公共财政收入（元）	正			5658.60
29	公共财政收入增长率（%）	正	3.475	6.74	3.68
30	第三产业占 GDP 比重（%）	正			48.89
31	地方一般公共预算支出中科学技术支出占比（%）	正	1.746	1.784	1.90
32	货物进出口总额占 GDP 比重（%）	正	17.61	16.05	15.73
33	当年实际利用外资金额占 GDP 比重（%）	正	1.59	1.66	1.36
34	规模以上工业企业数量中港澳台和外资企业占比（%）	正	7.23	6.87	6.39
35	万人拥有 R&D 人员数（个）	正	36.16	35.97	36.91
36	万人专利申请数（件）	正	22.77	26.78	25.34
37	万人授权专利数（件）	正	11.12	15.23	15.31
38	万人拥有高等和中等职业学校教师数（人）	正	15.58	15.61	16.04
39	万人拥有高等和中等职业学校学生数（人）	正	282.31	288.82	294.66
40	规模以上工业企业企均拥有 R&D 人员数（人）	正			12.28
41	城镇居民人均可支配收入（元）	正	32188.7	34500.9	38419.31
42	农村居民人均可支配收入（元）	正	14569.66	15923.3	17985.66
43	城乡居民收入比	逆	2.303	2.257	2.28
44	万人拥有中学、小学教师数（人）	正	82.83	83.3	84.91
45	万人拥有医院床位数（张）	正	45.28	47.66	50.02
46	万人拥有执业医师（助理）数（人）	正	24.82	25.84	27.65
47	城镇登记失业率（%）	逆	2.986	2.89	2.80
48	地方一般公共预算支出中教育支出占比（%）	正	17.27	16.76	16.49
49	在岗职工平均工资（元）	正	64500.17	70824.21	76610.79

二、中国市域经济高质量发展评价主要指标居前50位市域

之所以讨论中国市域经济高质量发展评价主要指标前50强，旨在：

（1）挖掘中国经济在不同细分指标上的潜力，看看那些具体指标50强在相关领域的情况如何？其他的市域是否能够努力做到50强的好的程度。例如，市域每平方公里废水、废气排放量（见表4－7），全国所有地域的均值是5547.56吨/平方公里，前50强市域的均值是240.23吨/平方公里，前50强的均值只相当于全国285个市域均值的4.33%，最好的酒泉仅有21.89吨/平方公里。就市域每平方公里废水、废气排放量指标而言，对于非50强而言，可能要做到酒泉、固原等数一数二好的程度很难或不可能，因为酒泉、固原有其产业、经济等结构的特点，但50强那么多市域，总有不少市域可以成为自己努力学习的榜样。

表4－7　　市域每平方公里废水、废气排放量前50强　　单位：吨/平方公里

市域	指数值	市域	指数值
酒泉	21.89	常德	266.51
固原	46.42	绥化	284.54
安康	53.81	白城	285.74
庆阳	60.75	信阳	296.67
定西	68.71	十堰	299.89
拉萨	75.80	忻州	310.48
武威	76.33	巴彦淖尔	316.21
黑河	76.71	白银	328.94
陇南	79.71	鄂尔多斯	337.51
张家界	101.22	松原	338.26
伊春	103.33	通辽	341.95
牡丹江	104.03	随州	344.55
张掖	114.85	六安	371.29

续表

市域	指数值	市域	指数值
佳木斯	116.27	鸡西	375.32
汉中	123.09	河源	384.44
乌兰察布	124.15	张家口	390.35
巴中	126.43	广元	411.25
丽江	149.48	七台河	413.72
呼伦贝尔	157.76	齐齐哈尔	420.94
赤峰	165.12	安顺	425.45
白山	174.77	儋州	427.01
朝阳	201.95	四平	431.54
天水	230.34	保山	439.30
承德	237.00	遵义	451.06
永州	263.68	全国285个市域均值	**240.23**
商洛	264.78	前50强市域均值	**5547.56**

（2）每个市域借此可以廓清自身在推进经济高质量发展进程中的“长强”和“短弱”，及找到前行的方向。例如，哪些指标进入了前50强？为什么能够进入前50强？在前50强中的地位怎样？又有哪些指标没有进入前50强？相比前50强的均值，自己在该指标上的差距有多大？为什么该指标没有进入前50强？如果要进入前50强还得怎样努力？在该指标上前50强中的哪些市域可能是自身学习效仿的榜样？等等问题的梳理，问题原因的分析及改进的举措，都将实实在在地有益于本市域经济高质量发展的促进。

表4-8中我们对每个市域拥有居前50强指标的数量进行了汇总。例如，赣州11，指赣州市域在51个具体评价指标中有11个指标进入了前50强，包括：一般工业固体废物综合利用率99%，并列全国第6位；人均水资源量4693.38万立方米/万人，列全国第31位；森林覆盖率72.6%，列全国第8位；城市认可度为15.6，并列全国第14位；名村名镇传统村落数58个，列全国第35位；建成区绿化率49.89%，列全国第5位；高新技术企业1147个，列全国第46位；规模以上工业企业数2186个，列全国第35位；GDP增

长率为8.54%，并列全国第14位；当年实际利用外资金额占GDP比重为4.04%，列全国第23位；地方一般公共预算支出中教育支出占比为20.47%，列全国第33位。其他具体每个市域拥有的前50强的指标情况可以联系我们获取。

表4-8　市域拥有经济高质量发展评价指标前50强数量汇总　单位：个

51个细分指标排名前50的数量	市　域
34	长沙
32	杭州
31	郑州
30	南京、武汉、厦门
29	珠海
28	深圳、广州、东莞
27	佛山、成都
26	苏州、青岛
25	宁波、合肥、济南
24	无锡、福州、嘉兴、海口、大连
23	昆明、湖州
22	中山、西安、温州、泉州、威海
21	常州、太原
20	克拉玛依、南通、舟山
19	绍兴、金华、南昌、三亚、惠州、沈阳
18	拉萨、烟台
17	贵阳、乌鲁木齐、台州、芜湖、镇江
16	鄂尔多斯
15	丽水、石家庄、长春、银川
14	泰州、东营、包头、嘉峪关
13	兰州、呼和浩特、淄博、汕头
12	哈尔滨、徐州、廊坊、马鞍山、扬州、遵义、常德

续表

51个细分指标排名前50的数量	市　域
11	江门、赣州、南宁、衢州、鹰潭、北海、防城港、漳州
10	株洲、宁德、牡丹江
9	龙岩、三明、韶关、丽江、汕尾、儋州、阳江、西宁、本溪
8	黄山、肇庆、吉安、潍坊、九江、洛阳、南平、柳州、唐山、莆田、蚌埠、永州、盐城、上饶、晋城、清远、河源、大庆、盘锦、茂名、许昌、漯河、张家界、榆林、庆阳、乌海、南充、周口、白山、伊春
7	秦皇岛、湘潭、郴州、宜昌、日照、襄阳、宜宾、雅安、攀枝花、邢台、保山、亳州、安康、金昌、酒泉、随州、滨州、临沧、呼伦贝尔
6	宣城、萍乡、淮安、抚州、玉溪、泰安、岳阳、邯郸、梧州、张家口、平顶山、邵阳、潮州、鄂州、安顺、毕节、驻马店、信阳、巴中、昭通、普洱、商洛、临汾、固原、通辽、定西、白城
5	绵阳、新余、宜春、临沂、怀化、保定、曲靖、滁州、连云港、泸州、池州、宿迁、衡阳、鹤壁、钦州、益阳、云浮、玉林、梅州、宿州、贺州、铜仁、贵港、咸阳、天水、吕梁、辽阳、平凉、佳木斯、巴彦淖尔、黑河、中卫、四平、陇南
4	景德镇、晋中、十堰、崇左、沧州、延安、眉山、娄底、铜陵、自贡、衡水、濮阳、大同、六盘水、张掖、铜川、汉中、揭阳、通化、百色、齐齐哈尔、资阳、鸡西、松原、辽源
3	桂林、焦作、新乡、济宁、湛江、三门峡、六安、长治、荆门、开封、阜阳、承德、遂宁、商丘、营口、淮南、运城、安阳、渭南、吴忠、石嘴山、朔州、白银、河池、锦州、武威、七台河、忻州、海东、抚顺、鹤岗、绥化
2	咸宁、淮北、南阳、枣庄、孝感、黄冈、鞍山、广安、阳泉、阜新、朝阳、来宾、铁岭
1	安庆、黄石、德州、乐山、广元、菏泽、聊城、德阳、赤峰、内江、双鸭山、荆州、葫芦岛、丹东、乌兰察布
0	宝鸡、达州、吉林

表4-9我们给出了每个指标前50强的均值及相应的全国285个市域的均值。

表 4-9　经济高质量发展评价指标前 50 强均值与全国 285 个市域的均值比较

指标序号	指标名称及单位	性质	前 50 强市域均值	全国 285 个市域均值	前 50 强与全国 285 个市域的均值比（倍）
1	每平方公里废水、废气（吨/平方公里）	逆	240.23	5547.56	23.09
2	GDP 增长波动率（%）	逆	1.38	24.77	17.95
3	城镇登记失业率（%）	逆	1.765	27.65	15.67
4	单位工业产值污染物排放量（吨/万元）	逆	0.2696	1.66	6.157
5	万元工业产值电耗（万千瓦时/万元）	逆	118.06	700.19	5.931
6	上市企业（个）	正	45.62	10.316	4.422
7	高新技术企业（个）	正	3195	750.28	4.259
8	万人授权专利数（件）	正	59.785	15.31	3.9
9	名村名镇传统村落（个）	正	85.18	21.933	3.884
10	万人专利申请数（件）	正	96.03	25.34	3.79
11	万元 GDP 电耗（万千瓦时/万元）	逆	0.018	0.068	3.78
12	GDP 密度（万元/平方公里）	正	14280.97	3829.57	3.729
13	高竞争力企业（个）	正	58	16	3.625
14	万人拥有 R&D 人员（个）	正	132.9	36.91	3.6
15	货物进出口总额占 GDP 比重（%）	正	56.38	15.73	3.584
16	人均水资源量（立方米）	正	7007.56	2006.428	3.493
17	规模以上工业企业（个）	正	3794	1210.586	3.134
18	规模以上工业企业企均主营业务税金及附加和增值税（万元）	正	4738.73	1544.9	3.067
19	当年实际利用外资金额占 GDP 比重（%）	正	4.14	1.36	3.044
20	新增企业	正	230395.9	77305.277	2.98
21	人均公共财政收入（元）	正	16790.88	5658.60	2.967

续表

指标序号	指标名称及单位	性质	前50强市域均值	全国285个市域均值	前50强与全国285个市域的均值比（倍）
22	公共财政收入增长率（%）	正	10.89	3.68	2.96
23	规模以上工业企业数量中港澳台和外资企业占比（%）	正	18.73	6.39	2.931
24	地方一般公共预算支出中科学技术支出占比（%）	正	5.35	1.9	2.816
25	万人拥有高等和中等职业学校教师（人）	正	44.8	16.04	2.793
26	万人拥有高等和中等职业学校学生（人）	正	814.92	294.66	2.766
27	规模以上工业企业企均拥有R&D人员（人）	正	31.924	12.28	2.6
28	人均GDP（元/人）	正	167255.75	67992.68	2.46
29	规模以上工业企业企均利润额（万元）	正	4365.87	1776.3	2.458
30	城市认可度（分值）	正	13.928	6.031	2.3
31	人口自然增长率（‰）	正	10.64	4.717	2.256
32	规模以上工业企业投入产出率（%）	正	23.8393	12.21	1.952
33	万人拥有执业医师（助理）（人）	正	49.3658	27.646	1.786
34	PM2.5浓度（微克/立方米）	逆	22.49	38.995	1.734
35	在岗职工劳动生产率（%）	正	1098657	656730.25	1.673
36	森林覆盖率（%）	正	70.28	42.143	1.668
37	万人拥有医院床位数（张）	正	82.451	50.02	1.648
38	农村居民人均可支配收入（元）	正	28095.39	17527.92	1.603
39	通货膨胀率（%）	逆	1.9	2.75	1.447
40	城镇居民人均可支配收入（元）	正	53264.93	37338.5	1.427

续表

指标序号	指标名称及单位	性质	前50强市域均值	全国285个市域均值	前50强与全国285个市域的均值比（倍）
41	城乡居民收入比	逆	1.656	2.28	1.377
42	万人拥有中学、小学教师（人）	正	115.1477	84.91	1.356
43	城镇化率（%）	正	79.45	58.919	1.348
44	GDP增长率（%）	正	8.64	6.43	1.344
45	地方一般公共预算支出中教育支出占比（%）	正	21.49	16.49	1.303
46	在岗职工平均工资（元）	正	99863	77610.79	1.287
47	一般工业固体废物综合利用率（%）	正	98.15	77.217	1.271
48	第三产业占GDP比重（%）	正	61.5	48.89	1.258
49	建成区绿化率（%）	正	46.14	41.219	1.12
50	污水处理厂集中处理率（%）	正	98.89	93.707	1.056

表4-9也是我们观察全国不同市域经济高质量发展不平衡的一个重要视角，其中以每平方公里废水、废气指标的排放差距最大，达到23.09倍，事实上，大多经济比较发达的市域在这个指标都表现较差。两者差距较大的指标还有单位工业产值污染物排放量指标，达到6.157倍，位列第4位，万元工业产值电耗指标，达到5.931倍，位列第5位。可见，经济高质量发展中的生态保护仍然是最大的挑战。

三、数说市域经济高质量发展

解剖麻雀式地就单个市域的经济高质量发展指标情况进行解析，从而判断其不同指标处于优势或劣势的情况，这也是我们想做的工作，但如果把全国285个市域的数据情况都呈现，本报告的篇幅将不允许，因此，这里以赣州为例，见表4-10，做一简要分析。

表 4－10　数说赣州市域经济高质量发展 2020

指标序号	指标名称及单位	性质	市域数值	全省均值	全省位次	全国均值	全国位次
1	每平方公里废水、废气（吨/平方公里）	逆	1493.70	3007.15	4/11	5547.56	111
2	一般工业固体废物综合利用率（%）	正	99.00	95.01	4/11	77.22	17
3	PM2.5 浓度（微克/立方米）	逆	32.00	34.45	3/11	38.99	94
4	污水处理厂集中处理率（%）	正	89.95	94.39	11/11	93.81	250
5	2019 年、2020 年环保督查（次）	逆	5	1.73	11/11	1.60	275
6	人均水资源量（立方米）	正	4693.38	3959.21	3/11	2006.05	31
7	森林覆盖率（%）	正	76.20	59.33	1/11	42.14	8
8	万元 GDP 电耗（万千瓦时/万元）	逆	0.0313	0.04	2/11	0.07	78
9	人口自然增长率（‰）	正	6.72	6.44	6/11	4.72	84
10	城市认可度（分值）	正	15.6	6.82	1/11	6.03	15
11	名村名镇传统村落（个）	正	58	37.27	3/11	21.93	35
12	建成区绿化率（%）	正	49.89	48.00	3/11	41.22	5
13	城镇化率（%）	正	51.85	60.23	9/11	58.92	192
14	高竞争力企业（个）	正	10	8.55	4/11	15.71	106
15	高新技术企业（个）	正	1147	673.82	4/11	750.28	46
16	规模以上工业企业（个）	正	2186	1176.91	1/11	1210.59	35
17	上市企业（个）	正	10	8.64	2/11	21.12	94

续表

指标序号	指标名称及单位	性质	市域数值	全省均值	全省位次	全国均值	全国位次
18	规模以上工业企业企均主营企业税金及附加和增值税（万元）	正	415.82	957.79	11/11	1544.90	252
19	规模以上工业企业企均利润额（万元）	正	923.38	1760.61	10/11	1776.30	216
20	规模以上工业企业投入产出率（%）	正	13.85	16.10	6/11	12.21	97
21	在岗职工劳动生产率（%）	正	655471.70	660278.21	6/11	656730.25	118
22	单位工业产值污染物排放量（吨/万元）	逆	2.0134	1.22	9/11	1.66	222
23	万元工业产值电耗（万千瓦时/万元）	逆	371.94	303.77	9/11	700.19	142
24	GDP 增长率（%）	正	8.54	7.93	1/11	6.43	20
25	通货膨胀率（%）	逆	2.5	2.71	3/11	2.75	80
26	GDP 增长波动率（%）	逆	8.17	7.90	6/11	24.77	114
27	GDP 密度（万元/平方公里）	正	882.55	2214.35	9/11	3829.57	204
28	人均 GDP（元/人）	正	35376.78	54988.32	9/11	67992.68	199
29	人均公共财政收入（元）	正	2855.07	4995.65	11/11	5658.60	168
30	公共财政收入增长率（%）	正	5.71	5.15	4/11	3.68	121
31	第三产业占 GDP 比重（%）	正	49.79	47.00	2/11	48.89	111
32	地方一般公共预算支出中科学技术支出占比（%）	正	2.73	3.04	5/11	1.90	70

续表

指标序号	指标名称及单位	性质	市域数值	全省均值	全省位次	全国均值	全国位次
33	货物进出口总额占 GDP 比重（%）	正	11. 50	14. 33	6/11	15. 73	105
34	当年实际利用外资金额占 GDP 比重（%）	正	4. 04	3. 40	4/11	1. 36	23
35	规模以上工业企业数量中港澳台和外资企业占比（%）	正	8. 74	4. 99	1/11	6. 39	57
36	万人拥有 R&D 人员（个）	正	10. 9033	27. 78	10/11	36. 91	174
37	万人专利申请数（件）	正	19. 2026	19. 14	4/11	25. 34	77
38	万人授权专利数（件）	正	12. 4705	12. 14	5/11	15. 31	74
39	万人拥有高等和中等职业学校教师（人）	正	9. 2169	14. 80	6/11	16. 04	168
40	万人拥有高等和中等职业学校学生（人）	正	197. 4277	312. 73	6/11	294. 66	137
41	规模以上工业企业企均拥有 R&D 人员（人）	正	4. 8980	10. 46	10/11	12. 28	214
42	新增企业数（个）	正	100090	51980. 2	1/11	77305. 277	64
43	城镇居民人均可支配收入（元）	正	34826. 00	37981. 09	10/11	38419. 31	150
44	农村居民人均可支配收入（元）	正	11941. 00	16747. 36	11/11	17985. 66	253
45	城乡居民收入比	逆	2. 917	2. 30	11/11	2. 28	264
46	万人拥有中学、小学教师（人）	正	93. 2811	86. 44	1/11	84. 91	59
47	万人拥有医院床位数（张）	正	32. 2026	39. 86	10/11	50. 02	253
48	万人拥有执业医师（助理）（人）	正	16. 9572	20. 21	8/11	27. 65	245

续表

指标序号	指标名称及单位	性质	市域数值	全省均值	全省位次	全国均值	全国位次
49	城镇登记失业率（%）	逆	3.19	3.01	9/11	2.80	194
50	地方一般公共预算支出中教育支出占比（%）	正	20.47	16.99	1/11	16.49	33
51	在岗职工平均工资（元）	正	70640	73656.09	7/11	76610.79	177
52	赣州市域经济高质量发展综合指数		0.3537	—	2/11	—	58
—	绿色生态高质量		0.7512	—	1/11	—	5
—	社会人文高质量		0.4366	—	1/11	—	15
—	企业发展高质量		0.2942	—	5/11	—	101
—	经济效率高质量		0.4520	—	5/11	—	92
—	开放创新高质量		0.1136	—	5/11	—	84
—	民生共享高质量		0.2938	—	9/11	—	216

从表4－10可以看出赣州市域经济高质量发展的若干长处及挑战。

（1）赣州市域经济高质量发展整体综合得分比较靠前，居全国285个市域的58位，指标体系中有11项指标进入全国前50强。在绿色生态高质量发展和社会人文高质量发展维度得分较高，分别位列全国285个市域的前5位和前15位。相应地细分指标，一般工业固体废物综合利用率、人均水资源量、森林覆盖率、建成区绿化率、城市认可度分别位居全国285个市域的第17位、第31位、第8位、第5位和第15位。

（2）企业发展高质量和经济效率高质量方面亮点也多，例如，高新技术企业数、规模以上工业企业数和GDP增长率、新增企业数分别位居全国285个市域的第46位、第35位、第20位和第64位。

（3）重视科教投入，地方一般公共预算支出中科学技术支出占比和地方一般公共预算支出中教育支出占比分别位居全国285个市域的第70位和第33位。

（4）赣州高质量发展的挑战主要体现在基于市域大、占地大（394万平方公里）、人口多（近1000万人口）的均值指标较弱。所以在民生领域仍然有较大挑战，例如，民生共享高质量维度位居全国285个市域的第216位，农村居民人均可支配收入、万人拥有医院床位数、万人拥有执业医师分别位居全国285个市域的第253位、第253位和第245位，几乎在全国最低。立足共同富裕的视角，这也正昭示赣州的发展潜力很大，无论是消费还是投资都有巨大的本地市场支撑，也恰恰说明赣州有很大的成长空间。

（5）随着赣深高铁开通，江西推进赣州建设对接粤港澳大湾区桥头堡进程加快，赣州建设省域副中心城市力度加大，特别是国务院《关于新时代支持革命老区振兴发展的意见》提出“研究支持赣州、三明等城市建设革命老区高质量发展示范区”，赣州的经济高质量发展将未来可期。

参考文献

[1] 安淑新．促进经济高质量发展的路径研究：一个文献综述［J］．当代经济管理，2018，40（9）：11－17.

[2] 钞小静，薛志欣．新时代中国经济高质量发展的理论逻辑与实践机制［J］．西北大学学报（哲学社会科学版），2018（6）：12－22.

[3] 陈抗，战炤磊．实体经济与人力资源高质量协同发展：机理、绩效与路径［J］．经济纵横，2021（1）：79－89.

[4] 陈悦，陈超美，刘则渊，胡志刚，王贤文．CiteSpace 知识图谱的方法论功能［J］．科学学研究，2015，33（2）：242－253.

[5] 程必定．从五大层面建设高质量发展的现代化经济体系［J］．区域经济评论，2018（4）：15－19.

[6] 程虹．如何衡量高质量发展［N］．第一财经日报，2018－03－14（A11）.

[7] 程晶晶，夏永祥．基于新发展理念的我国省域经济高质量发展水平测度与比较［J］．工业技术经济，2021，40（6）：153－160.

[8] 邓志敏．科技金融驱动经济高质量发展的困境与突破［J］．科学管理研究，2019，37（4）：146－150.

[9] 丁浩，王赛．基于新发展理念的华东地区经济高质量发展评价研究［J］．河南科学，2020，38（7）：1189－1196.

[10] 丁任重，李标．供给侧结构性改革的马克思主义政治经济学分析

[J]. 中国经济问题，2017 (1): 3-10.

[11] 丁涛，顾金亮. 科技创新驱动江苏地区经济高质量发展的路径研究 [J]. 南通大学学报（社会科学版），2018，34 (4): 41-46.

[12] 范合君，吴婷. 数字化能否促进经济增长与高质量发展——来自中国省级面板数据的经验证据 [J]. 管理学刊，2021，34 (3): 36-53.

[13] 方大春，马为彪. 中国省际高质量发展的测度及时空特征 [J]. 区域经济评论，2019 (2): 61-70.

[14] 方昊炜，徐晔，袁琦璟. 数字贸易、产业结构升级与经济高质量发展——基于中介效应模型 [J]. 价格月刊，2021 (6): 65-71.

[15] 方敏，杨胜刚，周建军，等. 高质量发展背景下长江经济带产业集聚创新发展路径研究 [J]. 中国软科学，2019 (5): 137-150.

[16] 符建华，曹晓晨. 人口老龄化对中国经济高质量发展的影响研究 [J]. 经济问题探索，2021 (6): 44-55.

[17] 干春晖，郑若谷，余典范. 中国产业结构变迁对经济增长和波动的影响 [J]. 经济研究，2011，46 (5): 4-16，31.

[18] 高志刚，李明蕊. 制度质量、政府创新支持对黄河流域资源型城市经济高质量发展的影响研究——基于供给侧视角 [J]. 软科学，2021，35 (8): 121-127.

[19] 弓媛媛，周俊杰. 环境规制、产业结构优化与经济高质量发展——以黄河流域沿线地级市为例的研究 [J]. 生态经济，2021 (9): 52-60.

[20] 何文海，张永姣. 环境规制、产业结构调整与经济高质量发展——基于长江经济带11省市PVAR模型的分析 [J]. 统计与信息论坛，2021，36 (4): 21-29.

[21] 胡德顺，潘紫燕，张玉玲. 异质性环境规制、技术创新与经济高质量发展 [J]. 统计与决策，2021，37 (13): 96-99.

[22] 胡雪萍，许佩. FDI质量特征对中国经济高质量发展的影响研究 [J]. 国际贸易问题，2020 (10): 31-50.

[23] 华坚，胡金昕. 中国区域科技创新与经济高质量发展耦合关系评价 [J]. 科技进步与对策，2019，36 (8): 19-27.

[24] 黄敦平，范鸿儒，李宗泽．新发展理念下我国经济发展质量水平综合评价 [J]. 福建农林大学学报（哲学社会科学版），2020，23（4）：44-51.

[25] 黄庆华，时培豪，胡江峰．产业集聚与经济高质量发展：长江经济带107个地级市例证 [J]. 改革，2020（1）：87-99.

[26] 黄文，张羽瑶．区域一体化战略影响了中国城市经济高质量发展吗？——基于长江经济带城市群的实证考察 [J]. 产业经济研究，2019（6）：14-26.

[27] 惠宁，陈锦强．中国经济高质量发展的新动能：互联网与实体经济融合 [J]. 西北大学学报（哲学社会科学版），2020，50（5）：47-61.

[28] 贾洪文，张伍涛，盘业哲．科技创新、产业结构升级与经济高质量发展 [J]. 上海经济研究，2021（5）：50-60.

[29] 姜玉梅，孟庆春，李新运．区域科技创新驱动经济高质量发展的绩效评价 [J]. 统计与决策，2021，37（16）：76-80.

[30] 蒋正龙．贵阳市经济高质量发展评价 [J]. 对外经贸，2019（8）：75-79.

[31] 金碚．关于"高质量发展"的经济学研究 [J]. 中国工业经济，2018（4）：5-18.

[32] 金凤君．黄河流域生态保护与高质量发展的协调推进策略 [J]. 改革，2019（11）：33-39.

[33] 李光龙，范贤贤．财政支出、科技创新与经济高质量发展——基于长江经济带108个城市的实证检验 [J]. 上海经济研究，2019（10）：46-60.

[34] 李金昌，史龙梅，徐蔼婷．高质量发展评价指标体系探讨 [J]. 统计研究，2019，36（1）：4-14.

[35] 李梦欣，任保平．新时代中国高质量发展的综合评价及其路径选择 [J]. 财经科学，2019（5）：26-40.

[36] 李萍，郑宏丹，张炳凯，邸皓．新时代背景下沧州市经济高质量发展评价及实现路径——基于熵—改进TOPSIS法的分析 [J]. 当代经济，2019（11）：64-67.

[37] 李强，王亚仓．高铁开通与长江经济带高质量发展 [J]．南京财经大学学报，2021 (3)：25－35.

[38] 李强．经济高质量发展评价指标体系构建与测度 [J]．统计与决策，2021，37 (15)：109－113.

[39] 李新安．区域创新能力对经济发展质量提升的驱动作用研究 [J]．区域经济评论，2020 (2)：65－74.

[40] 李馨．我国省际区域经济高质量发展的测度与分析——基于30个省份相关数据 [J]．无锡商业职业技术学院学报，2018，18 (5)：20－24.

[41] 李子联，王爱民．江苏高质量发展：测度评价与推进路径 [J]．江苏社会科学，2019 (1)：247－256，260.

[42] 梁丹，陈晨．经济高质量发展的支撑体系构筑及着力点研究 [J]．学习论坛，2019 (6)：33－39.

[43] 廖军华．新时代我国经济高质量发展的理论要义与实践路径 [J]．贵州社会科学，2021 (6)：131－138.

[44] 林兆木．关于我国经济高质量发展的几点认识 [J]．冶金企业文化，2018 (1)：26－28.

[45] 凌连新，阳国亮．粤港澳大湾区经济高质量发展评价 [J]．统计与决策，2020，36 (24)：94－97.

[46] 刘干，郑思雨．我国区域经济高质量发展综合评价 [J]．生产力研究，2018 (10)：59－63.

[47] 刘戈非，任保平．地方经济高质量发展新动能培育的路径选择 [J]．财经科学，2020 (5)：52－64.

[48] 刘海霞，任栋栋．黄河流域生态保护与经济协调发展的现实之困及应对之策 [J]．生态经济，2021，37 (7)：148－153.

[49] 刘湖，于跃，蒋万胜．区块链技术、教育资源差异与经济高质量发展——基于我国高等教育资源配置状况的实证分析 [J]．陕西师范大学学报（哲学社会科学版），2020，49 (1)：145－158.

[50] 刘戒骄．增强要素流动促进民营经济高质量发展 [J]．经济纵横，2019 (4)：45－51，2.

[51] 刘进，符正平，方轮．制造业转型升级研究的知识图谱分析：热

点、演化和前沿 [J]. 科技管理研究，2020，40 (5)：121 - 129.

[52] 刘帅，高晓倩. 基于五大发展理念的辽宁经济高质量发展测度研究 [J]. 辽宁行政学院学报，2021 (1)：84 - 90.

[53] 刘帅. 五大发展理念视阈下辽宁经济高质量发展评价体系构建 [J]. 辽宁行政学院学报，2020 (1)：88 - 92.

[54] 刘现伟，文丰安. 新时代民营经济高质量发展的难点与策略 [J]. 改革，2018 (9)：5 - 14.

[55] 刘志彪，凌永辉. 结构转换、全要素生产率与高质量发展 [J]. 管理世界，2020，36 (7)：15 - 29.

[56] 鲁继通. 我国高质量发展指标体系初探 [J]. 中国经贸导刊 (中)，2018 (20)：4 - 7.

[57] 鲁亚运，原峰，李杏筠. 我国海洋经济高质量发展评价指标体系构建及应用研究——基于五大发展理念的视角 [J]. 企业经济，2019，38 (12)：122 - 130.

[58] 吕军，陈宝华，姜子玉，侯俊东. 中国经济高质量发展评价及障碍因素分析 [J]. 资源开发与市场，2020，36 (2)：149 - 157.

[59] 吕平，袁易明. 产业协同集聚、技术创新与经济高质量发展——基于生产性服务业与高技术制造业实证分析 [J]. 财经理论与实践，2020，41 (6)：118 - 125.

[60] 罗来军，文丰安. 长江经济带高质量发展的战略选择 [J]. 改革，2018 (6)：13 - 25.

[61] 罗植. 中国三大城市群经济发展质量的区域比较——基于全要素生产率及指数的评价分析 [J]. 企业经济，2019，38 (11)：135 - 141.

[62] 马丁玲，颜颖颖. 宁波经济高质量发展评价及路径初探 [J]. 宁波通讯，2018 (9)：40 - 41.

[63] 马茹，罗晖，王宏伟，王铁成. 中国区域经济高质量发展评价指标体系及测度研究 [J]. 中国软科学，2019 (7)：60 - 67.

[64] 毛艳. 中国城市群经济高质量发展评价 [J]. 统计与决策，2020，36 (3)：87 - 91.

[65] 毛泽东选集 (第4卷) [M]. 北京：人民出版社，1991：1374.

［66］母爱英，徐晶．县域经济高质量发展评价研究——基于河北省 118 个县的实证分析［J］．河北经贸大学学报（综合版），2019，19（2）：51－58.

［67］宁朝山，李绍东．黄河流域生态保护与经济发展协同度动态评价［J］．人民黄河，2020，42（12）：1－6.

［68］潘建成．经济高质量增长效果需要相关指标来衡量［N］．证券时报，2017－12－28（A07）.

［69］彭定赟，朱孟庭．经济高质量发展影响因素的优先序分析及其测度研究［J］．生态经济，2020，36（12）：50－56，76.

［70］乔美华．环境规制、空间溢出与经济高质量发展——基于中国省级面板空间杜宾模型的经验研究［J］．生态经济，2021，37（4）：147－155.

［71］秦放鸣，唐娟．经济高质量发展：理论阐释及实现路径［J］．西北大学学报（哲学社会科学版），2020，50（3）：138－143.

［72］秦琳贵，沈体雁．科技创新促进中国海洋经济高质量发展了吗——基于科技创新对海洋经济绿色全要素生产率影响的实证检验［J］．科技进步与对策，2020，37（9）：105－112.

［73］渠慎宁．区块链助推实体经济高质量发展：模式、载体与路径［J］．改革，2020（1）：39－47.

［74］人民网．工信部副部长：我国制造业要大力度“引进来”高水平“走出去”［EB/OL］．人民网，http：//news. cctv. com/2021/09/14/ARTIiK7lcxHbj0oJAaHfjVhd210914. shtml，2018－07－14.

［75］任保平，李禹墨．新时代我国高质量发展评判体系的构建及其转型路径［J］．陕西师范大学学报（哲学社会科学版），2018，47（3）：105－113.

［76］任保平，宋文月．新一代人工智能和实体经济深度融合促进高质量发展的效应与路径［J］．西北大学学报（哲学社会科学版），2019，49（5）：6－13.

［77］任保平，宋雪纯．“十四五”时期我国新经济高质量发展新动能的培育［J］．学术界，2020（9）：58－65.

[78] 任保平，宋雪纯．以新发展理念引领中国经济高质量发展的难点及实现路径［J］．经济纵横，2020（6）：45－54，2.

[79] 任保平，文丰安．新时代中国高质量发展的判断标准、决定因素与实现途径［J］．改革，2018（4）：5－16.

[80] 任保平．数字经济引领高质量发展的逻辑、机制与路径［J］．西安财经大学学报，2020，33（2）：5－9.

[81] 任晓燕，杨水利．技术创新、产业结构升级与经济高质量发展——基于独立效应和协同效应的测度分析［J］．华东经济管理，2020，34（11）：72－80.

[82] 桑百川，张彩云．利用外商直接投资推动中国经济高质量发展［J］．新视野，2018（4）：83－88.

[83] 上官绪明，葛斌华．科技创新、环境规制与经济高质量发展——来自中国278个地级及以上城市的经验证据［J］．中国人口·资源与环境，2020，30（6）：95－104.

[84] 师博，韩雪莹．中国实体经济高质量发展测度与行业比较：2004—2017［J］．西北大学学报（哲学社会科学版），2020，50（1）：57－64.

[85] 师博，任保平．中国省际经济高质量发展的测度与分析［J］．经济问题，2018（4）：1－6.

[86] 师博，张冰瑶．全国地级以上城市经济高质量发展测度与分析［J］．社会科学研究，2019（3）：19－27.

[87] 师博．论现代化经济体系的构建对我国经济高质量发展的助推作用［J］．陕西师范大学学报（哲学社会科学版），2018，47（3）：126－132.

[88] 师博．数字经济促进城市经济高质量发展的机制与路径［J］．西安财经大学学报，2020，33（2）：10－14.

[89] 施洁．深圳经济高质量发展评价研究［J］．深圳社会科学，2019（1）：70－78，159.

[90] 石涛．黄河流域生态保护与经济高质量发展耦合协调度及空间网络效应［J］．区域经济评论，2020（3）：25－34.

[91] 史丹，李鹏．我国经济高质量发展测度与国际比较［J］．东南学

术，2019（5）：169－180.

［92］宋冬凌，马悦．黄河流域绿色水资源利用率与经济高质量发展耦合研究——以河南省为例［J］．生态经济，2021，37（5）：14－19，42.

［93］宋洋．数字经济、技术创新与经济高质量发展：基于省级面板数据［J］．贵州社会科学，2020（12）：105－112.

［94］苏永伟，陈池波．经济高质量发展评价指标体系构建与实证［J］．统计与决策，2019，35（24）：38－41.

［95］孙豪，桂河清，杨冬．中国省域经济高质量发展的测度与评价［J］．浙江社会科学，2020（8）：4－14，155.

［96］孙祁祥，周新发．科技创新与经济高质量发展［J］．北京大学学报（哲学社会科学版），2020，57（3）：140－149.

［97］唐晓彬，王亚男，唐孝文．中国省域经济高质量发展评价研究［J］．科研管理，2020，41（11）：44－55.

［98］陶静，胡雪萍．环境规制对中国经济增长质量的影响研究［J］．中国人口·资源与环境，2019，29（6）：85－96.

［99］童有好．营造民营经济高质量发展环境的若干问题及对策［J］．经济纵横，2019（4）：52－58.

［100］涂正革，陈立．技术进步的方向与经济高质量发展——基于全要素生产率和产业结构升级的视角［J］．中国地质大学学报（社会科学版），2019，19（3）：119－135.

［101］汪晓梦．安徽省经济高质量发展评价研究［J］．安徽广播电视大学学报，2019（4）：11－15.

［102］汪晓文，陈明月，陈南旭．环境规制、引致创新与黄河流域经济增长［J］．经济问题，2021（5）：16－23.

［103］王锋，王瑞琦．中国经济高质量发展研究进展［J］．当代经济管理，2021，43（2）：1－10.

［104］王国惠，韩克勇．黄土高原地区的政府治理、生态环境与经济高质量发展［J］．税务与经济，2021（3）：89－94.

［105］王慧艳，李新运，徐银良．科技创新驱动我国经济高质量发展绩效评价及影响因素研究［J］．经济学家，2019（11）：64－74.

［106］王群勇，陆凤芝．环境规制能否助推中国经济高质量发展？——基于省际面板数据的实证检验［J］．郑州大学学报（哲学社会科学版），2018，51（6）：64-70.

［107］王然，成金华．高质量发展视域下长三角城市群经济社会与资源环境耦合分析［J］．学术论坛，2019，42（6）：54-60.

［108］王帅．优化营商环境构建新发展格局［J］．理论探讨，2021（2）：110-114.

［109］王伟．我国经济高质量发展评价体系构建与测度研究［J］．宁夏社会科学，2020（6）：82-92.

［110］王伟．中国经济高质量发展的测度与评估［J］．华东经济管理，2020，34（6）：1-9.

［111］王文举，姚益家．企业家精神、经济增长目标与经济高质量发展［J］．经济经纬，2021，38（3）：86-94.

［112］王一鸣．推动经济高质量发展要坚持问题导向［J］．智慧中国，2018（9）：32-34.

［113］王宇，贾荣，陈念．内蒙古经济高质量发展评价体系构建及测度研究［J］．内蒙古大学学报（自然科学版），2020，51（4）：441-448.

［114］王志强，王一凡．绿色金融助推经济高质量发展：主要路径与对策建议［J］．农林经济管理学报，2020，19（3）：389-396.

［115］吴慧，上官绪明．环境规制和产业升级对黄河流域经济高质量发展的影响［J］．人民黄河，2021，43（9）：14-19.

［116］吴志军，梁晴．中国经济高质量发展的测度、比较与战略路径［J］．当代财经，2020（4）：17-26.

［117］徐孝新，刘戒骄．试论建设现代化经济体系的着力点——学习习近平总书记关于建设现代化经济体系的重要论述［J］．毛泽东邓小平理论研究，2019（6）：9-16，108.

［118］许岩．建立完善统计指标体系助推经济高质量发展［N］．证券时报，2017-12-28（A07）.

［119］许永兵，罗鹏，张月．高质量发展指标体系构建及测度——以河北省为例［J］．河北大学学报（哲学社会科学版），2019，44（3）：86-97.

［120］薛莲，黄永明．环境规制能否助推区域经济高质量发展——来自长江经济带的经验证据［J］．江汉论坛，2021（3）：37－44.

［121］杨丽花，董志勇．市场化法治化便利化视野下的营商环境建设［J］．中国特色社会主义研究，2019（5）：18－24.

［122］叶娟惠．环境规制与中国经济高质量发展的非线性关系检验［J］．统计与决策，2021，37（7）：102－108.

［123］叶娟惠．基于熵权 TOPSIS 法的福建经济高质量发展评价［J］．发展研究，2020（7）：59－68.

［124］尹海丹．粤港澳大湾区城市经济高质量发展评价与对策［J］．中国经贸导刊（中），2020（2）：6－9.

［125］游文倩，庄科俊．基于主成分聚类分析的山东省经济高质量发展评价研究［J］．喀什大学学报，2020，41（6）：29－32.

［126］于洋，朱建平，郭华生．新战略背景下城市经济发展状况测度研究——基于融合社会网络的实证分析［J］．统计研究，2021，38（3）：30－43.

［127］原伟鹏，孙慧，闫敏．垂直型环境规制对我国经济高质量发展的影响研究［J］．华东经济管理，2021，35（5）：71－81.

［128］原伟鹏，孙慧．改革开放40年我国西北地区经济高质量发展评价［J］．新疆大学学报（哲学·人文社会科学版），2021，49（1）：23－33.

［129］袁晓玲，李彩娟，李朝鹏．中国经济高质量发展研究现状、困惑与展望［J］．西安交通大学学报（社会科学版），2019（6）：30－38.

［130］张红武．科学治黄方能保障流域生态保护和高质量发展［J］．人民黄河，2020，42（5）：1－7，12.

［131］张鸿，刘中，王舒萱．数字经济背景下我国经济高质量发展路径探析［J］．商业经济研究，2019（23）：183－186.

［132］张金良．黄河流域生态保护和高质量发展水战略思考［J］．人民黄河，2020，42（4）：1－6.

［133］张军扩，侯永志，刘培林，何建武，卓贤．高质量发展的目标要求和战略路径［J］．管理世界，2019，35（7）：1－7.

［134］张瑞，王格宜，孙夏令．财政分权、产业结构与黄河流域高质量发展［J］．经济问题，2020（9）：1－11.

［135］张帅帅．陕西省经济高质量发展测度研究［J］．广西质量监督导报，2020（2）：132－134.

［136］张涛．高质量发展的理论阐释及测度方法研究［J］．数量经济技术经济研究，2020，37（5）：23－43.

［137］张侠，高文武．经济高质量发展的测评与差异性分析［J］．经济问题探索，2020（4）：1－12.

［138］张侠，许启发．新时代中国省域经济高质量发展测度分析［J］．经济问题，2021（3）：16－25.

［139］张亚峰，吴兴鲁，巩灿娟，刘厚风，李艺．环境规制对山东省经济高质量发展的时空影响［J］．生态经济，2021，37（8）：148－156.

［140］张增臣．河北省经济高质量发展测度与路径研究［J］．全国流通经济，2020（22）：122－124.

［141］张震，刘雪梦．新时代我国15个副省级城市经济高质量发展评价体系构建与测度［J］．经济问题探索，2019（6）：20－31，70.

［142］赵其国，黄国勤，马艳芹．中国生态环境状况与生态文明建设［J］．生态学报，2016（10）：6328－6335.

［143］郑嘉琳，徐文华．数字经济助推我国经济高质量发展的作用机制研究——基于区域异质性视角的分析［J］．价格理论与实践，2020（8）：148－151.

［144］郑琳．皖江城市带经济高质量发展评价研究［J］．常州工学院学报，2019，32（6）：53－56.

［145］周吉，吴翠青，黄慧敏，龙强．基于因子分析的我国省际高质量发展水平评价——兼论江西高质量发展路径［J］．价格月刊，2019（5）：82－89.

［146］周小亮，吴洋宏．经济高质量发展的历史逻辑及其实现路径——以总量生产函数分析为视角［J］．东南学术，2019（6）：137－146.

［147］朱风慧，刘立峰．我国产业结构升级与经济高质量发展——基于地级及以上城市经验数据［J］．云南财经大学学报，2020，36（6）：42－53.

［148］朱启贵．朱启贵：建立高质量发展评价体系［N/OL］．文汇报，https：//wenhui. whb. cn/third/baidu/201906/18/271139. html，2019－06－18.

后　记

值此第三本中国市域经济高质量发展研究报告即将付梓之际，且作后记。

江西理工大学经济管理学院高质量发展研究团队，自党的十九大以来，广读深思高质量发展文件政策讲话，关注体悟高质量发展带给伟大中国的进步变化，真切感受到“高质量发展”实在是彰显中国学术话语权、面向未来之大学问，思深意远，值得学术界投身其中。

团队立足“市域经济高质量发展研究”领域，激荡思考，梳理文献，辨析指标，择取模型，耙集过百万数据，开发选题，持之以恒，推动赣州市人民政府、江西省市场监督管理局和江西理工大学共建“赣州市高质量发展研究院”平台。团队先后出版《中国区域经济高质量发展研究报告（2018）》《中国市域经济高质量发展研究报告（2019）》《中国市域制造业高质量发展研究报告（2019）》等，有省级党校作为干部培训资料；在“高质量发展观察”和“赣州市高质量发展研究院”公众号推出“数说市域经济高质量发展”内容，逐渐得到社会认可。

正如本人博士论文后记所言：是许许多多我知道的和我不知道的好心人的帮助、关爱、提携，才有愚钝如我今天的成绩，对他们的恩情，我有心回报，但更多的时候我却无力回报万分之一，只有从心底祝愿好人有好运，只有努力担当起自己的一份责任，像那些好心人帮助自己一样尽可能地为社会做好事，且当是对恩人们的回报。因此，本研究报告更多意义上是千千万万人的成果。

具体而言，真诚感谢国家市场监督管理总局研究发展中心组织的中国质量研究与教育联盟领导专家，中国质量协会领导专家，省、市市场监督管理局的杨兴国、黄蕙、王业有、赵珊、涂梁华、谢艳等领导，感谢学校杨斌书记、温和瑞校长等校领导和科技处唐云志、籍明明、袁志明等领导，感谢学院班子同仁及学院老师，感谢江西省质量协会姜晓菲、刘宏魁、吴璇，感谢赣州市高质量发展研究院许菱教授等，还有参与工作的不少研究生。

至此须明，本书一家之言，思想角度、方法资料，或多有挂漏，亦参考大量文献，敬请方家不吝赐教，批评指正。

作文至此，且为记。

黄顺春
2021 年 10 月 8 日
于江西理工大学 MBA 教育中心